mentor Lernhilfe

Deutsch

8.–10. Klasse

Aufsatz 1:
Inhaltsangabe, Personenbeschreibung, Charakteristik, Referat

Detlev Mahnert

Mit ausführlichem Lösungsteil zum Heraustrennen und Beispielaufsätzen

Special: Lerntipps!

mentor
Eine Klasse besser.

Über den Autor:
Detlev Mahnert, Studiendirektor, Lehrer für Deutsch und Französisch an einem Gymnasium, Autor mehrerer mentor Lernhilfen und anderer didaktischer Werke zu Deutsch und Französisch

Lerntipps:
Alexander Geist, staatlicher Schulpsychologe an einem Gymnasium

Redaktion: Eva-Maria Gärtner

Illustrationen: Pieter Kunstreich, Hamburg

Layout: Barbara Slowik, München

Umschlaggestaltung: büro scheis für gestaltung, München

Benutzerhinweise

Der Text dieses Bandes entspricht – mit Ausnahme der Originalzitate – der neuen Rechtschreibung.

Hier findest du besonders wichtige Hinweise, an diese solltest du dich auf jeden Fall halten!

Hier geben wir dir ganz praktische Hinweise, die dir die Arbeit erleichtern.

!

Hier findest du Definitionen, Merksätze und wichtige Einzelhinweise.

Diese Übung kannst du direkt im Buch machen.

Diese Übung schreibst du am besten in ein Extra-Heft.

Hier triffst du unsere „fünf Freunde“, die dich durch dieses Buch begleiten.

Umwelthinweis: Gedruckt auf chlorfrei gebleichtem Papier.

Auflage:	9.	8.	7.	6.	5.	letzte Zahlen
Jahr:	07	06	05	04	03	maßgeblich

Satz/Repro: OK Satz GmbH, München

Druck: Druckhaus „Thomas Müntzer“, Bad Langensalza
Printed in Germany · ISBN 3-580-63519-0

Inhalt

Vorwort
oder: T wie Tarzan, K wie Karl ...? 5

A Die verschiedenen Aufsatzformen
oder: „Ich muss dir was erzählen ...“ 7

B Aufsätze sind Texte
oder: „Der hat doch 'nen Webfehler!“ 10

1. Sprachliche Mittel für die Textbildung
oder: „... wir weben, wir weben ...“ 17

2. Aufsatz als Form der Kommunikation
oder: Kommune, Kommunion und Kommunismus 22

C Die Inhaltsangabe
oder: Zinsen, Zoll und Zyankali 26

1. Die wesentlichen Aussagen
oder: Geschichte ohne Worte 28

2. Die Einleitung der Inhaltsangabe
oder: Gut begonnen – halb gewonnen! 30

3. Direkte Rede – indirekte Rede
oder: „... in unsere Zellen kommst du nicht!“ 37

4. Einen Text abschnittweise zusammenfassen
oder: „Mein Zeuge ist Don Gasparro“ 43

5. Die logische Verbindung von Aussagen
oder: „Zurück! Du rettest den Freund nicht mehr!“ 48

6. Nochmals „Einleitung“
oder: Zurück zum Thema „Thema“ 61

7. Inhaltsangabe von Sachtexten
oder: „Bleiben Sie doch sachlich ...!“ 63

8. Der Schluss der Inhaltsangabe
oder: Ende gut – alles gut? 71

9. Abschlussaufgaben
oder: Zum guten Schluss 73

D Die Personenbeschreibung
oder: Ein beschreiblich schönes Mädchen 81

1. Das Wesentliche in der Personenbeschreibung
oder: Unveränderliche Kennzeichen 82

2. Einzelne Beschreibungsmerkmale
oder: Tränensack und Adlernase 94

E Die Charakteristik
oder: „Das ist ja mal wieder typisch . . .!" 107

1. Die sachliche Charakteristik
oder: Typisch Gunnar! 113

2. Die literarische Charakteristik
oder: So war Jenö 123

2.1 Bestandteile der literarischen Charakteristik
oder: Viel Material 128

2.2 Die Begründung der Aussagen in der literarischen Charakteristik
oder: Zitat, Zitat 140

2.3 Zusammenfassung
oder: „. . . ein Mensch, wie er uns oft begegnet . . ." 141

F Das Referat
oder: Dem Reinen ist alles Un-Rhein 147

1. Die Arbeitsschritte
oder: Eins nach dem anderen 149

2. Material sammeln
oder: Falsch spielen gilt nicht! 150

3. Material bearbeiten
oder: Nicht abschreiben! 153

4. Material ordnen
oder: Heute – gestern – morgen 159

5. Das Referat vortragen
oder: Stichworte! 162

Lerntipps 165

Quellenhinweise 172

Stichwortverzeichnis 174

Lösungsteil mit Musteraufsätzen 177

T wie Tarzan, K wie Karl ...?

Vorwort

Hallo, liebe Schülerin, lieber Schüler,

erinnerst du dich noch an ...
„Fünf Freunde ..." von Enid Blyton oder „TKKG" von Stefan Wolf? Wahrscheinlich ist es noch gar nicht so lange her, dass du diese Bücher gelesen hast – und eigentlich waren sie ja auch gar nicht schlecht, oder? Auch in dem Buch, das du gerade aufgeschlagen hast, spielt eine Gruppe von Jugendlichen mit. Und auch wenn auf den nächsten Seiten natürlich nicht gerade Abenteuergeschichten erzählt werden, ist es hoffentlich kein langweiliges Buch.
Es soll dir helfen, einiges von dem zu lernen und zu üben, was man im Deutschunterricht von dir verlangt. Begleitet von fünf ganz normalen Jugendlichen in deinem Alter wollen wir versuchen, dir **ein bisschen Spaß an Deutschaufsätzen** zu vermitteln.
Unmöglich, sagst du? Aufsätze können überhaupt keinen Spaß machen! Wetten, dass doch ...?
Bei unseren „fünf Freunden" waren die Meinungen darüber auch geteilt, und dann ..., aber da sind wir schon mitten im Thema.
Alle wohnen in derselben Straße einer kleinen Stadt und gingen gemeinsam in die Grundschule, was z. B. für **Gunnar** ein großes Glück war: So konnte er immer rasch mal bei **Kirsten** klingeln, wenn er wieder einmal nicht wusste, ob er im Mathebuch Aufgabe 8 auf S. 9 oder Aufgabe 9 auf S. 8 machen sollte. Und auch **Stefan** konnte sich jederzeit bei ihr das Arbeitsblatt für den Sachkundeunterricht ausleihen, wenn er sein eigenes Exemplar wieder einmal zum Papierflieger umgebaut hatte.
Dann gibt es noch die Zwillinge **Claudia** und **André**, die gelegentlich ganz froh sind, wenn sie einmal etwas anderes sehen als ihr eigenes Ebenbild ...
Inzwischen ist Gunnar auf dem Gymnasium und verwechselt weiterhin S. 8, Aufgabe 9, mit S. 9, Aufgabe 8, was aber nicht schlimm ist, weil Kirsten auch hingeht. Stefan versucht sein Glück in der Realschule, und die Zwillinge besuchen die Gesamtschule in der nahen Kreisstadt.
Aber wenn sich ihre Wege auch getrennt haben, so treffen sie sich doch oft auf dem kleinen Marktplatz in der Siedlung und quatschen miteinander. Und da reden sie gelegentlich auch über die Schule – denn was einen am Vormittag genervt hat, das muss man am Nachmittag einfach loswerden ...

André *Claudia* *Stefan* *Kirsten* *Gunnar*

Und was für Typen sind sie nun eigentlich, unsere Freunde?

Stefan *– der mit den Arbeitsblatt-Papierfliegern – ist ziemlich cool. Vom systematischen Arbeiten (oder vielmehr vom Arbeiten überhaupt) hält er nicht viel, aber er führt gern das große Wort. Er steht auf Hardrock und blonde Mädchen und geht wahnsinnig gern ins Kino.*
Gunnar *ist in vielem sein Gegenteil. Wenn seine Freunde ihn nicht manchmal von zu Hause abholen würden, säße er den ganzen Tag in seinem Zimmer, mit seinen Büchern und seinem Computer. Er hat ziemlich viel auf dem Kasten, und das kommt den anderen natürlich zugute, wenn sie mal wieder „auf dem Schlauch stehen".*
Kirsten *interessiert sich für vieles. Sie diskutiert gerne, ist für ihr Alter schon ziemlich vernünftig und scheut sich überhaupt nicht, ihren Standpunkt zu vertreten, vor allem Stefan gegenüber, wenn der mal wieder so richtig auf den Putz haut.*
Bleiben noch die Zwillinge ***Claudia*** *und* ***André****. Sie sehen sich so ähnlich, wie das bei Bruder und Schwester überhaupt nur möglich ist. Beide sind sehr zurückhaltend, wenn Kirsten und Stefan sich so richtig in den Haaren liegen. Wenn's aber ganz heiß hergeht, dann können beide schon mal eine passende Bemerkung machen, sodass den anderen die Spucke wegbleibt.*

Diese fünf Freunde also werden dich eine Zeitlang begleiten. Sie haben natürlich auch ihre Probleme mit der Schule und mit dem Deutschunterricht. Und so sprechen sie eben manchmal auch über die Themen, die dort gerade behandelt werden und über die Arbeiten, die sie schreiben müssen. Du kannst ihnen dabei durch das ganze Buch hindurch folgen (was wir natürlich empfehlen), du kannst dich aber ohne weiteres auch auf die Kapitel beschränken, die für dich gerade besonders wichtig sind. Nur das Kapitel **„Aufsätze sind Texte"** solltest du auf jeden Fall durcharbeiten!
Wenn du dich aber für ein Kapitel entschieden hast, dann raten wir dir, es von Anfang bis Ende zu bearbeiten, denn die Kapitel sind im Allgemeinen so aufgebaut, dass schrittweise vorgegangen wird.
Am Ende des Buches findest du einen Lösungsteil, in dem auch Musteraufsätze stehen. Da schaust du aber am besten erst hinein, wenn du selbst die Aufgabe schon gelöst hast (oder wenn du überhaupt nicht weiterkommst). Dabei ist eines ganz klar:

!

Bei einem Aufsatz gibt es immer mehrere gute und richtige Lösungen – der Musteraufsatz ist also nicht mehr als ein Vorschlag!

Und noch eines zum Abschluss: In einer Reihe von psychologischen Experimenten ist festgestellt worden, dass es Menschen ohne schöpferische Fähigkeiten praktisch gar nicht gibt: Jedem fällt etwas ein und darum kann auch jeder lernen, wie man Deutschaufsätze schreibt ... Wetten, dass ...?

Viel Spaß und Erfolg dabei wünschen dir

Autor und mentor Verlag

Die verschiedenen Aufsatzformen oder: „Ich muss dir was erzählen ...“

A

Kehren wir wieder zu unseren Freunden zurück! Im Augenblick finden wir nur Stefan und Gunnar, die am Brunnenrand sitzen und auf die anderen warten. Worüber sie sich wohl unterhalten? Vielleicht über die Schule? Wohl kaum, wenn Stefan dabei ist – der hat nun wirklich andere Sachen im Kopf! Und auch der fleißige Gunnar wird kaum vom Aufsatzschreiben reden – oder doch? Hören wir doch mal in ihr Gespräch rein ...

Gunnar: *Hi! Wo warst du denn gestern?*

Stefan: *Im Kino, mit der Katrin aus meiner Klasse.*

Gunnar: *Und – wie war's?*

Stefan: *Super! Die Katrin ist echt cool! Die hat jetzt die Haare blond, und dann hat die so'n Blick, ehrlich, da wird dir ganz anders.*

Gunnar: *Ne, eigentlich wollte ich wissen, in was für einem Film du warst.*

Stefan: *Ach so, der Film – das war doch der neue mit Schwarzenegger.*

Gunnar: *Ach, wieder so'n Schwachsinn!*

Stefan: *Ja, von wegen Schwachsinn – der Film ist suuuuper! Der Schwarzenegger ist total gut drauf, der ist auf einer Urlaubsreise auf 'nem Schiff, und da kommen dann Terroristen, und er allein gegen alle, aber dann baut der sich 'ne Bombe und so, also total super – musst du unbedingt sehen!*

Gunnar: *Glaub ich nicht – ich find Fernsehen besser.*

Stefan: *Was? Du spinnst doch, Kino ist doch viel besser: Da wirst du nicht dauernd gestört – Bier holen und so, und du kannst auch mal mit deiner Freundin ...*

Gunnar: *Ja und? Das kann ich zu Hause auch, und das Bier holt sich mein Vater selbst. Und außerdem, wenn mal was kommt, wo ich nicht so den Durchblick habe, z. B. warum die in dem Film auf einmal alle rückwärts gehen, dann kann ich mit meinen Eltern darüber reden ... Na ja, aber jetzt muss ich nach Hause, Deutsch üben. Wir schreiben morgen 'ne Arbeit.*

Stefan: *Wieso Deutsch üben? Was soll das? Für Deutsch kannst du doch sowieso nichts tun ...*

Ob Stefan damit wohl Recht hat? Hättest du dann wohl dieses Buch aufgeschlagen? Sicher nicht – deshalb kurz und knapp:

! Auch das Schreiben von Aufsätzen kann man lernen und üben!

Aber vielleicht fragst du dich trotzdem, was das Gespräch zwischen Stefan und Gunnar über Schwarzenegger und die blonde Katrin mit „Deutsch" oder mit „Aufsatzschreiben" zu tun hatte. Vielleicht hast du's ja auch schon gemerkt: Die beiden haben (natürlich ganz unbewusst) in ihrem Gespräch gleich mehrere „Aufsatzformen" verwendet. Die eine oder andere kennst du wahrscheinlich schon, mit den übrigen wirst du im Laufe deiner Schulzeit (und bei der Arbeit mit diesem Buch) noch zu tun haben.
Als was könnte man z. B. das bezeichnen, was Stefan (Z. 12–15) über den Schwarzenegger-Film berichtet hat?
Das kennst du doch, und so etwas machst du doch auch selbst häufig, ohne dabei an Schule zu denken … oder? Es war der – wenn auch ziemlich missglückte – Versuch einer **Inhaltsangabe**. Darüber habt ihr sicher in der 5. oder 6. Klasse schon mal gesprochen – aber findest du vielleicht auch noch andere „Aufsatz"-Formen in dem Gespräch der beiden Freunde?

Übung A1

In Zeile 5–8 hat Stefan von seiner Freundin Katrin gesprochen. Zwar wird sich Gunnar auch jetzt noch das Mädchen nicht besonders gut vorstellen können (und wir auch nicht), aber immerhin hat Stefan hier eine ____________ ______________________ versucht.

Zeile 12–15 ist, wie gesagt, eine ______________________________ – auch darin ist Stefan wohl noch kein Meister!

In Zeile 16–22 diskutieren die beiden darüber, ob Kino oder Fernsehen besser ist. Eine solche Diskussion in der Form eines Aufsatzes nennt man eine ______________________________.

Und schließlich (Zeile 20–21) weist Gunnar auch darauf hin, dass es z. B. Filme gibt, die man nicht gleich ohne weiteres versteht. Wenn einem nun jemand erklärt, was ein solcher Film bedeutet (und natürlich gilt das auch für ein Theaterstück, einen Roman oder ein Gedicht), so nennt man diese Erklärung eine ______________________________.

Gespräche wie das zwischen Stefan und Gunnar gibt es sehr häufig in unserem Alltag, und daran siehst du, dass Deutschaufsätze (also z. B. Inhaltsangabe, Personenbeschreibung, Erörterung, Interpretation usw.) nicht in erster Linie im Lehrplan stehen, um euch zu ärgern und eure Lehrer(innen) bei der Korrektur zum Stöhnen und Fluchen zu bringen, sondern um euch zu helfen, mit solchen Alltagssituationen besser fertigzuwerden als Stefan bei seinen missglückten Versuchen, die blonde Katrin und den tollen Schwarzenegger-Film zu beschreiben …

Und damit sind wir beim Thema!

Wir wollen uns gemeinsam Gedanken machen über Aufsatzformen, mit denen du es in der 8. bis 10. Klasse zu tun haben wirst. Wir werden versuchen,

- dir **Arbeitstechniken** für die verschiedenen Aufsatzformen zu vermitteln und dir Tipps zu geben,
- dich vor **Fehlern zu warnen**,

und wir werden dir

- Gelegenheit geben, in **Übungen** das anzuwenden, was du hier in diesem Buch – hoffentlich! – gelernt hast.

Noch ein Hinweis: Die verschiedenen Aufsatzformen haben alle eines gemeinsam:

Es handelt sich bei **jedem Aufsatz**, so selbstverständlich das auch klingen mag, **immer** um einen **Text!**

!

Und damit wollen wir uns jetzt befassen.

B Aufsätze sind Texte oder: „Der hat doch ’nen Webfehler!“

Also, Spaß macht das schon, an einem sonnigen Samstagnachmittag mit den Freunden zusammen auf dem kleinen Marktplatz am Brunnenrand zu sitzen, über die vergangene Woche zu reden und zwischendurch „Sport und Musik“ zu hören, mit der Übertragung der Bundesligaspiele. Noch mehr Spaß würde es aber wohl machen, wenn Andrés Radio nicht

diesen idiotischen Wackelkontakt hätte! Es ist aber auch wirklich zu blöd: Selbst Gunnar hat den Fehler noch nicht finden können, obwohl er elektronisch ja nun wirklich was drauf hat! Aber immer dann, wenn er den Apparat auf seinem Prüfstand hat, läuft er einwandfrei. Nur jetzt, wo’s gerade wieder spannend wird, versagt der „Mist-Apparat“ wieder (Stefans Vermutung, dass Außerirdische mit ihren Störstrahlen schuld sind, muss wohl zurückgewiesen werden …). Wie soll man denn da ein Fußballspiel verfolgen?

„Hier meldet … das Westfalen … …mund. Vor …nuten hat Schiedsrichter Dr. Merck die Begegnung zwischen …ussia Dortm… und dem FC Bayern angepfiffen. Die Zuschauer, das hören Sie, liebe Fußballfreunde, sind schon jetzt … aus dem Häuschen, denn schon nach …uten ist hier das …te Tor für …efallen. Und was die Zuschauer hier so erregt hat, ist die Tatsache, dass dem Treffer ein …ares Foul vorausgegangen ist. Die …

Gunnar: *Meine Güte, das ist ja furchtbar! Da blickt doch keiner mehr durch! Jetzt ist ein Tor gefallen, und keiner weiß, für wen!*

Kirsten: *Eben! Mach den Kasten doch aus, das hat keinen Sinn! Wenn man da genau hinhört, meint man ja, der Reporter hätte ’nen Webfehler!*

Stefan: *Du redest genau wie mein Alter! Wenn der meine Deutschaufsätze liest, sagt er auch immer, ich hätte ’nen Webfehler.*

André: *Also Stefan, ich will dich ja nicht ärgern, aber manchmal hab ich das Gefühl, dein Vater hat Recht …*

Bevor es zwischen den beiden zu einem handfesten Krach kommt, verlassen wir sie lieber und wenden uns der Frage zu, ob „Webfehler“ und „Aufsätze“, also „Texte“ (siehe oben!), etwas miteinander zu tun haben. Oder – anders gefragt:

Weißt du eigentlich, was man von dir verlangt, wenn man dich auffordert, einen Aufsatz zu schreiben?

Blöde Frage, wirst du erwidern, natürlich weiß ich das: Man verlangt von mir, einen Aufsatz zu schreiben, und das kann ich nicht, und deshalb habe ich dieses Buch aufgeschlagen, und wenn jetzt noch mehr so blöde Fragen kommen, mache ich's gleich wieder zu...
Halt! Tu's besser nicht, sondern lies ruhig weiter!

Überleg mal, ob du der folgenden Aussage zustimmen kannst:

Wer einen Aufsatz schreibt, fertigt einen **Text** an.

!

Klar, sagst du, natürlich schreibe ich einen Text. Jeder weiß, was ein Text ist.

Wirklich?
Nimm zum Beispiel Stefan! Würde sein Vater so reagieren, wenn Stefan „richtige“ Texte schriebe?
Eines ist sicher: Im Deutschunterricht, in den anderen Schulfächern, aber auch außerhalb der Schule hast du es täglich mit geschriebenen oder gesprochenen Texten zu tun. Du **liest Texte** (Zeitung, Krimi, Gebrauchsanweisung, Fernsehprogramm), die du natürlich auch verstehen sollst; du **hörst Texte** (Nachrichten, Lautsprecherdurchsagen, Lieder), die du genauso verstehen musst, und du **verfasst selbst Texte**, zum Beispiel „Aufsätze“.
Diese Texte soll ein anderer natürlich auch verstehen können – und wahrscheinlich hast du festgestellt, dass es manchmal gar nicht so einfach ist, einen Text so verständlich zu schreiben, dass der Leser genau weiß, was du eigentlich sagen wolltest. Da hast du einen Text gelesen, aber wenn man dich fragt, was eigentlich drinsteht, kannst du's nicht sagen; du fängst an, einen Aufsatz zu schreiben, weißt aber plötzlich nicht mehr, wie es weitergehen soll; du hast einen Aufsatz geschrieben, in dem alles Wichtige drinsteht – meinst du –, aber dann schreibt der Lehrer überall an den Rand Bemerkungen wie „unklar“ oder „Wie meinst du das?“ oder „unverständlich“; du erzählst etwas, und andere sagen dir, dass sie das gar nicht richtig verstehen.

Was ist dann da passiert? Vielleicht hilft es dir, wenn wir einmal versuchen, uns klarzumachen, was das überhaupt ist: ein **Text**.

Wir haben für dich in einigen Wörterbüchern nachgesehen:

Originaltexte Wörterbuchartikel

Text (lat. *textus* = Gewebe) als Grundlage der Literaturwissenschaft ist der genaue Wortlaut e. Werkes oder dessen Teile, auch der inhaltliche Hauptteil e. Schrift im Ggs. zu Anmerkungen, Registern, Illustrationen und sonstigen Beigaben, der Wortgehalt e. Liedes, Singspiels oder e. Oper im Ggs. zugrundeliegende Bibelstelle. – Im heutigen Literatenjargon gleichbedeutend mit ›Werk‹.

Textanalyse → Analyse

Text [lat. ›Gewebe‹], 1) festgelegte Rede, genauer Wortlaut, Wortfolge. 2) Worte, Dichtung, Buch; Wortfolge eines Gesangstückes im Gegensatz zur Melodie, Liedertext. 3) die Bibelstelle, auf der die Predigt aufgebaut ist. 4) *die, Drucktechnik:* Schriftgrad von 20 Punkten.
Texter [engl.], Verfasser von Schlager- oder Werbetexten. → Werbeberufe.
Text'il ... [lat.], Spinnerei und Weberei betreffend.
Textilarbeiter(in), Facharbeiter, angelernte oder Hilfsarbeiter der → Textilindustrie, z. B. Spinner(in), Weber(in), Tuchausrüster (Walker); Lehrberufe mit 3jähr. Ausbildungszeit; Anlernberufe mit 1- bis 2jähriger Ausbildungszeit. Durch Besuch von Berufs-, Fach- und Ingenieurschulen Aufstieg zum Meister, Techniker und *Textilingenieur* möglich.

Text (lat.), ursprünglich Gewebe, Geflecht; dann die wörtlich genaue und vollständige Urkunde, z.B. eines Vertrags u.s.w.; in der Homiletik der Bibelabschnitt, welcher der Predigt zu Grunde liegt; in der Musik die einem Gesangsbild zu Grunde liegenden Worte; in der Buchdruckerzunft eine Schriftgattung, s. Schriftarten.
Textil (lat.), auf die Weberei bezüglich.
Textil-Berufsgenossenschaften. 1) Norddeutsche für die preuss. Provinzen Hessen-Nassau, Hannover, Schleswig-Holstein, Sachsen, Pommern, Brandenburg, Ost- und Westpreussen, Posen; für die beiden Mecklenburg.

Wenn du diese kleinen Artikel gelesen hast, bist du wahrscheinlich immer noch nicht viel schlauer als vorher, aber vielleicht ist dir aufgefallen, dass bestimmte Formulierungen in allen drei Artikeln wörtlich übereinstimmen oder zumindest ähnlich sind: **„Gewebe", „genauer Wortlaut", „Wortfolge"**. Das könnte uns vielleicht weiterhelfen – denn im übrigen sind die Wörterbuchartikel teilweise recht schwer zu verstehen.
Versuchen wir's also auch mit eigenem Nachdenken!

Spontan, so auf den ersten Blick, könnte man vielleicht sagen:

!

1. Definitionsversuch:
Ein Text entsteht dann, wenn man einzelne Aussagen („Sätze") aneinanderreiht.

Machen wir die Probe:
In der Fußballreportage, von der wir – mit unseren fünf Freunden – so wenig verstanden haben, lag der Fehler auf der Hand: Die Sätze waren unvollständig, sogar einzelne Wörter erklangen nur bruchstückweise. Wüssten wir, wie das Spiel gelaufen ist, so könnten wir die Reportage ohne Schwierigkeiten so ergänzen, dass ein verständlicher Text daraus wird, z. B.:

Hier meldet sich das Westfalenstadion in Dortmund. Vor drei Minuten hat Schiedsrichter Dr. Merck die Begegnung zwischen Borussia Dortmund und dem FC Bayern angepfiffen. Die Zuschauer, das hören Sie, liebe Fußballfreunde, sind schon jetzt völlig aus dem Häuschen, denn schon nach zwei Minuten ist hier das erste Tor für die Bayern gefallen ...

Beispiel

In diesem Fall war es also kein Problem, einen verständlichen Text herzustellen. Wie aber sieht es im folgenden Fall aus?

Es war heiß geworden. Libellen surrten über das Wasser. Am vorletzten Herbsttag schon hatte eine daumentiefe Schneedecke auf der Wiese gelegen. Als aber das Feuer immer stärker wurde, legte der Junge die dicksten Äste aufeinander: Orion hieß der holländische Tanker, der vor zwei Jahren von einem wütenden Novembersturm an die bretonische Küste geworfen worden war und unermesslichen Schaden angerichtet hatte ...

Beispiel

Ein merkwürdiger „Text", nicht wahr? Die einzelnen Sätze, das wirst du zugeben, sind richtig gebaut, die Grammatik ist korrekt, die Wörter sind verständlich, das *aber* in Zeile 2 oder der Doppelpunkt in Zeile 3 scheinen auch darauf hinzudeuten, dass die Sätze sinnvoll logisch miteinander verbunden worden sind; und trotzdem wirst du sicher nicht sagen können, dass diese Aneinanderreihung von Sätzen ein „richtiger Text" sei (oder auch nur ein Teil davon). Aber warum?
Die Sätze passen offensichtlich nicht richtig zusammen, sie ergeben insgesamt keinen Sinn. Ein Text muss aber doch einen Sinn ergeben!

Versuchen wir noch einmal zu erklären, was ein Text ist:

2. Definitionsversuch:
Ein Text entsteht dann, wenn man einzelne Aussagen aneinander reiht, die zusammen einen Sinn ergeben.

Es reicht also nicht, Sätze, auch wenn sie grammatisch einwandfrei sind, nach Lust und Laune einfach aneinander zu fügen – um einen Text herzustellen, muss man Regeln beachten, die offensichtlich über die „Grammatik" hinausgehen.

Fragen wir uns doch einmal:
- Warum gibt der obige „Text" keinen Sinn?
  Weil die Sätze nicht zusammenpassen.
- Warum passen die Sätze nicht zusammen?
  Weil sie ganz unterschiedliche Themen behandeln, die offensichtlich inhaltlich nichts miteinander zu tun haben.

Und daraus können wir einen ganz einfachen Schluss ziehen:

Die einzelnen Sätze eines Textes müssen zu **einem** Thema gehören.

Dass der einzelne Satz überhaupt häufig auf recht schwachen Füßen steht und ohne seine Umgebung gar nicht eindeutig zu verstehen ist, wollen wir dir an einem weiteren Beispiel zeigen:

Beispiele

(1) Das ist wirklich ein dicker Hund!
(2) Mir gefällt der Ball überhaupt nicht.

Verstehst du diese Sätze? Ja? Dann sieh dir doch mal an, wie sie fortgesetzt oder eingeleitet werden:

Beispiele

(1) a) „Das ist wirklich ein dicker Hund!" verwunderte sich Frau Düdengiebel, als sie den vollgefressenen Köter der Nachbarin sah.
(1) b) „Hast du das gelesen?" empörte sich Karl-Friedrich und warf die Zeitung auf den Tisch. „Jetzt wollen sie die Mineralölsteuer um 20 Pfennig erhöhen! Das ist wirklich ein dicker Hund!"
(2) a) „Mir gefällt der Ball überhaupt nicht. Der hüpft ja gar nicht richtig!"
(2) b) „Mir gefällt der Ball überhaupt nicht. Die Luft ist unmöglich, die Kapelle mies, die Getränke sind zu teuer und die Männer zu ..."

Na, bist du immer noch sicher, dass du die beiden Sätze jeweils so verstanden hast, wie sie gemeint waren?
Jedenfalls ist dir eines wohl klar geworden:

! Die Bedeutung eines Einzelsatzes hängt von seiner sprachlichen Umgebung ab, das heißt von den Sätzen, die ihm vorausgehen oder nachfolgen.

Oft hat ja ein Wort oder eine Redewendung ganz unterschiedliche Bedeutungen. Welche im Einzelfall zutrifft, lässt sich nur erkennen, wenn man den ganzen Text oder zumindest einen Textabschnitt betrachtet.
Wenn man das nicht beachtet, riskiert man eine ganze Menge Missverständnisse. Das kann lustig sein, kann aber auch mal ins Auge gehen ...
„Text" hat also mit Sätzen und ihren Beziehungen zueinander zu tun.

Dazu machen wir gleich eine kleine Übung:

Übung B1

In den beiden folgenden Sätzen ist die Bedeutung der Wörter „Bank" bzw. „Stimme" nicht eindeutig. Ergänze die beiden Sätze jeweils so, dass klar wird, was gemeint ist.

1. Jetzt kommt noch eine Bank hierhin ...

a) damit man in Ruhe die herrliche Aussicht genießen kann.

b) ______________________________

2. Deine Stimme ist unwichtig …

a) ____

b) ____

Dir ist jetzt sicher klar geworden, dass man über die Grenzen des Einzelsatzes hinaussehen muss, wenn man einen Text erzeugen will, also eine sinnvolle Abfolge von Sätzen.
Manche Sätze allerdings werden erst dann sinnvoll, wenn man die Situation kennt, in der sie geäußert worden sind.

Wie sieht es zum Beispiel mit folgendem Satz aus:

Ich war gestern auch schon hier.

Beispiel

Wer ist *ich*? Wann war *gestern*? Wo ist *hier*?
Diese Fragen kann nur der beantworten, der die Gesprächssituation **(Kommunikationssituation)** kennt, der also weiß, **wer wann wo mit wem** gesprochen hat.
Halten wir demnach fest:

!

Manche Sätze werden erst dann verständlich, wenn man die Situation kennt, in der sie geäußert worden sind. Diese Situation nennt man **außersprachlichen Kontext**.

Fassen wir das bisher Besprochene zusammen:

Regel

- Ein Text muß einen **Sinn** ergeben.
- Der Sinn eines Satzes ergibt sich häufig erst
  - durch seine **sprachliche Umgebung** (Sätze vorher, Sätze nachher)
  - oder durch die **Kommunikationssituation** (die Situation, in der der Text geäußert wurde).
- Damit Sätze einen Text bilden, müssen sie aus einem **gemeinsamen Themenbereich** stammen.

Reicht das aber schon aus, um den Begriff „Text" zu bestimmen?

Sehen wir uns ein anderes Beispiel an:

In seinem Kriminalroman **„Der Richter und sein Henker"**[1] beschreibt **Friedrich Dürrenmatt** zu Beginn, wie sich der Dorfpolizist Alphons Clenin verhält, als er auf einem Streifengang in der Nähe der Ortschaft Twann in einem am Straßenrand abgestellten Mercedes einen Mann entdeckt, der scheinbar schläft, der aber, wie sich dann herausstellt, ermordet wurde:

[1] *Lohnt sich zu lesen!*

Originaltext (?)

Clenin wußte nicht recht, was er tun sollte. Er schob den Toten auf den zweiten Vordersitz, setzte ihn sorgfältig aufrecht, befestigte den leblosen Körper mit einem Lederriemen, den er im Wageninneren gefunden hatte, und rückte selbst ans Steuer. Er lief am Straßenrande hin und her. Als Dorfpolizist war ihm ein so blutiger Fall noch nie vorgekommen. Er kehrte zum Wagen zurück, hob den grauen Filzhut auf, der zu Füßen der Leiche lag, und drückte ihr den Hut über den Kopf, so tief, daß er die Wunde an den Schläfen nicht mehr sehen konnte.
Als die aufgehende Sonne durch den Nebel brach und den Toten beschien, war ihm das unangenehm. Dann war ihm wohler. Der Polizist ging wieder zum Straßenrand, (...) und wischte sich den Schweiß von der Stirne. Der Motor lief nicht mehr, doch brachte Clenin den Wagen ohne Mühe die steile Straße nach Twann hinunter vor den Bären. Dann faßte er einen Entschluß. Dort ließ er tanken, ohne daß jemand in der vornehmen und unbeweglichen Gestalt einen Toten erkannt hätte. Das war Clenin, der Skandale haßte, nur recht, und so schwieg er...

Auch dies ist ein recht seltsamer „Text". Zwar dreht sich hier alles um ein einziges Thema, aber trotzdem: Irgendetwas stimmt doch auch hier nicht, oder? Da weiß der Dorfpolizist nicht recht, was er tun soll, und gleich darauf macht er sich zielstrebig an die Arbeit. Oder: Wir erfahren, dass ihm die aufgehende Sonne, die den Toten bescheint, unangenehm ist, aber im nächsten Satz schon *war ihm wohler*, ohne dass der Leser erfährt, warum. Und schließlich wird berichtet, dass Clenin *einen Entschluß* fasst: *Dort ließ er tanken.* Worauf bezieht sich *dort*? Doch wohl nicht auf den Entschluss! Wir wollen eines gleich klarstellen: Die hier aufgezeigten Schwächen, die Unklarheiten, die Brüche im Text hat natürlich nicht Friedrich Dürrenmatt verbockt – die Fehler sind vielmehr dadurch entstanden, dass wir mit Absicht den Text etwas durcheinander gebracht haben.
Wie aber hat sich die Geschichte nun wirklich abgespielt? Das kannst du feststellen, wenn du nun versuchst, die Sätze in eine sinnvolle Reihenfolge zu bringen, sodass der Ablauf des Geschehens deutlich wird.

Übung B2

Ordne die durcheinander geratenen Sätze so, dass daraus ein „richtiger", sinnvoller Text wird.
Die Aufgabe erscheint zunächst vielleicht etwas schwierig, aber du kannst sie mit ein wenig Phantasie sicher lösen! Versetze dich in die Rolle des Dorfpolizisten und denke nach, in welcher Reihenfolge du die einzelnen Handlungen wohl ausführen würdest!

So – du hast beim Lösen dieser Aufgabe wohl gemerkt, dass es beim Verfassen eines Textes darauf ankommt, die einzelnen Sätze sinnvoll miteinander zu verbinden, sodass man immer wieder erkennen kann, wie sie zusammengehören.
Was also ist ein Text?

Regel

Wir definieren:
Unter einem **Text** versteht man kleinere Sinneinheiten (Sätze), die zu **einem Thema** gehören und die **plan- und sinnvoll** aneinander und ineinander gefügt worden sind:

... genau wie die vielen Fäden eines „Gewebes" zu einem Stück Stoff zusammengefügt werden.

B

1. Sprachliche Mittel für die Textbildung oder: „... wir weben, wir weben ..."

Wer hilft uns beim Schreiben eines Textes?
Der Opa? Die Tochter der Nachbarin? Das Lexikon? Das Sprachbuch? Der Computer? Vielleicht – aber in erster Linie hilft uns **die Sprache selbst**. Sie stellt uns die nötigen Mittel zur Verfügung, und wir müssen nur sehen, dass wir diese Mittel kennenlernen und zum richtigen Zeitpunkt auch verwenden. Beginnen wir mit ein paar Textbeispielen:

Beispiele

1. *Ihr fällt ein Lied ein. Das Lied hat einen interessanten Text. Der Text ist leicht zu verstehen.*
2. *In einem fernen Land lebte ein König, der hatte nur eine Tochter. Die war aber so hässlich, dass selbst die Vögel zu singen aufhörten, wenn sie in den Schlosspark kam. Der Vater aber hatte sein Kind trotzdem gern und überlegte, wie er einen Mann für das Mädchen finden könnte.*
3. *Mit quietschenden Reifen raste der weiße Porsche um die Ecke und kam vor dem Restaurant zum Stehen. Drei unheimlich aussehende Männer parkten den Wagen und stiegen aus. Als der Wirt des Lokals diese Männer sah, rief er erschrocken aus: „Da kommen sie!"*
4. *Sie haben mir zwei Texte gegeben. Welchen Text soll ich denn jetzt übersetzen?*

Du gibst uns sicher recht – in allen vier Beispielen handelt es sich um kurze, aber in sich geschlossene Texte:
– sie beziehen sich jeweils auf ein einheitliches Thema
– die einzelnen Sätze passen zueinander.

Übung B3

Unterstreiche in den vier Kurztexten jeweils die Wörter, die darauf hinweisen, dass von **einem** Thema die Rede ist.

Diese Aufgabe dürfte dir eigentlich nicht so schwer gefallen sein: zum *Lied* gehört der *Text*; *Tochter, Kind* und *Mädchen* bezeichnen die gleiche *Person*, ebenso wie *König* und *Vater*, und der *Vater* wiederum passt natürlich inhaltlich zur *Tochter*. Der *Wagen* passt zum *Porsche*, und ein *Restaurant* lässt auch einen *Wirt* erwarten …
Wir können aber an diesen Beispielen noch etwas anderes beobachten, etwas, das für die Erstellung eines Textes von großer Bedeutung ist:

Die **Substantive** (Hauptwörter) in den Texten hatten **Begleiter** bei sich:

Beispiele

1. *ein Lied → das Lied; einen Text → der Text*
2. *ein König → der Vater; eine Tochter → das Mädchen*
3. *drei Männer → diese Männer*
4. *zwei Texte → welchen Text*

Bei 1. und 2. handelt es sich um **unbestimmte** (*ein, eine*) und **bestimmte Artikel** (*der, die, das*) – und gewöhnlich stehen diese Artikel in einer ganz bestimmten Reihenfolge. Das kannst du gleich ausprobieren, wenn du in unseren Beispielen die Artikel vertauschst:

Beispiele

1. *Ihr fällt das Lied ein. Ein Lied hat den interessanten Text. Ein Text ist leicht zu verstehen.*
2. *In einem fernen Land lebte der König. (…) Ein Vater aber hatte sein Kind trotzdem gern und überlegte, wie er für ein Mädchen den Mann finden könnte.*

Hört sich dämlich an, nicht? Die Sätze sind zwar grammatisch richtig, aber ein Text ist das nicht mehr. Warum nicht?

! Im Allgemeinen führt der **unbestimmte Artikel** einen **Redegegenstand neu in den Text** ein, während der **bestimmte Artikel** die Aufmerksamkeit auf **schon erwähnte Gegenstände oder Personen** lenkt.

Wir zeigen dir in einer kleinen Tabelle, welche Wörter Gegenstände neu einführen und welche auf schon Bekanntes verweisen:

Neueinführung: → Verweis auf den folgenden Text	Wiederaufnahme: ← Verweis auf den vorhergehenden Text
ein, eine Plural ohne Artikel: *Reifen* einige, ein paar ein, zwei, drei	der, die, das die + Plural: *die Reifen* dieser, diese, dieses jener, jene, jenes sein, ihr, unser … welcher, welche …

(Diese Regeln gelten übrigens für literarische Texte wie Kurzgeschichten nur eingeschränkt: Für Kurzgeschichten ist es sogar typisch, dass sie schon im ersten Satz den bestimmten Artikel verwenden. („Die Arbeiter kamen mit ihrem Schild ..." – E. Langgässer, „Saisonbeginn".)

Einen Sonderfall bilden Eigennamen: Wenn sie von einem Artikel begleitet werden, dann ist es normalerweise der bestimmte.

Beispiele

Ich hab den Peter gesehen.
Der Film erinnert an den frühen Hitchcock.

Ausnahmsweise steht der unbestimmte Artikel, wenn man zwar eine Person nennt, aber eigentlich eine Eigenschaft meint:

Beispiel

Ein Beckenbauer wird der nie!

Die Begleiter des Substantivs, von denen wir hier gesprochen haben, wirken in einem Text wie Signale: Sie verweisen auf etwas, das schon war, oder auf etwas, das noch kommen soll. Diese ständigen Verweise auf andere Stellen im Text machen überhaupt erst einen Text aus.
Wie sieht es nun mit den **Inhalten** aus? Wie können Inhalte wieder aufgenommen werden? Nehmen wir dazu unsere vier Kurztexte und noch ein paar andere unter die Lupe:

Beispiele

1. *Ihr fällt ein Lied ein. Das Lied hat einen interessanten Text. Der Text ist leicht zu verstehen.*
2. *Mit quietschenden Reifen raste der weiße Porsche um die Ecke und kam vor dem Restaurant zum Stehen. Drei unheimlich aussehende Männer parkten den Wagen und stiegen aus. Als der Wirt des Lokals diese Männer sah, rief er erschrocken aus: „Da kommen sie!"*
3. *Sie haben mir zwei Texte gegeben. Welchen Text soll ich denn jetzt übersetzen?*
4. *Sprich nicht! – Ich habe doch gar nichts gesagt!*
5. *In einem fernen Land lebte ein König, der hatte nur eine Tochter. Die war aber so hässlich, dass selbst die Vögel zu singen aufhörten, wenn sie in den Schlosspark kam. Der Vater aber hatte sein Kind trotzdem gern und überlegte, wie er einen Mann für das Mädchen finden könnte.*

6. *John Lennon wurde vor seinem Haus von einem offenbar geistesgestörten Fan erschossen. Der britische Popstar war sofort tot.*
7. *Adenauer*[1] *nahm in den Urlaub am liebsten Kriminalromane mit, denn bei dieser Lektüre konnte er sich am besten entspannen.*
8. *Überglücklich fielen sich die Spieler des 1. FC Kaiserslautern in die Arme: Das Tor in der vorletzten Minute hatte die Roten Teufel von allen Abstiegssorgen befreit*

[1] Konrad Adenauer (1876 bis 1967), erster Kanzler der Bundesrepublik Deutschland (1949 bis 1963)

9. *Kirsten fragte einen Polizisten um Rat, aber auch der konnte ihr nicht weiterhelfen.*
10. *Gunnar wechselte aufs Gymnasium, aber auch dort vergaß er weiterhin, welche Aufgabe im Mathebuch er lösen sollte.*
11. *Stefan erzählt gern davon, wie er das Feuchtbiotop*[2] *erforschte. Damals war er ja erst acht.*
12. *Meinst du, der fragt dich? Ich glaube kaum, dass er das tut.*

[2] Ein Feuchtbiotop ist beispielsweise ein Tümpel, ein kleiner Teich oder etwas ähnliches, in dem sich eine abgeschlossene Lebensgemeinschaft aus Wasserpflanzen, Insekten, kleinen Wassertieren usw. entwickelt hat, die nach festen biologischen Regeln miteinander leben. Solche Biotope sind sehr wichtig für die Erhaltung der verschiedensten Tier- und Pflanzenarten!

Wir haben, wie du gesehen hast, die Texte in drei Gruppen eingeteilt – je nachdem, wie die **Beziehungen** zwischen den einzelnen Sätzen hergestellt werden

– In Gruppe 1 (Texte 1–4) ist das Verfahren leicht zu erkennen:

Ein **Ausdruck** wird einfach **wiederholt** oder durch einen nahezu **bedeutungsgleichen Ausdruck** wieder aufgenommen.

Beispiele | *Lied → Lied; Porsche → Wagen; sprechen → sagen*

– In Gruppe 2 (Texte 5–8) ist das Verfahren anders:

Hier werden bestimmte Wörter oder Wendungen durch andere Begriffe wieder aufgenommen, die zwar in manchen Merkmalen mit dem zuerst genannten Begriff übereinstimmen, aber nicht bedeutungsgleich sind, sondern eher eine Art **Oberbegriff** darstellen.

Beispiele | *Tochter → Kind; John Lennon (geschichtlich festgelegte Person) → Popstar*

– In Gruppe 3 schließlich (Texte 9–12)

werden bestimmte Begriffe durch sogenannte **Pro-Formen** ersetzt. (Das sind gewöhnlich kurze Wörter, die für Substantive, Substantivgruppen, aber auch für Orts- und Zeitbestimmungen usw. stehen können. Die bekannteste Pro-Form ist natürlich das Pronomen (*er, wir* usw.).[3]

[3] *Gelegentlich kann eine Pro-Form auch auf den unmittelbar danach folgenden Text verweisen: „Nachdem er sich mehrmals geräuspert hatte, begann der Minister seine Rede." – „Ich habe Ihnen Folgendes zu sagen: Ich trete zurück!"*

Beispiele | *aufs Gymnasium → dort; wie er das Feuchtbiotop erforschte → damals.*

Übung B4

Unterstreiche in den 12 Kurztexten auch die anderen Wörter oder Ausdrücke, die eine inhaltliche Beziehung zwischen den einzelnen Sätzen herstellen.

So, nun ist es an der Zeit, wieder einmal festzuhalten, wie weit wir gekommen sind! Wir haben festgestellt:

Regel

- Jeder Aufsatz ist ein Text.
- Ein Text entsteht, wenn Sätze aneinander gereiht werden, die aus einem Themenbereich stammen.
- Die Sätze müssen so miteinander verknüpft werden, dass sich ein sinnvoller Geschehensablauf oder Gedankengang ergibt.
- Eine solche Verknüpfung erfolgt durch verschiedene Verfahren der Textkonstruktion:
  - grammatische Textsignale: Sie verweisen auf kommende Sätze oder nehmen schon besprochene Inhalte wieder auf (Artikel und andere Substantivbegleiter).
  - Begriffe und Wendungen, über die im Verlauf des Textes weiter gesprochen werden soll, werden durch bedeutungsgleiche Begriffe, Oberbegriffe oder durch sogenannte Pro-Formen wieder aufgenommen.

Tja, das ist doch schon eine ganze Menge, was wir da zum Thema „Text" herausgefunden haben. Stimmst du uns jetzt, wo wir uns dem Ende dieses Kapitels nähern, darin zu, dass das Verfassen eines Textes doch nicht ganz so selbstverständlich ist? Und stimmst du uns auch zu, dass die Kenntnis von Wiederaufnahmeverfahren oder Verknüpfungsverfahren, wie wir sie zuletzt besprochen haben, sehr sinnvoll sein kann? Diese Verfahren bewirken ja zweierlei:

- Sie verhindern, dass der Text, den man schreiben will, eine zusammenhanglose Aneinanderreihung von Sätzen bleibt (und damit gar nicht erst zum Text wird).
- Sie ermöglichen es, einen Inhalt über mehrere Sätze hinweg wiederzugeben, ohne dass man in ermüdende Wiederholungen verfallen muss.

Über eine besondere „Webtechnik" – die wichtigste überhaupt – werden wir im Kapitel „Inhaltsangabe" noch sprechen: Es geht dann um die **logische Beziehung zwischen Sätzen**. Das ist keine ganz leichte Angelegenheit, und wir haben jetzt wirklich erst einmal genug geleistet und deshalb eine Pause verdient.

Am besten wir ruhen uns ein wenig aus und schauen nach, was unsere fünf Freunde treiben…

2. Aufsatz als Form der Kommunikation oder: Kommune, Kommunion und Kommunismus …

Stefan hat mal wieder ein Problem. Er soll in der nächsten Stunde in Deutsch etwas zum Stichwort „Kommunikation" sagen können, von dem man in den letzten Jahren so viel gehört hat. In seinem Wörterbuch, das leider völlig zerfleddert ist, hat er zwar die Wörter Kommune, Kommunion, ~bank, ~kind, Kommunismus, Kommunist gefunden, aber ausgerechnet die Stelle zwischen Kommune und Kommunion, auf der wahrscheinlich Kommunikation zu finden gewesen wäre, fehlt …
Zum Glück aber hat er ja noch Kirsten und Gunnar, deren Bücher schon in der Grundschule nie so mitgenommen aussahen wie seine eigenen; dabei waren sie ganz bestimmt häufiger benutzt worden …

Nun ja – jedenfalls ist Kirsten zu Hause, als Stefan bei ihr klingelt.

Stefan: *Hallo Kirsten!*
Kirsten: *Hey, Stefan! Was ist denn los? Heute nicht mit der Katrin unterwegs?*
Stefan: *Grrrr …! Hör bloß auf! Du, ich muss morgen in Deutsch unbedingt was bringen, über Kommunikation und so'n Mist. Jetzt hab ich in meinem Wörterbuch nachgesehen, aber gerade die Seite fehlt, auf der das stehen könnte!*
Kirsten: *Wahrscheinlich hast du sie mal herausgerissen, als du kein Papier mehr für einen Flieger hattest …*

Die beiden sehen nun zusammen nach. In Kirstens Lexikon finden sie unter anderem:

***kommun** (lat.), veraltet für gemeinschaftlich …*
***Kommunikation,** Mitteilung, Verbindung, Verkehr …*

Kirsten: *Ach ja, jetzt weiß ich's wieder! Wir haben neulich im Deutschunterricht auch darüber gesprochen. Wenn Menschen sich miteinander verständigen, also, wenn sie Nachrichten, Meinungen, Gefühle oder so austauschen, dann nennt man das Kommunikation. Wenn du zum Beispiel zu der Katrin sagst, dass du sie …*
Stefan: *Halt dich da raus! Sonst gibt's hier gleich körperliche Kommunikation! Dann werden Schläge ausgetauscht …*

Kirsten grinst – sie weiß, wie empfindlich Stefan ist, wenn man ihn auf Katrin anspricht, aber natürlich werden sie sich deshalb nicht schlagen; denn zwischen den beiden klappt die Kommunikation, und unter Freunden darf man sich ja schließlich auch mal auf den Arm nehmen …

Du hast an diesem Beispiel gesehen, was Kommunikation ist:
Stefan und Kirsten tauschen ihr Wissen (oder ihr Nichtwissen ...) untereinander aus. Kommunikation kann sich **mündlich** oder **schriftlich** vollziehen; es gibt daneben allerdings auch noch die sogenannte „non-verbale Kommunikation", also die Verständigung ohne Worte – durch Zeichen, Gesten usw.: seien es Rauchzeichen der Indianer, afrikanische Buschtrommeln oder die modernen Piktogramme[1], die inzwischen weltweit zu sehen sind. Sie ermöglichen beispielsweise auf der ganzen Welt die Verständigung zwischen Menschen unterschiedlichster Sprachen. Da die „non-verbale Kommunikation" beim Aufsatzschreiben aus verständlichen Gründen keine Rolle spielt, gehen wir hier nicht näher darauf ein.

[1] allgemein verständliche Bildsymbole, wie z. B. das Männchen an der Toilettentür, das Zeichen für Telefon: ✆, das ✈ für Flughafen oder der berühmte Smiley ☺

Es ist keineswegs gleichgültig, ob Kommunikation schriftlich oder mündlich erfolgt. Geschrieben wird ja heute immer seltener, die meisten Menschen telefonieren lieber – nicht nur, weil Schreiben mühsamer ist (schon wegen der Rechtschreibung ...!), sondern auch, weil beim Telefonieren eine direkte Kommunikation möglich ist: Die Gesprächspartner können sofort aufeinander reagieren, Unklarheiten beseitigen, nachfragen, bestätigen usw.

Ein Beispiel:

Stefan, der meistens weiß, was sprachlich gerade „in" ist, kommt eines Tages (das ist jetzt schon fast drei Jahre her) völlig durchnässt und mit deutlichen Spuren von Schlamm an seiner Kleidung zusammen mit Gunnar nach Hause. Noch ehe die Mutter zu einer Strafpredigt ansetzen kann, verkündet Stefan strahlend: „Reg dich nicht auf, Mama! Gunnar und ich haben den ganzen Nachmittag ein Feuchtbiotop[1] erforscht!"
Seine Mutter, die erstens solche intelligenten Aussprüche von ihrem Sohn überhaupt nicht gewohnt ist und zweitens vor allem den Dreck und die sich in der Diele aus-

[1] siehe Anmerkung S. 20

breitenden Wasserflecken sieht, fragt völlig verstört zurück: „Was habt ihr?“, – und ihrem Tonfall ist anzumerken, dass sie den Eindruck hat, es handle sich um eine große Schweinerei. Aber Gunnar klärt sie glücklicherweise gleich auf, indem er trocken einwirft: „Ganz einfach – wir haben in einer ganz tollen Pfütze gespielt, und Stefan ist reingefallen ...“

Damit ist die Sache geklärt, die Mutter hat verstanden, was passiert ist, die Kommunikation hat also geklappt. Warum hat das in diesem Fall funktioniert? Ganz einfach: Stefan hat eine unklare, schwer verständliche Äußerung gemacht, auf die seine Mutter aber sofort mit einer Rückfrage reagieren konnte, und diese Frage der Mutter konnte Gunnar zufriedenstellend beantworten. Das alles war möglich, weil die Gesprächsteilnehmer (die Kommunikationspartner) sofort aufeinander eingehen konnten: ein typisches Merkmal einer mündlichen Kommunikation.
Was aber wäre geschehen, wenn Stefan zum Beispiel seiner Oma geschrieben und ihr auch mitgeteilt hätte, er habe „ein Feuchtbiotop erforscht“? Die Oma hätte natürlich nichts verstanden und sich entweder schreckliche Gedanken gemacht oder Stefan für ein Genie gehalten – beides zu Unrecht, aber es wäre ihr ja nichts anderes übrig geblieben: Sie hätte keine Möglichkeit der Rückmeldung gehabt. Schriftliche Kommunikation verläuft im Allgemeinen als Einbahnstraße, das heißt, der Empfänger hat keine unmittelbare Möglichkeit zur Rückfrage, wenn er etwas nicht verstanden hat.

Daraus lässt sich ein einfacher Schluss ziehen:

! Schriftliche Kommunikation muss möglichst eindeutig sein!

Wir haben gesehen, dass es bei schriftlicher Kommunikation leicht Missverständnisse geben kann, weil man dabei keine Rückfragen stellen kann.

Damit so etwas nicht passiert, merke dir für deine Aufsätze Folgendes:

Regel

- Du musst versuchen, Missverständnisse zu vermeiden!
- Du musst dich so klar wie möglich ausdrücken!
- Der Leser muss auch ohne Rückfrage wissen, was du meinst!

Nur zu oft passiert es in einem Aufsatz, dass der Schreiber einen Gedankensprung macht; er hat zwar einen guten und folgerichtigen Gedankengang gehabt, aber leider nur Teile davon aufgeschrieben, und der Leser muss sich den Rest selber denken. Das aber kann er meistens nicht. Und von deinem Deutschlehrer wirst du dir vielleicht sagen: Ach, der stellt sich doch nur so dumm an, weil er mir keine bessere Note gönnt; in Wirklichkeit versteht der genau, was ich meine... Wenn du mit einer solchen Grundhaltung an das Aufsatzschreiben herangehst, dann schaffst du dir allerdings wirklich selbst

ein großes Problem: Du gehst davon aus, dass der Deutschlehrer ja sowieso schon alles über das Thema weiß, das er dir gestellt hat. Das wäre aber eine ganz verhängnisvolle Einstellung!!
Genauso gefährlich ist es, nicht das zu schreiben, was man selbst denkt und herausgefunden hat, sondern das, was vielleicht der Deutschlehrer darüber denkt.

Besser ist es, wenn du dich an folgende Ratschläge hältst:

TIPP

Du nimmst dir vor, den Aufsatz **für eine ganz bestimmte Person** zu schreiben.
Am besten wird dir ein Aufsatz gelingen, wenn du dir als dein „Gegenüber" (Kommunikationspartner oder Empfänger) eine Person vorstellst, die gerade zu dem betreffenden Thema besonders wenig weiß!

- Eine **Gebrauchsanweisung** schreibst du für einen technischen Idioten.
- Eine **Personencharakteristik** schreibst du für jemand, der diese Person nicht kennt.
- Die **Schilderung** einer Fahrt mit dem Segelboot schreibst du für eine eingefleischte Landratte.
- Die **Argumentation** für den Kauf eines Motorrads schreibst du für deine Eltern (außer, dein Vater ist zufällig Rennfahrer ...).
- Die **Interpretation** eines Gedichtes schreibst du für jemand, der mit Gedichten nichts anfangen kann.
- Die **Inhaltsangabe** eines Buches schreibst du für jemand, der dieses Buch nicht gelesen hat.
- Ein **Aufsatzbuch** ... na ja, wir haben versucht, es für die zu schreiben, die Aufsätze (noch) nicht so gut können.

Du machst es also anders als die Post: Die sucht ja meistens nicht nach dem Empfänger, sondern stempelt einfach auf einen nicht zustellbaren Brief: „Empfänger unbekannt" –
Du aber erfindest den Empfänger selbst!

Damit bist du bereits auf dem besten Weg, einen klaren, verständlichen Aufsatz zu schreiben!

C Die Inhaltsangabe
oder: **Zinsen, Zoll und Zyankali**

Es ist Freitag Nachmittag. Auf der Christinenhöhe, der Siedlung, in der unsere fünf Freunde wohnen und in der gerade die 125. Wiederkehr des Tages gefeiert wird, an dem Christine von Überbein die Siedlung gegründet hat, hocken Kirsten, Stefan und Gunnar am Brunnenrand und warten auf die Zwillinge. Stefan und Kirsten sind schon ziemlich sauer, denn eigentlich wollten sie ja alle zusammen zur Kirmes gehen, aber die Zwillinge fehlen immer noch, und unpünktlich sind sie sonst nie.

– „Ich geb denen jetzt noch genau eine Minute, droht Stefan, dann können sie mich ...“

Was sie ihn können sollen, ist nicht überliefert, denn im gleichen Moment erspäht Kirsten die beiden in der Menge. Beide tragen einen großen Teddybären unterm Arm.

– „Jetzt sind die völlig übergeschnappt“, knurrt Stefan, als die beiden näherkommen. Auch Kirsten schimpft.

– „Wo wart ihr denn die ganze Zeit? Seit zwanzig Minuten warten wir schon auf euch!“

– „Auf der Kirmes natürlich“, erwidert Claudia erstaunt; denn jeder kann doch sehen, was sie von dort mitgebracht haben.

– „Ja, habt ihr sie denn nicht mehr alle?“, platzt da Stefan heraus. „Wir wollten doch zusammen hingehen! Was meint ihr, weshalb wir hier warten?“

– „Weiß ich doch“, meldet André sich jetzt ganz sanft, denn Stefan darf man in solchen Situationen nicht unnötig reizen, „wir waren ja von der Schule aus da ...“

Jetzt versteht Stefan gar nichts mehr.

– „Was? In eurer Freizeit beschäftigen die euch auch noch? Die sind doch nicht mehr ganz normal!“

– „Doch“, erwidert Claudia, ebenso sanft wie ihr Bruder, „es ist sogar echt interessant ...“

Und dann erzählt sie, dass sie in der Schule gerade ein Projekt über alternatives Lernen durchführen und dass sie beide die Aufgabe übernommen haben, die Kinder von den Kirmesleuten nach ihren schulischen Möglichkeiten zu fragen – wie das halt so geht, wenn man alle paar Tage in einer anderen Stadt ist.

– „Was sollen die denn überhaupt mit der Schule?“, brummt Stefan, immer noch leicht verärgert. „Die können doch später den Betrieb von den Alten übernehmen. Schule ist doch sowieso Mist – kannst du alles später nicht gebrauchen.“

– „Das finde ich aber gar nicht", schaltet sich jetzt Gunnar ein. „Sicher, vieles vergisst man ganz schnell wieder, aber zum Beispiel die Zinseszinsrechnung, die wir gerade durchgenommen haben, damit kannst du doch was anfangen! Da kannst du zum Beispiel ausrechnen, wie lange es dauert, bis du aus einer Mark eine Million gemacht hast."
– „Na und? Wie lange dauert's" – „Bei fünf Prozent ungefähr 295 Jahre", grinst Gunnar.
Kirsten mischt sich jetzt auch ein. Sie findet, dass auch Englisch unheimlich wichtig ist, schon wegen der Songtexte, und Chemie sowieso: Wie sollten denn sonst die Leute von Greenpeace die Schweinereien in den Flüssen nachweisen können, wenn sie nicht etwas von Chemie verstünden?
– „Ja", pflichtet Claudia bei und wirft Stefan einen unverschämten Blick zu, „Chemie kann auch sehr nützlich sein, wenn man zum Beispiel Zyankali[1] für die Schwiegermutter braucht ..."
Stefan wird ganz rot, weil alle wissen, dass er gerne mit der Katrin gehen würde, aber deren Mutter mag ihn wohl nicht so ... Stefan ist das Thema unangenehm, deshalb lenkt er ab:
– „Jetzt sagt bloß noch, man könnte auch Deutschaufsätze später gebrauchen!"
– „Klar", meint Kirsten, „denk doch bloß mal daran, wie du neulich versucht hast, dem Gunnar den Schwarzenegger-Film zu erklären. Hättest du in der Schule aufgepasst, als ihr Inhaltsangaben durchgenommen habt, dann wär' das nicht so ein jämmerliches Gebrabbel geworden!"
– „Inhaltsangaben braucht man höchstens beim Zoll", knurrt Stefan unzufrieden, weil er anscheinend alle gegen sich hat. „Geben Sie mal den Inhalt Ihres Koffers an!"
– „Haha, Witz komm raus, du bist umzingelt!", spottet Kirsten, und Stefan wird wütend ...

[1] sehr giftiges Salz der Blausäure; kommt oft in Krimis vor

... wir verlassen ihn und die anderen jetzt lieber, ehe es noch Streit gibt, und wenden uns den Inhaltsangaben zu.

Es stimmt ja – in vielen Fällen muss man so etwas wie eine Inhaltsangabe machen: wenn man

- einen Film, ein Theaterstück, ein Buch erzählen möchte,
- über ein Telefongespräch berichtet,
- den Eltern andeuten muss, was wohl in dem Brief mit dem blauen Umschlag stehen wird, der den Absender „... schule" trägt,
- eine Diskussion zusammenfassen soll

usw.

Nun wirst du vielleicht einwenden: „Inhaltsangabe? Kalter Kaffee! Haben wir schon in der 5. Klasse gelernt!" – Klar! Aber bist du dir ganz sicher, dass du noch genau weißt, wie das geht? Wie steht es denn z. B. mit der Inhaltsangabe von längeren Texten (Romane, Novellen, Theaterstücke, Filme)? Welche Regeln muss man bei einer Inhaltsangabe beachten? Weißt du das wirklich alles noch?

Am besten fängst du mit uns in einer kurzen Wiederholung noch einmal ganz von vorne an – denn eines ist klar:

Die Fähigkeit den Inhalt eines Textes klar und geordnet so wiederzugeben, dass jemand, der diesen Text nicht kennt, trotzdem alles Wesentliche erfährt, wirst du noch sehr oft, auch außerhalb der Schule, benötigen!

Wir beginnen mit einer Bildergeschichte – einer von der Art, wie du sie bestimmt schon in Illustrierten oder in Sprachbüchern gesehen hast.

C

1. Die wesentlichen Aussagen oder: Geschichte ohne Worte

Was das mit einer Inhaltsangabe zu tun hat? Nun, in einer solchen Bildergeschichte wird eine (kürzere oder längere) Geschichte so erzählt, dass nur die wesentlichen Elemente der Handlung dargestellt werden. Einzelheiten, das, was zwischen den einzelnen Bildern geschieht, aber auch das, was die Personen denken, sagen oder fühlen, muss der Betrachter der Bildgeschichte für sich selbst erfinden.
Ganz ähnlich sieht eigentlich eine Inhaltsangabe aus, nur dass die einzelnen Bilder eben nicht gezeichnet, sondern in Worten ausgedrückt werden.
Wir zeigen dir das hier einmal an einem Beispiel:

Beispiel Bildergeschichte

1. *Ein Herr mittleren Alters geht die Straße entlang. Unter dem linken Arm trägt er eine Schachtel. Ein junger Mann in Jeans schleicht ihm nach.*
2. *Plötzlich packt der junge Mann von hinten die Schachtel, der Herr stolpert, kann das Gleichgewicht nicht mehr halten und verliert dabei auch noch seine Brille.*
3. *Er stürzt zu Boden, und während er noch benommen auf dem Bürgersteig liegt, rennt der junge Mann mit der Schachtel davon.*

Wie du siehst, wird diese Geschichte kurz, sachlich und undramatisch mitgeteilt, ohne dass Spannung aufgebaut würde, ohne wörtliche Rede, ohne ausschmückende Beiwörter; nur die Tatsachen werden vermittelt.
Und in welcher Zeit wird das Ganze berichtet? Sicher hast du das gleich gemerkt (oder du kanntest die Regel ohnehin noch) – also:

!

Eine Inhaltsangabe steht immer in der **Gegenwart** (Präsens).

Sehen wir uns jetzt erst einmal die Geschichte zu Ende an. Sicher könnte man daraus mit etwas Phantasie einen spannenden Krimi machen – aber das wollen wir hier ja gerade nicht: Wir bleiben dabei, dass wir ganz knapp das mitteilen, was an wesentlichen Tatsachen ausgesagt wird – wir geben allen, die den Verlauf der Handlung nicht kennen, eine rasche Information über das Geschehen. Wenn du das mit einer Kriminalerzählung machen müsstest, wäre die Aufgabe natürlich schwieriger: Du müsstest ja erst einmal die Erzählung so verkürzen, dass nur die wesentlichen Aussagen übrigbleiben – aber diese Aufgabe haben wir dir schon abgenommen, indem wir die Geschichte eben als Bildergeschichte abdrucken; in der nächsten Übung musst du also nur noch in kurzen Sätzen das hinschreiben, was in den einzelnen Bildern berichtet wird. Traust du dir das zu? Na klar!

Hier ist zunächst die Fortsetzung der Geschichte.

Übung C1

Gib den Inhalt jedes einzelnen Bildes in 1 bis 2 Sätzen wieder.

Wenn du diese Aufgabe gut gelöst hast, dann steht bereits das Gerüst für eine vernünftige Inhaltsangabe – aber fertig bist du jetzt natürlich noch nicht. Was du noch alles beachten musst (und was für Fehler man machen kann), wollen wir dir in den nächsten Beispielen zeigen.

C 2. Die Einleitung der Inhaltsangabe oder: Gut begonnen – halb gewonnen!

*Stefans kleiner Bruder Kai, im Gegensatz zu seinem großen Bruder eine unglaubliche Leseratte, hat zu seinem 9. Geburtstag natürlich eine Reihe von Büchern bekommen (Stefan lässt sich lieber CDs schenken). Kai liest ein Taschenbuch in einem Tag aus – da müssen Eltern, Tanten, Omas usw. also ständig neue Bücher kaufen … Eines dieser Geburtstagsbücher war **„Mio, mein Mio“** von **Astrid Lindgren**. Nun hat Kais Vater gesehen, dass dieses Buch auch verfilmt worden ist, und weil Kai den Film natürlich gerne sehen möchte, lässt der Papa sich den Inhalt erzählen. Schließlich möchte er ja ganz gerne wissen, um was es da geht.*
Und so fängt Kai an zu erzählen …

Beispiel Inhaltsangabe

„Ja, also, da ist der Mio; die nennen den in der Upplandsgatan, da nennen die den Bo Vilhelm Olsson. Die sind ganz böse zu ihm, seine Tante und sein Onkel, seine Mutter ist nämlich bei seiner Geburt gestorben und seinen Vater, den kennt niemand. Und dann sollte er einmal Zwieback für seine Tante holen, und dann ist er bei dem Gemüseladen vorbeigekommen, und da ist eine Frau, die hat er gerne und sie hat ihn auch lieb. Und da hat sie ihn gefragt, ob er einen Apfel haben will und dann hat sie noch gefragt, ob er einen Brief abgeben will. Und dann hat sie ein paar Zeilen geschrieben, und dann ist er zum Briefkasten gegangen, und da hat er dann gesehen, dass die Worte, die sie geschrieben hat, golden leuchteten. Und dann hat er gucken wollen, was da steht, und da stand – ich weiß jetzt nicht genau, wie das war, ich glaube „An das Land der Ferne“ – König vom Land der Ferne, er ist gekommen, er ist auf dem Weg. Er hat einen goldenen Apfel als Zeichen.
Und dann hat er auf den Apfel geguckt, und der war dann wirklich aus Gold, und dann ist er vor Verwunderung in den Tegnér-Park gegangen. Und dann hat er eine Flasche gefunden, darin war ein Geist, und dann hat er ihn befreit, den Geist, und der hat ihn dann ins Land der Ferne gebracht. Und da ist der Vater von ihm der König. Und der hat neun Jahre den Sohn gesucht und dann ist er dann gekommen.

Und dann sollte er gegen den Ritter Kato kämpfen, der Mio, und da hat er noch ein Pferd gekriegt vorher, und das hieß Miramis. Und dann hat er noch einen Freund gefunden, der hieß Jum-Jum, und dann hat er gegen Ritter Kato gekämpft und ihn auch besiegt, und dann hat er die, die der Ritter Kato geraubt hat, die hat er dann befreit."

Wenn du dieses Buch nicht kennst, wirst du jetzt besonders gut beurteilen können, ob die Inhaltsangabe von Kai gut oder schlecht ist. Na – ganz so toll war's ja wohl nicht. Zwei wesentliche Fehler hat Kai gemacht, die du sicher benennen kannst.
Gegen welche Regeln hat Kai verstoßen?

Übung C2

Eine Inhaltsangabe steht immer in ______________________________

Sie berichtet nur ______________________________

Das war sicher kein großes Problem für dich, oder?
Ein Fehler ist dir wahrscheinlich noch nicht aufgefallen, weil wir noch nicht davon gesprochen haben: In Kais Inhaltsangabe geht es gelegentlich zeitlich ganz schön durcheinander! Das verwirrt den Leser und erschwert das Verständnis – und deshalb müssen wir eine weitere Forderung aufstellen:

!

Eine Inhaltsangabe ist in ihrem zeitlichen Ablauf geordnet.

Übung C3

Schreibe jetzt alle Stellen in dein Heft, an denen Kai gegen Grundregeln der Inhaltsangabe verstoßen hat und gib an, welche Regeln er dort nicht beachtet hat.

Lösungsbeispiel

Zeile 1: Eine Inhaltsangabe berichtet nur Wesentliches.

Nun war diese Inhaltsangabe für einen Neunjährigen sicher schon eine beachtliche Leistung, aber du bist schließlich nicht mehr neun, und deshalb wirst du es besser machen! Wie Profis an so eine Aufgabe herangehen, soll dir der folgende Klappentext zu dem gleichen Buch zeigen. (Der Klappentext ist die Kurzfassung des Inhalts, die man gewöhnlich auf der Klappe des Schutzumschlags oder, z. B. bei Taschenbüchern, auf der letzten Umschlagseite findet.)

Originaltext Klappentext

Der Waisenjunge Bo Vilhelm Olsson, der bei Pflegeeltern in liebloser Umgebung aufwächst und sich nach Verständnis und Geborgenheit sehnt, findet auf geheimnisvolle Weise das „Land der Ferne", in dem sein Vater, den er noch nie gesehen hat, König ist und er selbst als Prinz Mio ein von Kampf gegen das Böse erfülltes Leben führt.

Hier kannst du mal sehen, auf wie engem Raum man Wesentliches aussagen kann!

Übung C4

Schreibe nun in dein Heft, welche von den Aussagen, die Kai gemacht hat, in dem Klappentext wieder erscheinen und wie sie dort zusammengefasst sind.

Lösungsbeispiel

Kais Text	Klappentext
Zeile 1–3:	Der Waisenjunge Bo Wilhelm Olsson, der bei Pflegeeltern in liebloser Umgebung aufwächst ...

Hast du auch festgestellt, dass im Extremfall 17 Zeilen (4–20) durch ganze drei Wörter *(auf geheimnisvolle Weise)* ersetzt worden sind? Weshalb hat der Verfasser den Inhalt hier wohl so radikal zusammengestrichen?
Vielleicht bringt dich das Wort „geheimnisvoll“ auf die Sprünge: Ein Geheimnis verrät man nicht, und natürlich wird ein jugendlicher Leser besonders gerne zu einem Buch greifen, wenn darin ein Geheimnis versprochen wird! Du siehst also, dass die Inhaltsangabe als Klappentext eine ganz besondere Aufgabe hat: Sie soll gar nicht genau informieren, sondern vor allem zum Kauf anreizen! Deshalb ist auch der Klappentext noch nicht die ideale Form der Inhaltsangabe.

Übung C5

Welche Informationen aus Kais Inhaltsangabe, die der Klappentext nicht enthält, müssten deiner Meinung nach in eine gute Inhaltsangabe übernommen werden? Warum wohl? Eine kleine Hilfestellung wollen wir dir geben: Es gibt drei wichtige Punkte. Mache eine kleine Tabelle in dein Heft:

Zeilenangabe	Begründung
Zeile ... bis ...	

Nun sehen wir uns ein weiteres Beispiel an. Wir haben festgestellt, dass der Klappentext zu „Mio, mein Mio“ wirklich ungewöhnlich kurz ist – das ist selbst bei Klappentexten nicht die Regel. Außerdem aber fehlt in diesem Text etwas, was jede Inhaltsangabe eines literarischen Werkes (Roman, Theaterstück, Film, Fernsehspiel usw.) enthalten muss. Damit du herausfinden kannst, was wir meinen, solltest du dir das folgende Beispiel einer Buchbesprechung (Buchkritik, Rezension) aus der „Stuttgarter Zeitung“ ansehen:

Originaltext Buchbesprechung

Astrid Lindgrens Märchen „Mio, mein Mio“ ist ein kleines literarisches Kunstwerk und wird wohl nicht nur von Kindern mit Spannung und echtem Mitgefühl gelesen werden.
Die Sehnsucht nach dem nie gekannten Vater und der toten Mutter läßt einen kleinen Stockholmer Waisenjungen in das „Land der Ferne“ kommen. Dort findet er seinen Vater, den König des Landes. Aus dem kleinen Bo wird Prinz Mio, der zusammen mit seinem Freund das Reich des Vaters von dem bösen Herrscher des „Landes Außerhalb“ befreit, damit Menschen und Land erlöst werden und aus der heillosen Welt eine Welt der Ordnung entsteht.

Dir ist sicher aufgefallen, dass der Leser hier doch einiges mehr erfährt als aus dem Klappentext. Zwei Angaben vor allem enthält dieser Zeitungsartikel, die in dem Klappentext und auch in Kais Inhaltsangabe nicht enthalten sind.

Welche zusätzlichen Informationen bekommt der Leser am Anfang der Buchbesprechung in der Zeitung und warum sind diese Informationen in dem Klappentext nicht enthalten? Schreibe die Antworten in dein Heft!

Die Lösung ist dir wahrscheinlich nicht schwergefallen – die Buchbesprechung beginnt ja genau mit den Informationen, die im Klappentext fehlten. Und daraus lässt sich eine weitere Regel für die Inhaltsangabe ableiten:

Die Inhaltsangabe eines Buchs, eines Theaterstücks o. ä. soll am Anfang den Titel sowie den Namen des Autors enthalten.

Und warum stand das nicht im Klappentext? Blöde Frage – weil jeder, der den Klappentext liest, ja wohl selbst sieht, was für ein Buch er in der Hand hat.

Das ist aber noch nicht alles: Wir erfahren aus dem Zeitungstext noch etwas, was in dem Klappentext fehlte. Findest du's heraus?
Die Zeitung spricht nicht nur von einem *Waisenjungen*, sondern von dem *Stockholmer Waisenjungen*.

Dazu gleich noch ein zweites Beispiel: In der Einleitung einer Inhaltsangabe zu der Erzählung **„Die rote Katze"** von **Luise Rinser** heißt es:

Beispiel Einleitung

Die Kurzgeschichte „Die rote Katze" von Luise Rinser spielt in den Hungerjahren nach dem 2. Weltkrieg. Der Ich-Erzähler, ein 13-jähriger bayrischer Junge, der sich für seine Mutter und seine Geschwister verantwortlich fühlt, weil der Vater noch nicht aus dem Krieg zurückgekehrt ist, wird vor eine Entscheidung gestellt, der er nicht gewachsen ist …

Ist dir aufgefallen, welche Informationen hier ebenfalls gleich am Anfang gegeben werden? Wir erfahren, **wann** und **wo** die Geschichte spielt und **wer** die Hauptperson ist. Du solltest dir also merken:

Am Anfang der Inhaltsangabe eines literarischen Werkes (Roman, Erzählung, Kurzgeschichte, Theaterstück …) **nennt man:**

– **die Textsorte**	*hier also:*	*Kurzgeschichte*
– **den Namen des Autors/der Autorin**		*Luise Rinser*
– **den Titel des Textes**		*„Die rote Katze"*
– **die Hauptfigur(en)**		*13-jähriger Ich-Erzähler*
– **den Ort des Geschehens**		*Bayern*
– **die Zeit, in der die Geschichte spielt**		*etwa 1946/47*

(natürlich nur dann, wenn das aus dem Text hervorgeht …)

An einer fertigen Inhaltsangabe überprüfen wir jetzt, ob dir das alles klar ist.

Übung C7

Markiere im folgenden Text die Stelle, an der die Einleitung zu Ende ist, und prüfe, ob die Einleitung alle wichtigen Elemente enthält.

Beispiel Inhaltsangabe

In Thomas Manns 1898 erschienener Novelle „Das Eisenbahnunglück" berichtet der Ich-Erzähler von einem Eisenbahnunglück, das er miterlebte, als er unterwegs war, um in Dresden einen Vortrag zu halten. Dabei erfährt er, wie in der Ausnahmesituation dieses Unglücks die Menschen ihren wirklichen Charakter zeigen. Die Fahrt im Schlafwagen von München nach Dresden verspricht Komfort und Sicherheit, alles ist im besten Zustand, der Schaffner strahlt Verlässlichkeit und Autorität aus. Einem Mitreisenden, der mit allem, was er tut und sagt, deutlich macht, dass er sich selbst als „besserer Herr" versteht, gibt die Fahrt genügend Gelegenheit, allen seine scheinbare Überlegenheit zu demonstrieren. Dann aber passiert das Unerwartete, das Eisenbahnunglück, das zwar keine schlimmen Folgen hat, aber den wahren Charakter des „Herrn" und all derer enthüllt, die wie er glaubten, etwas Besonderes zu sein: freie, unabhängige, souveräne Menschen und keine Untertanen. Aber das erweist sich als eine große Täuschung: Erst durch das Eingreifen der gerade eben noch verspotteten staatlichen Autoritäten (eben der Bahnbeamten) wird aus der allgemeinen Ungewissheit und Verwirrung wieder die gewohnte Ordnung, in die sich am Ende jeder, auch der Ich-Erzähler, auf seine Art einfügt und die durch das Unglück nur vorübergehend gestört worden ist.

In der Einleitung zu dieser Inhaltsangabe erfahren wir

– die Textsorte	Novelle
– den Namen des Autors/der Autorin	
– den Titel des Textes	
– die Hauptfiguren	
– den Ort des Geschehens	
– die Zeit, in der die Geschichte spielt	

Das war keine schwierige Aufgabe, oder? Normalerweise wirst du keine großen Probleme damit haben, diese Angaben zu machen. Wenn du dir aber die Einleitungen der letzten drei Inhaltsangaben ansiehst, wirst du feststellen, dass sie noch etwas enthalten, was wir noch nicht erwähnt haben.
Was haben die drei folgenden Sätze gemeinsam?

Beispiele Einleitung

- *Der Waisenjunge Bo Vilhelm Olsson (...) findet auf geheimnisvolle Weise das „Land der Ferne", in dem sein Vater (...) König ist und er selbst als Prinz Mio ein vom Kampf gegen das Böse erfülltes Leben führt.*
- *Der Ich-Erzähler (...) wird vor eine Entscheidung gestellt, der er nicht gewachsen ist.*
- *In Thomas Manns 1898 erschienener Novelle „Das Eisenbahnunglück" berichtet der Ich-Erzähler von einem Eisenbahnunglück, das er miterlebte, als er unterwegs war, um in Dresden einen Vortrag zu halten. Dabei erfährt er, wie in der Ausnahmesituation dieses Unglücks die Menschen ihren wirklichen Charakter zeigen.*

Hast du die Antwort gefunden?
In allen drei Sätzen wird jeweils das **Thema der Geschichte** angegeben! Das herauszufinden, ist manchmal ganz einfach, wie z. B. in der Erzählung „Ein Eisenbahnunglück", aber manchmal braucht man schon eine gewisse Zeit, bis man genau sagen kann, um was es in dem Text geht, den man zusammenfassen soll. Bei Kurzgeschichten ist z. B. der Titel oft wenig hilfreich, weil er uns zunächst nichts sagt, mehrdeutig (wie in „Saisonbeginn"), oder sogar irreführend ist (wie in „Ein Freund der Regierung" von Siegfried Lenz). Wichtig ist, dass du dir nach der Lektüre des Textes die Frage stellst: Warum hat der Autor diesen Text geschrieben? Was für ein Problem, was für eine Situation ist ihm so wichtig gewesen, dass er etwas dazu sagen wollte?

Andererseits ist die hier gestellte Aufgabe aber auch nichts völlig Neues für dich: Sicher hast du schon im Deutsch- oder Englischunterricht die Aufgabe gehabt, zu einem Text Zwischenüberschriften zu finden oder einen neuen Titel für eine Geschichte zu erfinden. Trotzdem wollen wir noch ein bisschen bei dem Thema „Thema" bleiben – und besuchen zu diesem Zweck unseren Freund Gunnar, den Bücher- und Computerfreak.

Gunnar interessiert sich ja nicht nur für Bücher und Computer – er ist auch ein großer Musikfreund und hat schon eine beachtliche Sammlung von Platten, CDs und MCs, hauptsächlich mit Pop-Musik von Elvis bis DJ Bobo. Inzwischen sind das so viele Titel, dass er selbst gar nicht mehr weiß, welche Lieder er schon hat – vor allem, weil er auch eine Reihe Sampler gekauft hat.
Um zu sehen, was er doppelt hat und deshalb verkaufen oder löschen kann, hat er in mühevoller nächtlicher Arbeit (nur ab und zu von seiner schimpfenden Mutter unterbrochen, die ihn ins Bett schicken wollte ...) seine Sammlung in den Computer eingegeben – Software gibt's ja genug dafür! Und da Gunnar alles sehr sorgfältig erledigt, genügt es ihm natürlich nicht, nur den Titel und den (oder die) Interpreten in sein Verzeichnis aufzunehmen; er will dazu selbstverständlich den Fundort erfassen (also die Nummer der CD oder der Kassette, denn natürlich hat er alle nummeriert!), und er möchte auch seine eigene Bewertung (von „super" über „cool" bis „kann weg") hinzufügen. Vor allem aber will er auch den Inhalt der einzelnen Lieder eingeben. Das muss aber, weil seine (preiswerte) Software doch deutliche Grenzen hat, in ganz knapper Form geschehen. Dann kann das Programm ihm später einmal blitzschnell anzeigen, welche Lieder er zum Thema „Schule" oder „Frieden" oder „Unglückliche Liebe" hat oder ob es im Jahr 1993 schon ein Lied über das Ozonloch gegeben hat ...
Gunnar gibt also zu jedem Lied einen Oberbegriff und den Inhalt in höchstens 50 Zeichen (= Buchstaben) ein – mehr dürfen es nicht sein, weil sein Programm sonst streikt.

Übung C8

Versuche für deine CDs oder MCs (oder beides) ein solches Verzeichnis anzulegen.

(Da wir deine Sammlung leider nicht kennen, können wir dir im Lösungsteil bedauerlicherweise auch nicht sagen, ob deine Lösung richtig ist; wie so etwas aber aussehen könnte, zeigen wir dir an einem Auszug aus Gunnars Katalog.)

Lösungsbeispiel

Titel:	Yesterday
Interpr.:	Beatles
Fundort:	CD Nr. 27
Thema:	Verlorene Liebe, Sehnsucht nach dem Gestern
Bewertung:	Top-Oldie

Titel:	Another brick in the wall (We don't need no education)
Interpr.:	Pink Floyd
Fundort:	MC Nr. 83
Thema:	Kritik am herkömmlichen Erziehungssystem
Bewertung:	immer noch stark! Film!!

Wenn du diese Übung ernsthaft gemacht hast, wirst du wahrscheinlich festgestellt haben, dass es gar nicht so schwierig ist, das **Thema**[1] anzugeben (bei Schlagern ist es ohnehin meistens „Liebe"); richtig knifflig wird es erst, wenn man wirklich den Inhalt nur mit höchstens 50 Zeichen wiedergeben darf: Da wird man gezwungen, genau auf die Formulierung zu achten. Es ist wichtig, das Wesentliche herauszuheben und alles Überflüssige wegzulassen und – natürlich! – die Kernaussage des Liedes zu erfassen. All diese Fertigkeiten sind auch grundlegend beim Verfassen einer Inhaltsangabe!

[1] Mehr zum Thema „Thema" findest du ab S. 61.

So – bevor wir jetzt auf unserem Weg zu einer gelungenen Inhaltsangabe einen weiteren Schritt machen, halten wir noch einmal fest, was wir bisher herausgefunden haben:

Regel

Eine **Inhaltsangabe**

- berichtet nur Wesentliches
- ist kurz und sachlich
- steht in der Gegenwart (Präsens)
- ist in ihrem zeitlichen Ablauf geordnet
- nennt in der Einleitung neben Titel, Autor und Textsorte
  - das Thema, um das es geht
  - den/die Namen der Hauptperson(en)
  - Ort und Zeit der Handlung (wenn das wichtig ist)

Das ist also jetzt schon eine ganze Menge – wir sind ein gutes Stück vorangekommen! Trotzdem aber gibt es noch ein paar andere Dinge, die du beachten musst. Sieh dir dafür das nächste Kapitel mit einem Auszug aus einer Kurzgeschichte an.
Kurzgeschichten sind eine Textsorte, mit der du es während deiner ganzen Schulzeit zu tun haben wirst; dabei wird man sicher häufig von dir verlangen, zunächst eine Inhaltsangabe anzufertigen. Deshalb widmen wir uns solchen Texten auch besonders. Danach (in Teil C 5) werden wir uns aber auch mit der Inhaltsangabe eines längeren Gedichtes (einer Ballade) beschäftigen und am Schluss (in Teil C 7) auf eine Textsorte eingehen, die in den letzten Schuljahren für dich immer größere Bedeutung gewinnen wird: die Sachtexte. Bei der Beschäftigung mit ihnen kommt man selten um eine Inhaltsangabe herum...

3. Direkte Rede – indirekte Rede oder: „... in unsere Zellen kommst du nicht!"

C

Aber nun zu unserer Kurzgeschichte **„Im Schwimmbad"** von **Hans Peter Richter**.
Es geht darin um ein bitteres Alltagserlebnis eines jüdischen Jungen in der Nazizeit, um eine Demütigung, die schon vorausahnen lässt, was ein paar Jahre später der ganzen jüdischen Bevölkerung Deutschlands widerfahren wird...

Hier zunächst, was bisher geschah:
Friedrich Schneider, der Junge, von dem die Geschichte handelt, hat im Schwimmbad seine Garderobenmarke verloren. Um seine Sachen wiederzubekommen, muß Friedrich seinen Ausweis zeigen, aus dem hervorgeht, dass er Jude ist.

Nun die eigentliche Geschichte:

Originaltext Kurzgeschichte

„Guck dir das an!" sagte der Bademeister. „So etwas bekommst du nicht oft zu sehen." Alle konnten zuhören, wie er laut erklärte: „Das ist einer von den Judenausweisen (...) Ein Jude ist er! Pfui! Ein Jude in unserer Badeanstalt!" Er machte ein ekelverzerrtes Gesicht. Alle, die noch auf ihre Kleider warteten, blickten Friedrich an.
Angewidert warf der Bademeister Friedrichs Ausweis und das Mäppchen über die Absperrung. „Judensachen zwischen den Kleidern anständiger Menschen!" schrie er. Dann schleuderte er auch den Bügel mit Friedrichs Sachen auf den Boden, so daß alles weit auseinanderflog.
Während Friedrich seine Kleider vom Boden aufsammelte, verkündete der Bademeister: „Bah! Jetzt muß ich mir erst die Hände waschen, ehe ich weiterbediene!" Er verließ die Absperrung. Einen von Friedrichs Schuhen trat er dabei in ein verstopftes Fußwaschbecken.

Noch bevor Friedrich alles wiedergefunden hatte, kehrte der Bademeister zurück: „Sieh zu, wo du dich ankleidest", schnauzte er Friedrich an, „in unsere Zellen kommst du nicht!"
Hilflos und naß umklammerte Friedrich seine Sachen. Er suchte nach einer Gelegenheit, sich abzutrocknen und sich anzukleiden. Da er keine geschützte Ecke fand, rieb er sich notdürftig mit seinem Handtuch ab und zog seine Hose über die nasse Badehose. Aus den Hosenbeinen tropfend, verließ er die Badeanstalt.

Der Bademeister brüllte noch hinter ihm her, aber das verstanden wir nicht mehr.
Ich hatte die Räder schon losgeschlossen.
Friedrich verstaute seine Sachen auf dem Gepäckständer. Er wagte nicht, mir in die Augen zu schauen. Leise sagte er: „Im Walde ziehe ich mich richtig um."

Wie könnte nun eine Inhaltsangabe des hier abgedruckten Abschnitts wohl aussehen? Vergleiche doch einmal den Originaltext mit der folgenden Inhaltsangabe – es könnte sein, dass du einen ganz wesentlichen Unterschied bemerkst...

Beispiel Inhaltsangabe

Der Bademeister erkennt am Ausweis Friedrichs, dass dieser Jude ist und beschimpft ihn vor allen anderen Badegästen, verbietet ihm, die Umkleidekabinen zu benutzen und wirft ihm seine Kleidung vor die Füße. Friedrich muss seine Hose über die nasse Badehose anziehen und verlässt gedemütigt das Schwimmbad.

Hast du gemerkt, was neben der notwendigen Verkürzung in der Inhaltsangabe noch anders war als im Original?

Originaltext

„Ein Jude ist er! Pfui! Ein Jude in unserer Badeanstalt! (...) Judensachen zwischen den Kleidern anständiger Menschen!"

Inhaltsangabe

Der Bademeister (...) beschimpft ihn vor allen anderen Badegästen.

Was ist hier geschehen? Aus einer längeren Äußerung des Bademeisters, aus seinen Beleidigungen, ist der kurze Satz *der Bademeister beschimpft ihn ...* geworden. Die wörtliche Rede ist weggefallen.

Und das solltest du dir als Regel merken:

! In der Inhaltsangabe steht keine wörtliche Rede!

Nun kann es allerdings Probleme geben, wenn du eine Inhaltsangabe von einem Theaterstück oder Hörspiel machen sollst oder von einer Erzählung, die sehr viel wörtliche Rede enthält. Du könntest zwar immer wieder schreiben: „Der eine sagt, dass er ... Darauf antwortet der andere, dass er das nicht so sehe ...“ usw. – aber erstens ist das ziemlich langweilig, und zweitens muss man in einem solchen Fall immer den Konjunktiv benutzen (er sei, sie habe, wir kämen, er mache ... usw.) – den beherrschen nur wenige, und außerdem wirkt ein Text mit vielen Konjunktiven leicht schwerfällig.
Was tut man also in so einem Fall?

Sieh dir dazu wieder ein Beispiel an:

Biedermann (zu Schmitz): „Sie verlassen mein Haus – augenblicklich!“ | *Originaltext*

Biedermann <u>sagt</u> zu Schmitz, er <u>solle</u> augenblicklich sein Haus verlassen. | *Inhaltsangabe (schwerfällig)*

Biedermann <u>fordert</u> Schmitz <u>auf</u>, augenblicklich das Haus zu verlassen. | *Inhaltsangabe (gut)*

Hier wurde also *er sagt, er solle ...* durch *er fordert ihn auf, zu ...* ersetzt – aber das ist natürlich nicht die einzige Möglichkeit, „sagen“ zu ersetzen.

TIPP

Sagenhaft, was man statt „sagen“ alles sagen kann:

erklären, erläutern, hinzufügen, feststellen, bestätigen, behaupten, betonen, versichern, unterstreichen, bemerken, anmerken, mitteilen, jemandem etwas zu verstehen geben, zu bedenken geben, hinweisen, auf etwas verweisen, zugeben, eingestehen, zugestehen, einräumen, einwenden, bedauern, leugnen, abstreiten, widersprechen, bestätigen, versichern, ankündigen, versprechen, schwören,
fragen, wissen wollen, nicht wissen ...
antworten, erwidern, entgegnen ...
bitten, auffordern, verlangen, anweisen ...
anklagen, beschuldigen, vorwerfen, jemandem etwas vorhalten, Vorhaltungen machen, drohen

Übung C9

Gib die folgenden Sätze (möglichst knapp und treffend) wieder. (Es handelt sich um nicht zusammenhängende, stellenweise leicht veränderte Zitate aus dem Schauspiel **„Biedermann und die Brandstifter“** von **Max Frisch**.)
Es gibt natürlich mehrere Möglichkeiten. Zunächst ein Beispiel:

1. Biedermann: „Herr Schmitz! [...] Wenn Sie diese Fässer nicht augenblicklich aus dem Hause schaffen, aber augenblicklich! sag ich, – *(dann rufe ich die Polizei!)* | *Originaltext Theaterstück*

   Herr Biedermann fordert Schmitz auf, die Fässer sofort aus dem Haus zu schaffen, und droht, andernfalls die Polizei zu holen. | *Lösungsbeispiel*

Originaltext Theaterstück

2. Eisenring: „Ich hab's dir ja gesagt. Das macht man nicht, Sepp, du hast kein Benehmen. Ohne zu fragen!"

3. Biedermann: „Es ist nicht zum Lachen, meine Herren. Es ist mir bitterernst, meine Herren. Meine Frau ist herzkrank – [...] Meine Frau hat die halbe Nacht nicht geschlafen. Wegen dieser Polterei."

4. Babette (zu Herrn Biedermann): „Du bist zu gutmütig. Das mach ich nicht mit, Gottlieb. Du läßt dein Herz sprechen, während ich die halbe Nacht nicht schlafen kann. Ich will ihm ein Frühstück geben, aber dann, Gottlieb, schick ihn auf den Weg." *(ihm = dem Hausierer)*

5. Biedermann: „Und dabei weiß Knechtling ganz genau, was unser Haarwasser ist: eine kaufmännische Leistung, aber keine Erfindung. Lächerlich! Die guten Leute, die unser Haarwasser auf die Glatze streichen, könnten ebensogut ihren eigenen Harn..."

6. Schmitz: „Herr Biedermann! Sagen Sie doch einfach Sepp [zu mir]!"

7. Biedermann: „Meine Herren, ich bin ein freier Bürger. Ich kann denken, was ich will. [...] Ich habe das Recht, meine Herrn, überhaupt nichts zu denken – [...] *(und)* schließlich und endlich bin ich der Hauseigentümer! [...] Ich habe es satt. [...] Wenn wir jeden Menschen, ausgenommen uns selbst, für einen Brandstifter halten, wie soll es jemals besser werden? Ein bißchen Vertrauen, Herrgottnochmal, muß man schon haben, ein bißchen guten Willen. Finde ich. Nicht immer nur das Böse sehen..."

Damit soll's aber erst einmal genug sein. Wir sehen uns jetzt den – seltenen – Fall an, wo eine wörtliche Rede in einem erzählenden Text so wichtig ist, dass wir sie möglichst wörtlich wiedergeben müssen – z. B. dann, wenn es auf die genaue Formulierung ankommt. In diesem Fall wird die wörtliche Rede **als indirekte Rede** wiedergegeben.

Als Beispiel führen wir einen Satz aus dem Theaterstück[1] **„Die zwölf Geschworenen"** von **Reginald Rose** an. Kurz die Situation: In einem amerikanischen Gericht müssen zwölf Männer entscheiden, ob ein junger Angeklagter, dem der Mord an seinem Vater vorgeworfen wird, schuldig oder nicht schuldig ist. Einer der Geschworenen (Nr. 3) will den jungen Mann unbedingt verurteilen und beruft sich darauf, der Junge habe vorher eine Morddrohung ausgestoßen. In der Auseinandersetzung mit einem anderen Geschworenen, der vorurteilslos die Wahrheit sucht (Nr. 8), gerät er außer sich:

[1] Es gibt davon auch eine sehr spannende Verfilmung mit Henry Fonda in der Hauptrolle.

Originaltext Theaterstück

Nr. 3 *(drohend):* Maul halten!!
Nr. 8: Sie sind ein Sadist.
Nr. 3 *(wie von Sinnen):* Maul halten!!!
(Er stürzt sich keuchend auf Nr. 8, wird aber von vielen Händen festgehalten. Nr. 8 macht keine Bewegung. Nr. 3 schlägt um sich.)
Loslassen! Ich bring ihn um!! *Ich bring ihn um!!!* Ich bring ihn...

Das ist ein besonders wichtiger Satz, denn hier zeigt der Geschworene Nr. 3 gegen seinen Willen, dass man eben in der Erregung oft Dinge sagt, die so nicht gemeint sind. Wie sollte man nun diesen Satz wiedergeben? Etwa so:

In äußerster Erregung droht Nr. 3 seinem Gegner, ihn umzubringen. | Beispiel

Oder:

Nr. 3 kann sich nicht mehr beherrschen und brüllt, er werde den anderen umbringen. | Beispiel

Wir haben jetzt, sozusagen in einem ersten Überblick, einige Formen von Inhaltsangaben kennengelernt, einige Regeln dazu aufgestellt oder wiederholt – jetzt ist es doch eigentlich höchste Zeit, dass du daran gehst, selbst Inhaltsangaben zu schreiben!

Zur Erinnerung fassen wir noch einmal die wichtigsten Regeln zusammen und vergleichen dabei Inhaltsangabe und Erzählung:

Regel

	Inhaltsangabe	**erzählender Text**
Zeitform	immer **Präsens** (Gegenwart)	meist Vergangenheit
Beginn	**Einleitung** gibt das Thema des Textes an sowie Titel, Autor, Textsorte und ev. Personen, Ort und Zeit	keine bestimmte Art der Einleitung, Kurzgeschichten meist ohne jede Einleitung
Stil	**knapp, ohne Ausschmückungen**, ohne persönliche Wertung, nur das Wesentliche ausdrückend, immer die gleiche Stillage	lebendig, anschaulich, spannend oder lustig; manche – gute – Autoren kann man auch an ihrem persönlichen Stil erkennen
Angaben zu Personen, Zeit, Ort	stehen, wenn nötig, **in der Einleitung** oder am Anfang der eigentlichen Inhaltsangabe	können an verschiedenen Stellen im Text stehen
Angaben zum Autor und Titel	stehen in der Einleitung	stehen auf dem Umschlag oder als Überschrift
Personenrede	im allgemeinen **keine wörtliche Rede**; wenn eine Äußerung besonders wichtig ist, steht sie in der **indirekten Rede**	wörtliche Rede macht eine Erzählung anschaulich und spannend, wird deshalb oft zu finden sein

Persönliche Urteile und Wertungen solltest du also in der Inhaltsangabe vermeiden, außer du möchtest z. B. für ein bestimmtes Buch werben, oder du sollst eine Buchkritik schreiben. Dann musst du natürlich auch kritische Anmerkungen machen – logisch!

Diese Regeln, die du zum Teil wahrscheinlich schon früher kennengelernt hast, als ihr über die Wiedergabe kurzer Texte gesprochen habt (Erzählungen, Kurzgeschichten, Balladen), gelten grundsätzlich auch für die Inhaltsangaben von längeren Texten (Buch, Film, Fernsehspiel, Theaterstück). Auch die Arbeitsschritte sind die gleichen: Man schreibt einen Aufsatz ja nicht einfach so hin, sondern „setzt ihn auf", das heißt, man macht sich einen Plan, sonst wird mit Sicherheit nichts Gescheites daraus.

Aber was ist nun der **erste Schritt?**

Ganz einfach:

!

Als erstes musst du den Text lesen!

„Aber das ist doch selbstverständlich!" sagst du, und das mit Recht.

Du wirst allerdings zugeben, dass man längst nicht alles mit der gleichen Aufmerksamkeit liest: Stefan zum Beispiel würde einen Liebesbrief von Katrin wahrscheinlich vor Glück zehnmal lesen, die Seiten 34 bis 37 im Geschichtsbuch dagegen nur überfliegen – na ja, und für eine gute Inhaltsangabe musst du den Text eben mit besonderer Aufmerksamkeit lesen.

Regel

Einen Text gründlich lesen heißt:
- unbekannte Wörter nachschlagen
- ungewohnte Bilder und Vergleiche entschlüsseln
- den Handlungsverlauf überblicken
- sich über die Personen und ihr Verhältnis zueinander klar werden und – das ist das Schwierigste –
- das Geschehen nach Ursache und Folge aufschlüsseln können, d. h. erkennen, was die Ursachen für ein Geschehen sind und welche Folgen sich daraus ergeben haben.

Siehst du – so selbstverständlich war das mit dem Lesen doch nicht! Was dir beim ersten Lesen unklar oder unverständlich ist, solltest du dir herausschreiben. Erst wenn du sicher bist, dass du alles verstanden hast, kommt

der **zweite Schritt** –

vielleicht der schwierigste, aber auf jeden Fall der wichtigste:

!

Dann musst du den Text abschnittweise zusammenfassen.

Erinnerst du dich daran, wie wir angefangen haben? Wir haben uns überlegt, dass eine Inhaltsangabe eigentlich manches mit einer Bildergeschichte gemeinsam hat, dass sie sozusagen das Geschehen in einzelnen Bildern berichtet.

Nun war das am Anfang ja eigentlich ziemlich einfach – die Bilder waren schon da, und du musstest nur noch in ein bis zwei Sätzen sagen, was darauf zu sehen war. Einen Text aber selbst auf solche „Bilder" zu verkürzen ist natürlich schon schwieriger – aber schließlich sind wir ja inzwischen auch ein ganzes Stück vorangekommen …

Und deshalb können wir uns jetzt dem ersten längeren Text zuwenden …

4. Einen Text abschnittweise zusammenfassen oder: „Mein Zeuge ist Don Gasparro"

C

Bei diesem Text handelt es sich um eine humorvolle Erzählung, die irgendwo in Süd- oder Mittelamerika spielt. Du sollst diese Geschichte – natürlich! – lesen, und natürlich sollst du auch Spaß daran haben (hoffentlich!) – aber dann wird's ernst: Du sollst die Geschichte nämlich dann selbst in Abschnitte einteilen und deren Inhalt in jeweils zwei bis drei Sätzen wiedergeben.

TIPP

Am besten stellst du dir vor, du würdest die Erzählung in eine Bildergeschichte verwandeln.

Die einzelnen Bilder müssen dabei das Wesentliche des Textes darstellen, so dass jeder Betrachter in der Lage ist, sich den Verlauf der Geschichte vorzustellen. Natürlich geht bei einem solchen Verfahren viel von einem Text verloren – Witz, Ironie, sprachliche Feinheiten usw. – aber das alles hat ja in einer Inhaltsangabe, wie wir gelernt haben, nichts zu suchen: Sie muss sich sachlich auf den Inhalt beschränken. Egal, von welcher Textsorte du eine Inhaltsangabe machst – ob von einer spannenden Erzählung, einer Ballade, einem Liebesgedicht, einem Sachtext, einem komischen Theaterstück oder einer Zeitungsreportage: Inhaltsangaben sehen immer gleich aus – nüchtern, schnörkellos, stromlinienförmig. Für dichterisches Genie ist dabei kein Platz …

TIPP

Wenn es dir schwerfällt, die einzelnen Abschnitte zu erkennen und kurz zusammenzufassen, solltest du folgenden Weg gehen:

1. Mehrmals lesen
2. Im Text markieren, was auf jeden Fall zusammengehört
3. Die Informationen aus den einzelnen Abschnitten in Stichworten oder kurzen Einzelsätzen hintereinander aufschreiben
4. Feststellen, welche Informationen unwichtig sind
5. Wichtige Informationen möglichst noch weiter zusammenfassen, so dass sie in einem Bild dargestellt werden können
6. Die so gewonnenen Aussagen logisch miteinander verbinden
7. Die Inhaltsangabe hinschreiben … aber so weit sind wir noch nicht …

Übung C10

Teile den folgenden Text zunächst in einzelne Abschnitte ein und gib dann den Inhalt jedes Abschnitts in höchstens drei Sätzen wider.

Originaltext
Erzählung

Mein Zeuge ist Don Gasparro
(Sigismund von Radecki)

(...) Da sowohl hier als jenseits des Flusses allerhand Schauergeschichten verbreitet werden darüber, was sich letzten Freitagvormittag auf der Trinidad-Brücke abgespielt hat, so bringe ich eine wahrheitsgemäße Darstellung jener Vorfälle, die geeignet ist, allen alten Weibern den Mund zu stopfen. Mein Zeuge ist Don Gasparro Schüetzli, ein Mann, der seit Jahren die Rangierlokomotive „Elvira" führt und als vorsichtiger und besonnener Staatsbürger bekannt ist.

Ich, der verheiratete Minenarbeiter Pedro Alverde, beschritt an jenem Vormittag die Trinidad-Brücke von der Station Santa Anna aus, um mich hierher nach Aranagua zu begeben, da ich meine Gattin besuchen und einen Claim[1] auf eine Silberader anmelden wollte, die ich in Rocca Palumba gefunden hatte. Nun weiß man ja, was unsere Brücke vorstellt: Seit fünfzehn Jahren schwindelt sie sich „provisorisch" über den Fluß und ist dabei so baufällig, dass den Kaimanen[2] unten auf der Sandbank jedesmal der Mund wässerig wird, wenn ein Zug hinüberdampft. Im Grunde ein auf spinnebeinigen, wurmstichigen Pfeilern ruhendes Schienengeleise, das notdürftig durch Holzschwellen zusammengehalten wird.
Als ich etwa die Mitte der Brücke erreicht hatte, kam es mir vor, als ob die Schwellen merkwürdig zitterten und die Schienen wie unter einem Druck ächzten. Ich wandte mich blitzschnell um – und sah eine ungeheure Güterzuglokomotive leise und rasch auf mich zufahren. Ich schrie und winkte mit dem Arm, allein die Lokomotive – es war der „Caballo Nero" – fuhr mit unverminderter Geschwindigkeit drauflos: wahrscheinlich erzählten sich die Maschinisten gerade etwas Interessantes. Zur Seite springen konnte man nicht, auch war der nächste Brückenpfeiler zu weit entfernt, und darum tat ich, was jedermann getan hätte – ich klammerte mich mit den Händen an eine Bahnschwelle zwischen den Schienen und ließ mich hinunterhängen. Plötzlich taumelte ich über dem furchtbaren Abgrund. Mit Funkensprühen fuhr jetzt die Lokomotive über mich weg. Als der letzte Waggon endlich vorübergerollt war, machte ich angestrengte Versuche, wieder nach oben zu kommen. Ich schwang mich wie an einer Reckstange auf und ab, um endlich mit den Füßen eine andere Schwelle festzukriegen. Aber das ging nicht, weil man Gefahr lief, mit der Hand vom eigenen Balken abzurutschen. Dann versuchte ich, mich hinaufzustemmen, aber mein Rucksack hinten war zu schwer. Dann versuchte ich es mit einem Bauchaufschwung, doch stellte sich's heraus, dass ich jetzt dazu bereits zu schwach war. Und endlich versuchte ich, wenigstens die eine Hand von der anderen Seite um den Balken herumzubekommen, damit ich über der umschlungenen Schwelle die Hände festhalten und also sicherer hängen konnte. Aber dazu hätte ich einen Se-

[1] einen Claim anmelden: bei der Polizei bzw. dem Sheriff seinen Besitzanspruch (auf eine Silberader) anmelden

[2] Kaimane: Flusskrokodile

kundenbruchteil an einer Hand hängen müssen – und ich fühlte plötzlich – dazu reichte es nicht mehr.
Und so blieb ich, mit meiner Anmeldung in der Tasche, mitten in der Luft hängen und schrie, so laut ich konnte! Aber der Fluß ist breit. Es war heiß; alles schien zu schlafen. Ich riskierte einen Blick in die Tiefe und sah ein paar dunkle Striche an der Sandbank. Das waren die Kaimane.
Unterdessen hatte sich ein zweiter Mann von Santa Anna über die Brücke auf den Weg gemacht. Ein Angler hat mir erzählt, dass das sehr merkwürdig ausgesehen habe: wie von der Brückenmitte etwas kleines Schwarzes herunterhing und wie eine andere kleine Figur sich langsam näherte. Dieses war Ramon Guijarro, ein Mann, dessen Charaktereigenschaften nach ein paar Schritten ans Licht treten werden. Er wollte ebenfalls nach Aranagua – aber um einer Anmeldung zu entgehen. Einer Anmeldung wegen fortgesetzten Pferdediebstahls. Als er mein Schreien hörte, beeilte er sich, und bald hörte ich seinen Sprung von Schwelle zu Schwelle. Er kam mir wie ein Engel vom Himmel vor. Er blieb plötzlich vor meiner Schwelle stehen. Und was ich jetzt bringe, ist wörtlich:
„Machst du Turnübungen, he...?" frage Guijarro und steckte die Hände in die Taschen.
„Halt mich fest! – Gott sei Dank, dass du gekommen bist!... Zieh, zieh, ich muß sonst gleich loslassen...!" schrie ich zu seinen Füßen hinauf.
„Was gibst du mir dafür?" fragte Guijarro und spuckte in den Fluß.
„Zehn Pesos."
„Das ist zu wenig", sagte er nachdenklich, „bedenke – ich rette dir das Leben!"
„Wieviel willst du?" brüllte ich. „Schnell: fünfzehn, zwanzig, fünfundzwanzig? – Santissima[1], ich muß gleich loslassen..."
„Wieviel hast du bei dir?"
„Sechsundvierzig Pesos – oh, so halt mich doch...!"
„Geht in Ordnung", meinte Ramon Guijarro und beugte sich über die Schwelle, um mir zu helfen. Doch in diesem Augenblick bewog ihn ein dumpfes Geräusch, sich schnell umzublicken. Der ungestüm anwachsende Leib einer Lokomotive kam in voller Fahrt auf ihn zu. Mit einem Fluch hatte Ramon gerade noch Zeit, sich geschwind an die Bahnschwelle zu hängen – an meine Bahnschwelle, mit dem Gesicht mir zugekehrt, mit seinen Augen in meinen Augen!

Was nun folgte, spielte sich schnell oder langsam ab, ich weiß es nicht mehr. Der stämmige Guijarro hing mit seinem Gesicht dicht gegenüber meinem und schaute mich wütend an. Ich aber fühlte mich unsäglich elend – ich schlenkerte mit den Füßen

[1] Santissima!: wortwörtlich: Heiligste! Gemeint ist: Heilige Mutter Gottes! (etwa: Um Gottes willen!)

– ich hatte keine Kraft mehr, die entsetzliche Schwelle festzuhalten – und klemmte plötzlich Guijarros Leib, der sich zuckend wehrte, mit meinen Beinen wie mit einer Zange fest! Nachdem ich so einen neuen Halt bekommen, ließ ich meine Linke von der Schwelle abgleiten und umschlang den Mann mit meinem freigewordenen Arm. Ich empfand ein wunderbares Gefühl des Gerettetseins. Das war ja seine eigene Schuld, warum hatte er mich nicht gleich emporgezogen! Dann konnte auch meine Rechte die Schwelle nicht mehr halten – und nun hing Ramon Guijarro mit einer doppelten Menschenlast von der Brücke herunter und schrie seinerseits, so laut er konnte. Mich abzuschütteln wagte er nicht, denn er wäre mit mir zusammen in die Tiefe gestürzt. An irgend etwas muß sich der Mensch im Leben halten.
Indessen hatte die Lokomotive (denn es war bloß eine Rangierlokomotive und kein ganzer Zug – aber wer konnte das von den Schienen aus sehen?) kurz vor dieser Unglücksstelle haltgemacht. Und Don Gasparro Schüetzli, der Maschinist, kletterte längs dem Kessel nach vorn und ließ sich über die Laternen vorsichtig aufs Geleise herunter. Er hatte von Santa Anna aus beobachtet, wie mitten auf der Brücke zwei Männer plauderten: einer oben stehend, der andere unten hängend – und das war ihm verdächtig vorgekommen! Darum hatte er seiner alten „Elvira" Volldampf gegeben, um sich an der Unterhaltung zu beteiligen.
Der Ramon fauchte mich unterdessen an wie eine Katze: „Bestia! Loslassen, du Vampir! Ich kann mich nicht mehr halten ...!" brüllte er und versuchte dazwischen mit Beißen, mich von sich loszulösen. Aber ich dachte nicht daran! Ich wich den Zähnen mit abgewandtem Kopf aus und klammerte mich um so fester an meinen einzigen Halt.
In diesem Augenblick war Don Gasparro bis an die Schwelle herangelaufen. Er sah zwei ins Holz verkrampfte Hände, unter deren Nägeln Blut hervorquoll, und auf der anderen Seite der Schwelle eine dritte, fieberhaft ausgestreckte Hand – die meine. Diese einzige Hand, welche frei war, packte der Maschinist fest an. Und zog. Allein zugleich hörte er einen langgezogenen Schrei und sah die blutigen Hände von der Schwelle abgleiten. Ramon Guijarro hatte die Doppellast nicht mehr halten können. ... Einen Augenblick noch schlenkerte er, kopfabwärts in meinen Beinen hängend – verzweifelt versuchte ich mit meiner freien Linken nach ihm zu greifen –, und dann stürzte Ramon Guijarro, immer kleiner werdend, in die Tiefe. ... Weiß spritzte das Flußwasser unten auf. Die Kaimane machten sich von der Sandbank wohl auf den Weg. Don Gasparro aber zog mich jetzt mit einem Ruck nach oben. Er sagte mir später, dass er mich wie ein hilfloses, zitterndes kleines Kind auf die Lokomotive habe tragen müssen. Und während die „Elvira" langsam ihren Weg nach Aranagua fortsetzte, hatte ich mich bald so weit gefaßt, um Don Gasparro den Hergang der Sache zu erzählen.
„Das ist ihm recht geschehen!" meinte er. „Warum feilschte er? Warum war er nicht mit zehn Pesos zufrieden? Er hat übrigens bei Lebzeiten Pferde gestohlen ... Friede seiner Seele!"
Bekanntlich macht die Bahn kurz vor Aranagua einen Bogen hart an den Fluß. Als wir so langsam am Ufer herfuhren, sahen wir plötzlich, wie sich

nah aus dem Wasser irgend etwas erhob, das über und über mit Pflanzen und Schlamm bedeckt war. Eine menschliche Gestalt, die mit Würde dem Ufer zustrebte und wie eine Art Flußgott an Land stieg. Und als wir hielten, schien uns auf einmal, als ob die Gestalt eine gewisse Ähnlichkeit hätte... „Santissima!" flüsterten wir, „Guijarros Gespenst!"
„Hallo, bist du es, Ramon?" rief Don Gasparro.
Da zeigte er uns bloß stumm die Faust. Und als wir ihn fragten, wie er sich denn vor den Kaimanen gerettet habe, da sagte er, dass er von den Indios noch ganz andere Sachen gelernt habe, als mit Kaimanen umzugehen, und dass wir uns vorsehen sollten!... „Da sieht man", sagte Don Gasparro Schüetzli und gab Volldampf, „dass die Kaimane doch wählerisch sind."

So und nicht anders war der Hergang der Sache. Insbesondere ist es nicht wahr, dass Guijarro später zu mir gekommen sei, um die sechsundvierzig Pesos abzufordern. Ich hätte sie ihm auch auf keinen Fall gegeben.
Es besteht also nicht der mindeste Grund zur Aufregung.

So könntest du beginnen:

Lösungsbeispiel

1. *Um einem bösen Gerücht über einen Vorfall auf einer Eisenbahnbrücke entgegenzutreten, will der Erzähler nun selbst von seinen Erlebnis berichten und verweist dabei auf den angesehenen Lokführer Don Gasparro als seinen Zeugen.*
2. *Er schildert nun, wie ihm am fraglichen Tag bei seinem Weg über die außerordentlich baufällige Trinidad-Eisenbahnbrücke unerwartet eine gewaltige Güterzuglokomotive in voller Fahrt entgegenkommt, ohne dass er ausweichen kann...*

Die Geschichte von Don Gasparro – hoffentlich hat sie dir ein bisschen Spaß gemacht! – war eine Ich-Erzählung, d. h. der Verfasser hat so getan, als sei er selbst Pedro Alverde, der das alles erlebt hat. Viele Schriftsteller wählen diese Erzählperspektive[1], weil sie besonders echt wirkt (einer der erfolgreichsten Ich-Erzähler war Karl May) – aber du darfst natürlich in der Inhaltsangabe auf keinen Fall „ich" schreiben – du berichtest ja über einen anderen! Was tut man in einem solchen Fall? Man gebraucht die Wendung „der Erzähler" – keinesfalls den Namen des Verfassers! Du darfst also nicht schreiben:

[1] Näheres zu verschiedenen Erzählperspektiven findest du auf S. 182.

„Von Panik gepackt, klammert sich Radecki an einer Bahnschwelle fest..." | *Beispiel*

sondern:

„Von Panik gepackt, klammert sich der Erzähler an einer Bahnschwelle fest..." | *Beispiel*

Es gibt eigentlich nur wenig Fälle, in denen diese Regel nicht gilt: Wenn du über das Leben eines (berühmten) Menschen berichtest und dabei zum Beispiel seine **Autobiographie** (die Schilderung des eigenen Lebens) benutzt, oder wenn du den Inhalt eines Reportagebuches wie z. B. **Günter Wallraffs „Ganz unten"** wiedergibst, in dem der Autor eben seine eigenen Erlebnisse und nicht die einer erfundenen Figur erzählt, nennst du den Namen natürlich:

Beispiel | *„Am 23.3. fühlt Goethe, dass er ...“*

oder

Beispiel | *„Aber an dem Tag verrät sich Wallraff beinahe ...“*

So, jetzt machen wir erst mal eine Pause, und dann geht es mit frischer Kraft und einem zweiten Beispiel weiter!

C

5. Die logische Verbindung von Aussagen oder: „Zurück, du rettest den Freund nicht mehr!“

Nein – zurück sollst du gar nicht! Wir sind jetzt schon so weit gekommen, da werden wir nicht wieder rückwärts gehen (außer vielleicht, um mal eben etwas nachzuschlagen) – wir wollen ja vorankommen! Trotzdem haben wir diesen berühmten Satz natürlich nicht ohne Grund über den folgenden Abschnitt gestellt:
Du wirst ja sicher nicht nur von Erzählungen Inhaltsangaben anfertigen müssen, sondern auch von anderen Textsorten (Balladen, Sachtexte, Theaterstücke). Das kann unterschiedlich schwierig sein, hat aber keinen Einfluss auf die Form der Inhaltsangabe: Die bleibt immer gleich. Darum sollte es für dich auch kein unüberwindliches Problem sein, einmal die Inhaltsangabe einer Ballade zu machen. Du kannst dies an der berühmten Ballade **„Die Bürgschaft“** von **Friedrich Schiller** üben: Du findest sie bestimmt in irgendeinem Lesebuch oder vielleicht sogar in einer Gedichtsammlung zu Hause. Wenn nicht, dann frage deinen Deutschlehrer danach.

Hier ist also die Aufgabe zur „Bürgschaft“:

Übung C11

Teile die Ballade in Abschnitte ein und finde für jeden Abschnitt eine Überschrift.

Beispiel: *Verse 1–3: Die Entdeckung des Anschlags*

Natürlich ist eine solche Sammlung von Überschriften noch keine Inhaltsangabe, und selbst wenn du aus den Überschriften vollständige Sätze machst, reicht das noch nicht aus – ein wesentliches Element fehlt dann noch immer. Weißt du, welches?
Wir haben auf S. 17 und S. 21 schon einmal kurz davon gesprochen: Die einzelnen Sätze müssen **sinnvoll miteinander verbunden** werden, sodass **Ursache und Folge** deutlich werden.

Wenn wir nun im ersten Schritt den Text sorgfältig gelesen und ihn im zweiten Schritt in Abschnitte eingeteilt und dann die einzelnen Abschnitte verkürzt haben (dazu haben wir uns die wichtigsten Informationen jedes Abschnitts notiert), so müssen wir jetzt den dritten Schritt tun, nämlich die einzelnen Abschnitte so miteinander verbinden, dass ein Text daraus wird!

Weißt du noch, was das ist: ein Text? Oder hast du das Kapitel „Aufsätze sind Texte" nicht durchgearbeitet? Dann solltest du das doch tun, bevor du weitermachst, denn wir stehen jetzt vor der nicht immer ganz einfachen Aufgabe, aus unserer Sammlung von Einzelinformationen oder Einzelsätzen etwas zu machen, das zusammenhält und nicht mehr auseinander fällt.

Die einzelnen Teile einer Inhaltsangabe müssen in einer logischen Beziehung zueinander stehen.

Nun ist das mit der Logik so eine Sache. Eigentlich ist sie eine ganz strenge Wissenschaft und hat ziemlich viel mit Mathematik zu tun:

Beispiel

Wenn A > B und B > C, dann ist auch A > C
(Wenn A größer als B ist und B größer als C, dann ist A auch größer als C)

Und auch das ist Logik:

Beispiel

Alle Katzen sind sterblich.
Unser Hund ist gestorben. → Logische Folgerung:
Unser Hund ist eine Katze ...

(Also – irgend etwas stimmt hier wohl nicht ...)

Aber was soll man von der Logik des folgenden Beweises halten, mit dem neulich André seine Freunde verblüfft hat?

André: *Ich kann euch beweisen, dass eine Katze drei Schwänze hat!*
Kirsten: *Quatsch! Du spinnst doch!*
André: *Nein, pass auf: Keine Katze hat zwei Schwänze, oder?*
Stefan: *Klar! Blöde Frage!*
André: *Also: Eine Katze hat doch einen Schwanz mehr als keine Katze – also hat eine Katze drei Schwänze!*

Stefan bleibt der Mund offen – er weiß zwar, dass dieser „Beweis" logischer Quatsch ist, aber dummerweise kann er es nicht beweisen – und da Stefan mit offenem Mund kein schöner Anblick ist, kehren wir zu unserem Thema „Logik" zurück ...

In unserem alltäglichen Sprachgebrauch verwenden wir den Ausdruck „logisch" nur selten im strengen mathematischen Sinn. (Wenn Stefan zum Beispiel an einem Tag mit 30 Grad im Schatten sagt: „Bei so einem Wetter mach ich doch keine Hausaufgaben, ist doch logisch!", dann hat er sicher nicht A > B und auch nicht die Frage im Kopf, ob Andrés Katze drei Schwänze hat. Er meint mit

„logisch" einfach „klar, verständlich; das, was alle machen" – und in dieser Bedeutung wird das Wort in der Umgangssprache meistens verwendet – logo!)

Allerdings kann man auch Sätze hören wie diesen:

Beispiel

Da standen sie, völlig in Schweiß gebadet, und genossen das Kreischen und Schreien ihrer Zuhörer. Teenies wie Ältere waren sich einig: Die Band hatte sich völlig verausgabt. Und so ging das bei jedem Konzert. Die logische Folge aus diesem wahnsinnigen Einsatz zeigte sich im 17. Konzert in der „Halle Münsterland": Sänger Tommy McWilliams brach bei der vierten Zugabe auf der Bühne zusammen und musste unter dem verzweifelten Schluchzen seiner zumeist weiblichen Fans aus der Halle getragen werden.

Hier ist dir wohl klar geworden, was mit *logisch* gemeint ist: Im Text heißt es *die logische Folge* – damit ist gemeint, dass jeder sofort einsieht, dass es so kommen musste. Eine Ursache – *der wahnsinnige Einsatz* – hat eine Folge, die jedem sofort einleuchtet, die also *logisch* ist: *„er brach zusammen und musste (...) aus der Halle getragen werden".*

Das meinen wir also, wenn wir fordern, dass die einzelnen Teile eines Textes in einer logischen Beziehung zueinander stehen müssen. Die Abschnitte, aber auch die einzelnen Sätze müssen miteinander in Verbindung stehen, zueinander passen. So stellen wir zum Beispiel manchmal fest, dass die Sätze Handlungen beschreiben, die zeitlich aufeinander folgen oder zur gleichen Zeit ablaufen; der innere Zusammenhang wird hier also durch den Zeitablauf hergestellt. Es kann aber auch sein, dass der zweite Satz oder Abschnitt eine Begründung für den ersten gibt; die Sätze können auch einen Gegensatz ausdrücken, oder der zweite Satz oder Abschnitt ist eine Folge aus dem ersten usw.

Machen wir das einmal an ein paar Beispielsätzen deutlich:

Beispiele

1. *Die Lautsprecher dröhnten. Ein Laserstrahl zuckte über die verschwitzten Leiber der Tanzenden.*
2. *Das Bild verschwimmt immer wieder. Eine Diode ist kaputt.*
3. *Der Geist ist willig. Das Fleisch ist schwach.*
4. *Der Tyrann unterdrückte das Volk. Damon beschloss, die Freiheit zu retten.*
5. *Ist das Wirklichkeit? Träume ich?*

Wir haben hier fünf Satzpaare. Du wirst uns sicher zustimmen: die Sätze passen zueinander. Woran liegt das? An der Grammatik sicher nicht, und es sind auch auf den ersten Blick keine Signalwörter zu erkennen, die eine Verbindung zwischen den Sätzen schaffen könnten. Trotzdem empfinden wir alle Satzpaare als sinnvoll!

Es muss also am Inhalt liegen, an der Bedeutung der einzelnen Sätze. Untersuchen wir darauf einmal das erste Satzpaar:

Beispiel

Die Lautsprecher dröhnten.
Ein Laserstrahl zuckte ...

Wenn wir diese Sätze miteinander verbinden, wird daraus einfach:

Beispiel

Die Lautsprecher dröhnten, und ein Laserstrahl zuckte ...

Hier werden offenbar zwei Vorgänge geschildert, die zur gleichen Zeit nebeneinander ablaufen. Sie gehören beide zur Situation „Rockkonzert" oder „Disco". Unsere Forderung, dass die einzelnen Sätze eines Textes zu einem Thema gehören müssen, ist hier also erfüllt. (Vgl. S. 17 ff.)

C12

Wie es bei den anderen Satzpaaren 2–5 aussieht, sollst du jetzt selbst herausfinden. Du sollst also sagen, warum die Sätze zueinander passen (d. h. in welchem logischen Verhältnis sie zueinander stehen), und welches das gemeinsame Thema ist. Außerdem sollst du versuchen, aus den beiden Sätzen einen einzigen zu machen.

Fassen wir jetzt einmal zusammen, was wir über die logischen Beziehungen von Sätzen/Abschnitten herausgefunden haben:

Regel

Logisch verbundene Sätze drücken z. B. Vorgänge aus,

- die zur gleichen Zeit oder hintereinander ablaufen;
- bei denen der zweite eine Begründung des ersten
  oder
- der zweite eine Folge aus dem ersten ist;
- die in einem Gegensatz zueinander stehen;
- die eine Wahl zwischen zwei Möglichkeiten darstellen, wobei nur eine von beiden Möglichkeiten zutrifft

Um diese Sätze miteinander zu verbinden, verwendet man „Bindewörter" **(Konjunktionen)**:

Beispiele

– für die Reihung:	*und*
– für die Begründung:	*denn*
– für die Folge:	*deshalb; also*
– für den Gegensatz:	*aber*
– für die Wahl zwischen zwei (oder mehr) Möglichkeiten:	*oder*

(Natürlich sind das nur Beispiele, es gibt noch eine ganze Reihe anderer Konjunktionen. Wenn du selbst keine mehr weißt, können dir die verschiedenen Sprachbücher oder der Grammatik-Duden weiterhelfen.)

Um zeitliche, begründende, folgernde und andere logische Beziehungen auszudrücken, kann man viele **Konjunktionen** verwenden, auch solche natürlich, die Nebensätze einleiten („nachdem“, „als“, „während“, „weil“, „obwohl“, „sodass“ u. a.), oder andere verbindende Wörter, z. B. **Adverbien** („außerdem“, „dazu“, „hingegen“, „dennoch“, „sonst“, „andernfalls“, „dagegen“).
Wichtig ist aber nicht, dass du weißt, wie man diese Wörter grammatisch korrekt bezeichnet, sondern wie man mit ihnen umgeht: Sie machen eine Folge von Sätzen erst zum Text!
Ehe wir zu unserer Ballade zurückkehren, machen wir noch einmal Rast und stellen erstaunt fest, wie weit wir schon sind.

Wir haben im Kapitel **„Aufsätze sind Texte“** und im laufenden Kapitel festgestellt:

Regel

- Ein Text ist eine Folge von kleineren Sinneinheiten (Sätzen), die zu **einem** Thema gehören und **plan- und sinnvoll aneinandergefügt** worden sind.
- Die Bedeutung einzelner Aussagen kann man oft erst aus dem Zusammenhang erkennen.
- Um die Sätze sinnvoll miteinander zu verbinden, bietet unsere Sprache eine Reihe von **„Werkzeugen“:**
  - den richtigen Gebrauch des Artikels (S. 18)
  - den richtigen Gebrauch der anderen Begleiter des Nomens (S. 18f)
  - verschiedene Möglichkeiten, auf etwas hinzuweisen, was schon gesagt wurde oder noch gesagt werden wird (S. 18)
  - verschiedene Möglichkeiten, eine Aussage wieder aufzunehmen (S. 19f.)
  - die Herstellung von logischen Beziehungen (S. 51f.)

Alle diese Regeln der Textbildung musst du beachten, wenn du eine Inhaltsangabe machst.

Und nun also wieder zurück zur „Bürgschaft“ – der Freund ist zwar gerettet, aber unsere Inhaltsangabe steht noch nicht. Wir müssen ja erst die unverbunden nebeneinander stehenden Überschriften oder Sätze logisch miteinander verbinden – jetzt sollte dir das wohl gelingen! Sehen wir uns doch einmal an, wie eine Inhaltsangabe der „Bürgschaft“ beginnen könnte:

Beispiel Inhaltsangabe

Damon, ein sizilianischer Revolutionär, wird beim Versuch eines Attentats auf den Gewaltherrscher Dionys gefangen genommen und, nachdem er den Attentatsversuch gestanden hat, zum Tode am Kreuz verurteilt. Er erkennt das Urteil zwar an, bittet aber um einen Aufschub von drei Tagen, um die Trauung seiner Schwester vollziehen zu können. Der König stimmt zu, verlangt aber für die Zeit seiner Abwesenheit einen Bürgen …

Übung me C13

Unterstreiche in dieser Inhaltsangabe die Wörter oder Wortfolgen, die eine logische Beziehung zwischen einzelnen Sätzen oder Teilsätzen herstellen.

Übung C14

Verbinde die folgenden, unverbunden nebeneinander stehenden Sätze so miteinander, dass deutlich wird, in welcher logischen Beziehung sie zueinander stehen. Achte vor allem darauf, dass das Geschehen als ein Miteinander von Ursache und Folge dargestellt wird. Schreibe die Sätze in dein Heft.

1. Dionys will Damon eine Falle stellen. Damon muss in drei Tagen zurück sein. Der Bürge wird andernfalls hingerichtet. Damon wäre frei.
2. Damon vollzieht die Trauung seiner Schwester. Er möchte die Frist nicht versäumen. Er tritt in großer Eile den Rückweg an.
3. Ein Fluss wird zum scheinbar unüberwindlichen Hindernis. Die Flutwellen nach einem Unwetter haben die Brücke zerstört. Er findet kein Boot. Er schwimmt durch den Fluss.
4. Er wird von Räubern angegriffen. Der Gedanke an den Freund gibt ihm Kraft. Er besiegt die Räuber.
5. Er bricht fast zusammen. Er hat entsetzlichen Durst. Er betet. Er hört eine Quelle rauschen.
6. Von zwei Wanderern hört er, dass sein Freund gerade gekreuzigt werden soll. Er läuft auf die Stadt zu. Gegen Abend erreicht er den Stadtrand.
7. Sein Hausverwalter Philostrat kommt ihm entgegen. Er fordert ihn auf zurückzubleiben. Er kann den Freund nicht mehr retten. Er soll sein eigenes Leben retten.
8. Damon erreicht bei Sonnenuntergang das Stadttor. Er will Dionys den Triumph nicht gönnen. Er will seinen Freund nicht im Stich lassen.
9. Man zieht den Freund am Seil empor. Damon ruft, dass er zurück sei. Das Volk ist tief bewegt.
10. Dionys lässt die beiden Freunde vor seinen Thron bringen. Er ist überrascht über die Stärke ihrer Freundschaft. Er will auch ihr Freund sein.

Na, das war wohl ein Stück Schwerstarbeit! Wenn du jetzt im Lösungsteil nachsiehst, denk daran: Dort steht nur eine mögliche **Musterlösung!** Das heißt, es gibt mit Sicherheit noch andere gute Lösungen. Die letzten drei Sätze könnte man z. B. so miteinander verbinden:

Dionys, überrascht über die Stärke der Freundschaft der beiden, lässt sie vor seinen Thron bringen, wo er sie schließlich darum bittet, auch ihr Freund sein zu dürfen. — *Beispiel*

Genauso möglich aber wäre z. B. folgende Fassung:

Dionys ist überrascht über die Stärke der Freundschaft der beiden und lässt sie vor seinen Thron bringen. Dort bittet er sie schließlich, auch ihr Freund sein zu dürfen. — *Beispiel*

Und? Bist du mit der Aufgabe gut zurecht gekommen? Toll – dann hast du etwas ganz Wichtiges gelernt, denn diese Aufgabe berührt einen Bereich, der in jedem Aufsatz eine ganz wichtige Rolle spielt, egal, ob es sich jetzt um eine Inhaltsangabe, eine Erörterung, oder einen Sachbericht handelt:

Die innere Logik deines Aufsatzes, die sinnvolle Verbindung der einzelnen Sätze und Abschnitte entscheidet ganz wesentlich über die Qualität deines Aufsatzes!

Und jetzt hast du sicher wieder eine Pause verdient. Weil das Thema aber so wichtig ist, solltest du vielleicht morgen die nächste Übung machen...

Dazu stellen wir dir eine der bekanntesten Kurzgeschichten des 1985 gestorbenen Nobelpreisträgers **Heinrich Böll** vor.
Die Geschichte heißt **„Mein trauriges Gesicht"** – sie schildert in böser Übertreibung die Polizeimethoden in einem Staat, in dem die Gewalt herrscht und der einzelne Bürger alle Rechte verloren hat.

Die anschließende Inhaltsangabe dazu wird dir vermutlich gleich etwas merkwürdig vorkommen: Wir haben alles, was logische Bezüge innerhalb der Geschichte deutlich machen würde, weggelassen, damit...
...ja, natürlich: damit du die Möglichkeit hast, selbst diese Bezüge herzustellen und dich dabei in dieser ganz wichtigen Fertigkeit zu üben!

Die Geschichte ist nun schon etwas umfangreicher als die bisherigen Texte. Das hat seine Gründe: Die Inhaltsangaben von kurzen Texten hast du schon früher gelernt, jetzt müssen wir uns an längere Texte halten! Wenn du dich im Aufsatz verbessern willst, hilft dir weder Fernsehen noch Video noch Kino, weder Fußball noch Musik noch Reiten – nicht einmal der Versuch, deinen Deutschlehrer zu bestechen:

Die beste Methode, deine Leistungen im Aufsatz zu verbessern, ist möglichst viel zu **lesen** – und das heißt, neben „Bravo", „Bild" und „Kicker" auch noch **Bücher!**

Du wirst also, wenn du weiter in unserem Buch arbeiten willst (und das hoffen wir sehr!), feststellen, dass die Texte immer länger werden; lass dich davon nicht abschrecken! Wir haben uns bemüht Texte auszuwählen, die unterhaltsam sind, stellenweise auch ganz witzig, die verständlich sind und die sich mit Themen beschäftigen, die für dich interessant sein könnten.

Und nun zu unserer „langen" Kurzgeschichte...

Mein trauriges Gesicht
(Heinrich Böll)

Originaltext
Kurzgeschichte

Als ich am Hafen stand, um den Möwen zuzusehen, fiel mein trauriges Gesicht einem Polizisten auf, der in diesem Viertel die Runde zu gehen hatte. Ich war ganz versunken in den Anblick der schwebenden Vögel, die vergebens aufschossen und niederstürzten, nach etwas Eßbarem zu suchen. Der Hafen war verödet, grünlich das Wasser, dick von schmutzigem Oel, und in seiner krustigen Haut schwamm allerlei weggeworfener Krempel; kein Schiff war zu sehen, die Krane verrostet, Lagerhallen verfallen; nicht einmal Ratten schienen die schwarzen Trümmer am Kai zu bevölkern, still war es. Viele Jahre schon war jede Verbindung nach außen abgeschnitten.
Ich hatte eine bestimmte Möwe ins Auge gefaßt, deren Flüge ich beobachtete. Ängstlich wie eine Schwalbe, die das Unwetter ahnt, schwebte sie meist nahe der Oberfläche des Wassers, manchmal nur wagte sie kreischend den Sturz nach oben, um ihre Bahn mit der der Genossen zu vereinen. Hätte ich einen Wunsch aussprechen können, so wäre mir ein Brot das liebste gewesen, es den Möwen zu verfüttern, Brocken zu brechen und den planlosen Flügen einen weißen Punkt zu bestimmen, ein Ziel zu setzen, auf das sie zufliegen würden; dieses kreischende Gewebe wirrer Bahnen zu straffen durch den Wurf eines Brotstückes, hineinpackend in sie wie eine Zahl von Schnüren, die man rafft. Aber auch ich war hungrig wie sie, auch müde, doch glücklich trotz meiner Trauer, denn es war schön, dort zu stehen, die Hände in den Taschen, den Möwen zuzusehen und Trauer zu trinken.
Plötzlich aber legte sich eine amtliche Hand auf meine Schulter, und eine Stimme sagte: „Kommen Sie mit!" Dabei versuchte die Hand, mich an der Schulter zu zerren und herumzureißen. Ich blieb stehen, schüttelte sie ab und sagte ruhig: „Sie sind verrückt."
„Kamerad", sagte der immer noch Unsichtbare zu mir, „ich warne Sie."
„Mein Herr", gab ich zurück.
„Es gibt keine Herren", rief er zornig. „Wir sind alle Kameraden". Und nun trat er neben mich, blickte mich von der Seite an, und ich war gezwungen, meinen glückhaft schweifenden Blick zurückzuholen und in seine braven Augen zu versenken: Er war ernst wie ein Büffel, der seit Jahrzehnten nichts anderes gefressen hat als die Pflicht.
„Welchen Grund ...", sollte ich anfangen ...
„Grund genug", sagte er, „Ihr trauriges Gesicht."
Ich lachte.
„Lachen Sie nicht!" Sein Zorn war echt. Erst hatte ich gedacht, es sei ihm langweilig gewesen, weil keine unregistrierte Hure, kein taumelnder Seemann, nicht Dieb noch Durchbrenner zu verhaften war, aber nun sah ich, daß es ernst war: er wollte mich verhaften.
„Kommen Sie mit ...!"
„Und weshalb?" fragte ich ruhig.
Ehe ich mich versehen hatte, war mein linkes Handgelenk mit einer dünnen Kette umschlossen, und in diesem Augenblick wußte ich, daß ich wieder verloren war. Ein letztes Mal wandte ich mich zu den schweifenden Möwen,

blickte in den schönen grauen Himmel und versuchte, mich mit einer plötzlichen Wendung ins Wasser zu stürzen, denn es schien mir doch schöner, selbst in dieser schmutzigen Brühe zu ertrinken, als irgendwo auf einem Hinterhof von ihren Schergen[1] erdrosselt oder wieder eingesperrt zu werden. Aber der Polizist hatte mich mit einem Ruck so nahe gezogen, daß kein Entweichen mehr möglich war.

„Und weshalb?" fragte ich noch einmal.

„Es gibt das Gesetz, daß Sie glücklich zu sein haben."

„Ich bin glücklich!" rief ich.

„Ihr trauriges Gesicht...", er schüttelte den Kopf.

„Aber dieses Gesetz ist neu," sagte ich.

„Es ist sechsunddreißig Stunden alt, und Sie wissen wohl, daß jedes Gesetz vierundzwanzig Stunden nach seiner Verkündigung in Kraft tritt."

„Aber ich kenne es nicht."

„Kein Schutz vor Strafe. Es wurde vorgestern verkündet, durch alle Lautsprecher, in allen Zeitungen, und denjenigen," hier blickte er mich verächtlich an, „denjenigen, die weder der Segnungen der Presse noch der des Funkes teilhaftig sind[2], wurde es durch Flugblätter bekanntgegeben, über allen Straßen des Reiches wurden sie abgeworfen. Es wird sich also zeigen, wo Sie die letzten sechsunddreißig Stunden verbracht haben, Kamerad."

Er zog mich fort. Jetzt erst spürte ich, daß es kalt war und ich keinen Mantel hatte, jetzt erst kam mein Hunger richtig hoch und knurrte vor der Pforte des Magens, jetzt erst begriff ich, daß ich auch schmutzig war, unrasiert, zerlumpt, und daß es Gesetze gab, nach denen jeder Kamerad sauber, rasiert, glücklich und satt zu sein hatte. Er schob mich vor sich her wie eine Vogelscheuche, die, des Diebstahls überführt, die Stätte ihrer Träume am Feldrain hat verlassen müssen. Die Straßen waren leer, der Weg zum Revier nicht weit, und obwohl ich gewußt hatte, daß sie bald wieder einen Grund finden würden, mich zu verhaften, so wurde mein Herz doch schwer, denn er führte mich durch die Stätten meiner Jugend, die ich nach der Besichtigung des Hafens hatte besuchen wollen: Gärten, die voll Sträucher gewesen waren, schön von Unordnung, überwachsene Wege – alles dieses war nun planiert, geordnet, sauber viereckig für die vaterländischen Verbände hergerichtet, die montags, mittwochs und samstags hier ihre Aufmärsche durchzuführen hatten. Nur der Himmel war wie früher und die Luft wie an jenen Tagen, da mein Herz voller Träume gewesen war.

Hier und da im Vorübergehen sah ich, daß in mancher Liebeskaserne[3] schon das staatliche Zeichen für jene ausgehängt wurde, die mittwochs an der Reihe waren, der hygienischen Freude teilhaftig zu werden; auch manche Kneipen schienen bevollmächtigt, das Zeichen des Trunkes auszuwerfen[4], ein aus Blech gestanztes Bierglas, das in den Farben des Reiches quergestreift war: hellbraun-dunkelbraun-hellbraun. Freude herrschte sicher schon in den Herzen derer, die in der staatlichen Liste der Mittwochstrinker geführt wurden und des Mittwochsbieres teilhaftig werden würden.

Allen Leuten, die uns begegneten, haftete das unverkennbare Zeichen des Eifers an, das dünne Fluidum der Emsigkeit umgab sie[5], um so mehr wohl,

1 Scherge: verächtliche Bezeichnung für jemanden, der Befehle der Regierung blind befolgt

2 die weder... teilhaftig sind: die weder Zeitungen noch Radio haben; nachgemachte Amtssprache

3 Liebeskaserne: staatliches Bordell, das in diesem Staat an bestimmten Wochentagen nur von bestimmten Bürgern besucht werden darf

4 auch der Besuch von Gaststätten ist in dieser Weise geregelt. Böll verwendet hier eine besonders steife Sprache, um sich über die Sprache der Behörden lustig zu machen.

5 das Fluidum der Emsigkeit umgab sie: sie wirkten besonders eifrig

da sie den Polizisten erblickten; alle gingen schneller, machten ein vollkommen pflichterfülltes Gesicht, und die Frauen, die aus den Magazinen kamen, waren bemüht, ihren Gesichtern den Ausdruck jener Freude zu verleihen, die man von ihnen erwartete, denn es war geboten, Freude zu zeigen, muntere Heiterkeit über die Pflichten der Hausfrau, die abends den staatlichen Arbeiter mit gutem Mahl zu erfrischen angehalten war.
Aber all diese Leute wichen uns geschickt aus, so daß keiner unmittelbar unseren Weg zu kreuzen gezwungen war; wo sich Spuren von Leben auf der Straße zeigten, verschwanden sie zwanzig Schritte von uns, jeder bemühte sich, schnell in ein Magazin einzutreten oder um eine Ecke zu biegen, und mancher mag ein ihm unbekanntes Haus betreten und hinter der Tür ängstlich gewartet haben, bis unsere Schritte verhallt warten.
Nur einmal, als wir gerade eine Straßenkreuzung passierten, begegnete uns ein älterer Mann, an dem ich flüchtig die Abzeichen des Schulmeisters erkannte; er konnte nicht mehr ausweichen und bemühte sich nun, nachdem er erst vorschriftsmäßig den Polizisten gegrüßt hatte (indem er sich selbst zum Zeichen absoluter Demut dreimal mit der flachen Hand auf den Kopf schlug), bemühte er sich also, seine Pflicht zu erfüllen, die von ihm verlangte, mir dreimal ins Gesicht zu speien und mich mit dem obligatorischen[1] Ruf „Verräterschwein" zu belegen. Er zielte gut, doch war der Tag heiß gewesen, seine Kehle mußte trocken sein, denn es trafen mich nur einige kümmerliche, ziemlich substanzlose Flatschen, die ich – entgegen der Vorschrift – unwillkürlich mit dem Ärmel abzuwischen versuchte; daraufhin trat mich der Polizist in den Hintern und schlug mir mit der Faust in die Mitte des Rückgrates, fügte mit ruhiger Stimme hinzu: „Stufe 1", was soviel bedeutet wie: erste, mildeste Form der von jedem Polizisten anwendbaren Bestrafung.
Der Schulmeister war schnell von dannen geeilt. Sonst gelang es allen, uns auszuweichen; nur eine Frau noch, die gerade an einer Liebeskaserne vor den abendlichen Freuden die vorgeschriebene Lüftung vornahm, eine blasse, aufgedunsene Blondine, warf mir flüchtig eine Kußhand zu, und ich lächelte dankbar, während der Polizist sich bemühte, so zu tun, als habe er nichts bemerkt. Sie sind angehalten, diesen Frauen Freiheiten zu gestatten, die jedem anderen Kameraden unweigerlich schwere Bestrafung einbringen würden; denn da sie sehr wesentlich zur Hebung der allgemeinen Arbeitsfreude beitragen, läßt man sie als außerhalb des Gesetzes stehend gelten; ein Zugeständnis, dessen Tragweite der Staatsphilosoph Dr. Dr. Dr. Bleigoeth in der obligatorischen Zeitschrift für (Staats-)Philosophie als ein Zeichen beginnender Liberalisierung gebrandmarkt[2] hatte. Ich hatte es am Tage vorher auf meinem Wege in die Hauptstadt gelesen, als ich auf dem Klo eines Bauernhofes einige Seiten der Zeitschrift fand, die ein Student – wahrscheinlich der Sohn des Bauern – mit sehr geistreichen Glossen versehen hatte.
Zum Glück erreichten wir jetzt die Station, denn eben ertönten die Sirenen, und das bedeutete, daß die Straßen überströmen würden von Tausenden von Leuten mit einem wilden Glück auf den Gesichtern (denn es war befohlen, bei Arbeitsschluß eine nicht zu große Freude zu zeigen, weil sich sonst erwiese, dass die Arbeit eine Last sei: Jubel dagegen sollte bei Beginn der Arbeit herr-

[1] *obligatorisch: vorgeschrieben, verpflichtend*

[2] *brandmarken: heftig kritisieren*

schen, Jubel und Gesang), alle diese Tausende hätten mich anspucken müssen. Allerdings bedeutete das Sirenenzeichen: zehn Minuten vor Feierabend, denn jeder war angehalten, sich zehn Minuten einer gründlichen Waschung hinzugeben, gemäß der Parole des derzeitigen Staatschefs: Glück und Seife.
Die Tür zum Revier dieses Viertels, einem einfachen Betonklotz, war von zwei Posten bewacht, die mir im Vorübergehen die übliche „körperliche Maßnahme" angedeihen ließen: sie schlugen mir ihre Seitengewehre heftig gegen die Schläfe und knallten mir die Läufe ihrer Pistolen gegen das Schlüsselbein, gemäß der Präambel[1] zum Staatsgesetz Nr. 1: „Jeder Polizist hat sich jedem Ergriffenen (sie meinen Verhafteten) gegenüber als Gewalt an sich zu dokumentieren, ausgenommen der, der ihn ergreift, da dieser des Glückes teilhaftig werden wird, bei der Vernehmung die erforderlichen körperlichen Maßnahmen vorzunehmen." Das Staatsgesetz Nr. 1 selbst hat folgenden Wortlaut „Jeder Polizist kann jeden bestrafen, er muß jeden bestrafen, der sich eines Vergehens schuldig gemacht hat. Es gibt für alle Kameraden keine Straffreiheit, sondern eine Straffreiheitsmöglichkeit."

[1] gemäß der Präambel: so, wie es in der Vorbemerkung zum Staatsgesetz stand

Wir durchschritten nun einen langen kahlen Flur, der mit vielen großen Fenstern versehen war; dann öffnete sich automatisch eine Tür, denn inzwischen hatten die Posten unsere Ankunft schon durchgegeben, und in jenen Tagen, da alles glücklich war, brav, ordentlich, und jeder sich bemühte, das vorgeschriebene Pfund Seife am Tag zu verwaschen, in jenen Tagen bedeutete die Ankunft eines Ergriffenen (Verhafteten) schon ein Ereignis.
Wir betraten einen fast leeren Raum, der nur einen Schreibtisch mit Telefon und zwei Sessel enthielt, ich selbst hatte mich in die Mitte des Raumes zu postieren; der Polizist nahm seinen Helm ab und setzte sich. Erst war Stille und nichts geschah; sie machen es immer so; das ist das Schlimmste; ich spürte, wie mein Gesicht immer mehr zusammenfiel, ich war müde und hungrig, und auch die letzte Spur jenes Glückes der Trauer war nun verschwunden, denn ich wußte, dass ich verloren war. Nach wenigen Sekunden trat wortlos ein blasser, langer Mensch ein, in der bräunlichen Uniform des Vorvernehmers; er setzte sich ohne ein Wort zu sagen hin und blickte mich an.
„Beruf?"
„Einfacher Kamerad."
„Geboren?"
„1. 1. eins", sagte ich.
„Letzte Beschäftigung?"
„Sträfling."
Die beiden blickten sich an.

„Wann und wo entlassen?"
„Gestern, Haus 12, Zelle 13."
„Wohin entlassen?"
„In die Hauptstadt."
„Schein."
Ich nahm aus meiner Tasche den Entlassungsschein und reichte ihn hinüber. Er heftete ihn an die grüne Karte, die er mit meinen Angaben zu beschreiben begonnen hatte.
„Damaliges Delikt?"
„Glückliches Gesicht."
Die beiden blickten sich an.
„Erklären", sagte der Vorvernehmer.
„Damals", sagte ich, „fiel mein glückliches Gesicht einem Polizisten auf an einem Tage, da allgemeine Trauer befohlen war. Es war der Todestag des Chefs."
„Länge der Strafe?"
„Fünf."
„Führung?"
„Schlecht."
„Grund?"
„Mangelhafter Arbeitseinsatz."
„Erledigt."
Dann erhob sich der Vorvernehmer, trat auf mich zu und schlug mir genau die drei vorderen mittleren Zähne aus: ein Zeichen, dass ich als Rückfälliger gebrandmarkt werden sollte, eine verschärfte Maßnahme, auf die ich nicht gerechnet hatte. Dann verließ der Vorvernehmer den Raum, und ein dicker Bursche in einer dunkelbraunen Uniform trat ein: der Vernehmer.
Sie schlugen mich alle: der Vernehmer, der Obervernehmer, der Hauptvernehmer, der Anrichter und der Schlußrichter, und nebenbei vollzog der Polizist alle körperlichen Maßnahmen, wie das Gesetz es befahl; und sie verurteilten mich wegen meines traurigen Gesichtes zu zehn Jahren, so wie sie mich fünf Jahre vorher wegen meines glücklichen Gesichtes zu fünf Jahren verurteilt hatten.
Ich aber muß versuchen, gar kein Gesicht mehr zu haben, wenn es mir gelingt, die nächsten zehn Jahre bei Glück und Seife zu überstehen …

Hier die Inhaltsangabe dazu: Aber Vorsicht! Wie bereits erwähnt (S. 54), haben wir die logischen Bezüge weggelassen, die du dann als nächste Übung selbst ergänzen sollst.

Heinrich Böll schildert in der Ich-Erzählung eine Begebenheit aus einem erfundenen Staat. Ein Polizist verhaftet den Erzähler. Der Erzähler hat ein trauriges Gesicht gemacht, am Hafen hat er dem Flug der Möwen zugesehen. Er möchte die Möwen füttern. Er ist selbst hungrig. Er ist glücklich in seiner Trauer.
Ein Polizist verhaftet ihn. Er weist auf das traurige Gesicht des Erzählers hin. Der Polizist meint es ernst. Der Erzähler bemerkt es. Er versucht, ins Wasser zu sprin-

Beispiel Inhaltsangabe (nicht nachahmenswert!)

gen. Er möchte nicht eingesperrt oder erdrosselt werden. Der Polizist hat ihn gefesselt. Der Erzähler fragt nach dem Grund der Verhaftung. Der Polizist erwähnt das neue Gesetz. Es ist seit zwölf Stunden gültig. Jeder hat glücklich zu sein.
Der Erzähler kennt das Gesetz nicht. Das Gesetz ist auf jede denkbare Art und Weise veröffentlicht worden.
Sie gehen zum Polizeirevier. Der Erzähler kommt an den Stätten seiner Kindheit vorbei. Alles ist jetzt geordnet und planiert. Liebe und Alkoholgenuss sind gesetzlich geregelt. Für jeden Bürger ist ein bestimmter Wochentag vorgeschrieben. Der Erzähler und der Polizist begegnen Leuten. Die Leute bemühen sich, eifrig und glücklich auszusehen. Sie vermeiden den Kontakt mit den beiden. Ein Schulmeister kann nicht ausweichen. Er spuckt dem Erzähler dreimal ins Gesicht. Eine Vorschrift verlangt, dass man Verhafteten ins Gesicht spuckt. Der Schulmeister geht schnell weiter. Eine Dame vor einer „Liebeskaserne" wirft dem Erzähler eine Kusshand zu. Der Erzähler ist dankbar. Der Polizist schaut weg. Die käuflichen Damen haben Vorrechte. Vorrechte (Privilegien) heben vielleicht die Arbeitsmoral. Nicht alle im Staat sind für die Maßnahme. Sie kommen an der Polizeiwache an. Die Sirenen ertönen. In zehn Minuten ist Feierabend. Die Arbeiter müssen sich waschen. Jeder muß ein Pfund Seife am Tag verbrauchen. Der Wahlspruch des Staatschefs ist „Glück und Seife".
Die Posten vor der Polizeiwache schlagen den Erzähler. Sie gehorchen dem Staatsgesetz Nr. 1. Jeder Polizist darf jeden Bürger bestrafen. Jedes Vergehen muss bestraft werden.
Der Erzähler wird von einem jungen „Vorvernehmer" verhört. Man erfährt, dass er aus dem Gefängnis kommt. Er hat fünf Jahre im Gefängnis verbracht. Er ist wegen seines glücklichen Gesichtes verurteilt worden. Trauer war angeordnet. Er wird als rückfällig angesehen. Der Vorvernehmer schlägt ihm drei Zähne aus. Alle anderen schlagen ihn. Er wird zu zehn Jahren verurteilt. Er will sich bemühen, gar kein Gesicht mehr zu haben.

Du wirst jetzt wahrscheinlich einwenden, dass wohl kaum jemand eine so öde Inhaltsangabe schreiben würde – vor allem nicht, wenn er in unserem Buch schon so weit gekommen ist! Und natürlich hast du recht – ein „trotzdem" oder „dann" oder „deshalb" wird wohl jedem gelegentlich einfallen. Diese „Inhaltsangabe" ist also sicher etwas Künstliches – aber du wirst es jetzt besser machen!

Übung C15

Schreibe diese „Inhaltsangabe" so in dein Heft, dass die logischen Beziehungen, vor allem **Ursache** und **Wirkung**, deutlich werden, indem du Konjunktionen und andere verbindende Wörter ergänzt.

Blicken wir jetzt wieder einmal zurück auf das, was wir bisher gemacht haben, so ist es doch schon eine ganze Menge.

Eine Inhaltsangabe

Regel

- berichtet nur das Wesentliche
- ist kurz und sachlich
- vermeidet Ausschmückungen, Gefühle und Stimmungen
- enthält keine persönlichen Wertungen (Ausnahme: Buchbesprechung o. ä.)
- enthält keine wörtliche Rede
- hat immer die gleiche Form, egal, wie der Originaltext aussieht (Gedicht, Schauspiel, Erzählung, Sachtext)
- steht immer in der Gegenwart (Präsens)
- ist in ihrer zeitlichen Abfolge geordnet, vermeidet also zeitliches Hin- und Herspringen
- stellt die einzelnen Teile bzw. Abschnitte in eine logische Beziehung zueinander (Ursache → Folge/Wirkung)
- nennt am Anfang
  - den Titel des Werkes und den Namen des Autors
  - das Thema, um das es in dem Text geht
  - den/die Namen der Hauptperson(en)
  - Ort und Zeit der Handlung (wenn möglich, nötig und sinnvoll)

6. Nochmals „Einleitung" oder: Zurück zum Thema „Thema"

C

Nun müsstest du eigentlich schon ziemlich fit sein in Sachen „Inhaltsangabe"! Für den Fall aber, dass du dennoch bei einer Klassenarbeit oder Hausaufgabe stöhnend vor dem leeren Blatt Papier sitzt und nicht recht weißt, womit du beginnen sollst, haben wir dir hier einmal die „Vorarbeiten" für eine Inhaltsangabe zusammengestellt:

TiPP

- den Text gründlich lesen, auch mehrmals
- unbekannte Wörter nachschlagen
- ungewohnte Bilder und Vergleiche entschlüsseln
- den Handlungsverlauf überblicken
- sich da, wo es erforderlich ist, über die Personen und ihr Verhältnis zueinander klar werden
- den Text in Sinnabschnitte gliedern
- den Text abschnittweise verkürzen
- sich das Geschehen als Bildergeschichte vorstellen

Wenn du diesen „Spickzettel" im Kopf hast, sollte es dir eigentlich nicht mehr schwer fallen, eine ordentliche Inhaltsangabe eines erzählenden Textes zu verfassen. Ein Problem haben wir allerdings bisher nur kurz angespro-

chen: die **Themenangabe** in der Einleitung. Und weil das nicht immer ganz leicht ist, wollen wir dir ein paar Beispiele dafür geben, wie so eine Angabe des Themas in ein bis zwei Sätzen aussehen kann. Anschließend sollst du dich selbst darin üben – denn aller Anfang ist schwer, auch bei einer Inhaltsangabe.
Eines ist dabei klar: Du kannst das Thema erst angeben, wenn du die Geschichte verstanden hast und weißt, was der Autor eigentlich sagen wollte.

TIPP

Oft wird der Fehler gemacht, dass statt der Thematik der ganzen Geschichte nur der Inhalt der ersten paar Zeilen als „Themenangabe" geschrieben wird.

An den folgenden Beispielen siehst du, was dabei herauskommen kann und wie es **nicht** sein soll:

Beispiele Einleitungen (nicht nachahmenswert!)

In Max Frischs Schauspiel „Biedermann und die Brandstifter" geht es um den durchschnittlichen Geschäftsmann Gottlieb Biedermann, bei dem eines Tages ein Hausierer vor der Tür steht …

Heinrich Bölls Kurzgeschichte „Mein trauriges Gesicht" erzählt von einen Mann, der am Hafen steht und Möwen füttert …

In seiner humorvollen Erzählung „Mein Zeuge ist Don Gasparro" schildert Sigismund von Radecky als Ich-Erzähler Pedro Alverde, wie er eines Vormittags über eine Eisenbahnbrücke geht, um einen Claim auf eine Silberader anzumelden …

In seiner berühmten Ballade „Die Bürgschaft" erzählt Friedrich Schiller von dem Revolutionär Damon, der Dionys, den Tyrannen von Syrakus, töten will …

Keine Frage: Alles, was in diesen Einleitungen steht, ist sachlich richtig – aber es ist nicht das Thema der Geschichte! Nehmen wir nun einmal die „Bürgschaft" als Beispiel: Schon der Titel sagt, dass es um etwas anderes gehen muss als um einen Revolutionär – um eine Bürgschaft eben, also darum, dass sich ein Mensch verpflichtet, für einen anderen Menschen eine Garantie abzugeben, sogar dann, wenn er selbst darunter leiden muss. Das aber tut man sicher nur für Menschen, die man liebt, denen man voll vertraut. Also ist das Thema dieser Ballade nicht die Revolution und der Tyrannenmord, sondern die tiefe Freundschaft zwischen zwei Menschen, die auch der größten Versuchung standhält.

So, bevor wir dir nun also die nächste Aufgabe stellen, geben wir dir einige Beispiele für Einleitungen, in denen die **Thematik** der jeweiligen Texte ganz kurz zusammengefasst wurde. Außerdem geben sie Antwort auf die vier Fragen:

wer? was? wann? wo?

Beispiele Einleitungen

Beginnen wir mit einem Roman:
Der preisgekrönte Jugendroman ***„Die große Flatter"*** *von* ***Leonie Ossowski*** *ist die Geschichte der beiden Jungen Schocker und Richy, die versuchen ihrer Obdachlosensiedlung zu entfliehen. Die Autorin schildert realistisch das bittere Leben in einer Barackensiedlung, das schon junge Menschen hart und gleichgültig werden lässt.*

Dann ein Musical:
Leonard Bernsteins *Musical* ***„West Side Story"****, eine moderne Version von Shakespeares „Romeo und Julia", erzählt die tragische Geschichte zweier junger Menschen aus zwei verfeindeten Jugendbanden im New York der 50er Jahre. Ihre Liebe und ihr Leben gehen am Hass und Unverständnis ihrer Umwelt zu Grunde.*

Es folgt ein Spielfilm:
Der vielfach ausgezeichnete Film ***„Das Heimweh des Walerjan Wrobel"*** *von* ***Rolf Schübel*** *zeigt das Schicksal eines 16-jährigen polnischen Zwangsarbeiters, der 1942 wegen eines kleinen Vergehens, das er aus Heimweh begangen hat, hingerichtet wird. Der Film, der auf einer wahren Begebenheit beruht, führt die unmenschliche Grausamkeit der Nazi-Justiz vor.*

Und schließlich ein Theaterstück:
Carl Zuckmayers *Komödie* ***„Der Schinderhannes"*** *beruht auf dem Leben des Johann Bückler, der Ende des 18. Jahrhunderts die unterdrückten Bauern im Hunsrück mit Waffengewalt in ihrem Kampf gegen die französische Besatzung unterstützt.*

So, jetzt hast du zunächst gesehen, wie man es nicht machen sollte und dann, wie man es machen kann – und damit müsstest du fit sein für die nächste Aufgabe:

Verfasse die Einleitung einer Inhaltsangabe zu den Texten „Mio, mein Mio", „Im Schwimmbad", „Mein Zeuge ist Don Gasparro", „Die Bürgschaft" und „Mein trauriges Gesicht".

7. Inhaltsangabe von Sachtexten oder: „Bleiben Sie doch sachlich …!"

C

Nach den erzählenden Texten und der Ballade wenden wir uns jetzt einer neuen Textsorte zu, den Sachtexten. Einen sachlichen Text zusammenzufassen (das kann ein Zeitungsbericht sein oder ein Abschnitt aus dem Biologiebuch, der Jahresbericht einer Autofirma oder ein Artikel im Apothekenratgeber, eine philosophische Abhandlung oder ein Stück Literaturgeschichte), wird in den nächsten Jahren wahrscheinlich oft von dir verlangt werden – vermutlich nicht nur in der Schule! Deshalb sollten wir schon jetzt darauf eingehen!

Wir wenden uns deshalb erst einmal wieder unseren fünf Freunden zu, genauer gesagt eigentlich nur zweien: den Zwillingen nämlich. Die haben in der Nachbarschaft

eine Frau, von der alle sagen, sie sei alkoholkrank. Nun weiß man das ja als Außenstehender nicht so genau, und die beiden gehören nicht zu denen, die Gerüchte über andere Menschen in die Welt setzen – aber nun hat diese Frau ein Kind bekommen, und es ist ganz offensichtlich, dass das Kind behindert ist. Da fällt André etwas ein: „Sag mal, Claudia, stand da nicht vor ein paar Tagen ein Artikel in der Zeitung über Alkohol in der Schwangerschaft?"

„Ja, klar, warum?"

„Wegen der Frau Klein – die hat doch ein behindertes Kind bekommen, und die soll ja trinken ..."

„Das weißt du doch gar nicht! So was kann man doch nicht einfach behaupten!"

„Nein, natürlich nicht – aber es könnte doch sein ... weißt du noch, was da stand?"

„Ja, ungefähr schon ..."

Claudia versucht den Inhalt des Artikels zusammenzufassen. Für ihren Bruder macht sie das natürlich nicht schriftlich – aber wie so eine Zusammenfassung aussehen könnte, wollen wir dir jetzt zeigen. Zunächst also der Artikel:

Originaltext Zeitungsartikel

Alkohol ist immer eine Gefahr für Neugeborene

Frankfurt, 12. September (dpa)

Alkoholikerinnen, aber auch Frauen, die aus Gewohnheit nicht auf Alkohol verzichten wollen, stellen Frauen- und Kinderärzte vor immer größere Probleme: Auf 600 Geburten kommt in der Bundesrepublik nach Schätzungen von Medizinern ein alkoholgeschädigtes Baby, dessen Mutter während der Schwangerschaft regelmäßig oder gelegentlich zum Glas gegriffen hat. Die sogenannte Alkohol-Embryopathie (Erkrankung von Neugeborenen als Folge von Alkohol-Konsum der Mutter) gilt als eine der häufigsten erkennbaren Ursachen für geistige Behinderungen und Wachstumsverzögerungen.

Mit diesen medizinischen und psychosozialen Problemen beschäftigen sich seit Freitag in Frankfurt 170 Ärzte, Behördenvertreter, Suchtspezialisten und Fürsorger auf einem Symposium über angeborene Behinderungen durch Alkoholkonsum in der Schwangerschaft. Die bundesweit erste Tagung zu diesem Thema wird von der Stiftung für das behinderte Kind veranstaltet.

Haupt-Symptome alkoholbedingter Störungen bei Säuglingen sind Kleinwüchsigkeit, Untergewicht sowie Mißbildungen an Herz, Genitalien und Harnwegen. Prof. Dr. Frank Majewski vom Institut für Humangenetik in Düsseldorf nannte als weitere Auffälligkeiten betroffener Kinder eine niedrige Stirn, enge Lidspalten, eine verkürzte Nase oder ein fliehendes Kinn. Ärzte, die diese Mißbildungen unmittelbar nach der Geburt ursächlich feststellen können, haben bei diesen Babys häufig auch Mißbildungen an den Hüften oder Gaumenspalten beobachtet.

Der Grund für diese und andere zum Teil schwerwiegenden Folgen des mütterlichen Alkohol-Konsums liegt in der Vergiftung des Embryos. Alkohol kann von der werdenden Mutter leicht über die Plazenta (Mutterkuchen) in das Blut des Ungeborenen übertragen werden. Nach Darstellung von Prof. Dr. Rolf Teschke (Düsseldorf) gilt das vor allem für die ersten Schwangerschaftsmonate. Damit sei der Embryo der gleichen Blutalkoholkonzentration ausgesetzt wie seine trinkende Mutter.

Neunmonatige totale Abstinenz lautet daher die einzige ärztliche Empfehlung für Mütter mit Kinderwunsch. Dieser Rat erscheint dringlich: Einer Befragung zufolge haben von tausend schwangeren Frauen 92 Prozent eingeräumt, gelegentlich oder häufig Alkohol zu trinken. Als belegt gilt ferner, daß 35 Prozent der mindestens 1,5 Millionen Alkoholabhängigen in der Bundesrepublik Deutschland Frauen sind.

Mit einer frühzeitigen Rehabilitation alkoholgeschädigter Babys können nur gewisse Entwicklungsdefizite aufgeholt werden. Das geschäftsführende Vorstandsmitglied der Stiftung, Dr. Dietmar Nedde, setzte sich dafür ein, Schwangere und Frauen mit Kinderwunsch ärztlich noch gezielter als bisher auf die Gefahren auch von „Wohlstands-Drinks" hinzuweisen.

Alkoholbedingte Schädigungen von Säuglingen sind in der Bundesrepublik Deutschland seit 1973 bekannt. Dennoch, so bedauerten einige Referenten, gebe es bisher keine Prophylaxe für werdende oder künftige Mütter.

Angesichts der ständig steigenden Zahl von Alkoholabhängigen hat sich vor zwei Jahren in München eine Elterninitiative alkoholgeschädigter Kinder gegründet.

Was macht man nun mit diesem Artikel? Schau doch noch einmal auf S. 42 nach: Lesen (natürlich!!), unbekannte Wörter nachschlagen – ist hier wichtig, denn Wörter wie *psychosozial, Symposium, Symptom, Humangenetik, Gaumenspalte, Abstinenz, Rehabilitation, Defizit, Prophylaxe* versteht wahrscheinlich nicht jeder auf Anhieb. Also: Wörterbuch oder Lexikon raus und nachschlagen!

Und dann?

Dann wird noch einmal gelesen, aber jetzt mit dem Stift in der Hand: Alles, was wichtig erscheint, wird unterstrichen.

Wenn du dir noch nicht so recht im Klaren darüber bist, was wichtig ist und was nicht, schau dir zuerst einmal an, wie es eine Schülerin bei diesem Artikel gemacht hat.

Beispiel Unterstreichungen

Alkohol ist immer eine Gefahr für Neugeborene

Frankfurt, 12. September (dpa)

Alkoholikerinnen, aber auch Frauen, die aus Gewohnheit nicht auf Alkohol verzichten wollen, stellen Frauen- und Kinderärzte vor immer größere Probleme: Auf 600 Geburten kommt in der Bundesrepublik nach Schätzungen von Medizinern ein alkoholgeschädigtes Baby, dessen Mutter während der Schwangerschaft regelmäßig oder gelegentlich zum Glas gegriffen hat. Die sogenannte Alkohol-Embryopathie (Erkrankung von Neugeborenen als Folge von Alkohol-Konsum der Mutter) gilt als eine der häufigsten erkennbaren Ursachen für geistige Behinderungen und Wachstumsverzögerungen.

Mit diesen medizinischen und psychosozialen Problemen beschäftigen sich seit Freitag in Frankfurt 170 Ärzte, Behördenvertreter, Suchtspezialisten und Fürsorger auf einem Symposium über angeborene Behinderungen durch Alkoholkonsum in der Schwangerschaft. Die bundesweit erste Tagung zu diesem Thema wird von der Stiftung für das behinderte Kind veranstaltet.

Haupt-Symptome alkoholbedingter Störungen bei Säuglingen sind Kleinwüchsigkeit, Untergewicht sowie Mißbildungen an Herz, Genitalien und Harnwegen. Prof. Dr. Frank Majewski vom Institut für Humangenetik in Düsseldorf nannte als weitere Auffälligkeiten betroffener Kinder eine niedrige Stirn, enge Lidspalten, eine verkürzte Nase oder ein fliehendes Kinn. Ärzte, die diese Mißbildungen unmittelbar nach der Geburt ursächlich feststellen können, haben bei diesen Babys häufig auch Mißbildungen an den Hüften oder Gaumenspalten beobachtet.

Der Grund für diese und andere zum Teil schwerwiegenden Folgen des mütterlichen Alkohol-Konsums liegt in der Vergiftung des Embryos. Alkohol kann von der werdenden Mutter leicht über die Plazenta (Mutterkuchen) in das Blut des Ungeborenen übertragen werden. Nach Darstellung von Prof. Dr. Rolf Teschke (Düsseldorf) gilt das vor allem für die ersten Schwangerschaftsmonate. Damit sei der Embryo der gleichen Blutalkoholkonzentration ausgesetzt wie seine trinkende Mutter.

Neunmonatige totale Abstinenz lautet daher die einzige ärztliche Empfehlung für Mütter mit Kinderwunsch. Dieser Rat erscheint dringlich: Einer Befragung zufolge haben von tausend schwangeren Frauen 92 Prozent eingeräumt, gelegentlich oder häufig Alkohol zu trinken. Als belegt gilt ferner, daß 35 Prozent der mindestens 1,5 Millionen Alkoholabhängigen in der Bundesrepublik Deutschland Frauen sind.

Mit einer frühzeitigen Rehabilitation alkoholgeschädigter Babys können nur gewisse Entwicklungsdefizite aufgeholt werden. Das geschäftsführende Vorstandsmitglied der Stiftung, Dr. Dietmar Nedde, setzte sich dafür ein, Schwangere und Frauen mit Kinderwunsch ärztlich noch gezielter als bisher auf die Gefahren auch von „Wohlstands-Drinks" hinzuweisen.

Alkoholbedingte Schädigungen von Säuglingen sind in der Bundesrepublik Deutschland seit 1973 bekannt. Dennoch, so bedauerten einige Referenten, gebe es bisher keine Prophylaxe für werdende oder künftige Mütter.

Angesichts der ständig steigenden Zahl von Alkoholabhängigen hat sich vor zwei Jahren in München eine Elterninitiative alkoholgeschädigter Kinder gegründet.

Und jetzt gleich zum nächsten Schritt: der Zusammenfassung des Textes.

Auch hier wollen wir dir an einer Schülerarbeit zeigen, wie man es machen kann (es geht jetzt nur um die Textzusammenfassung: Die Einleitung lassen wir weg!)

Beispiel Textzusammenfassung

Auf einem Symposium in Frankfurt diskutieren 170 Ärzte und andere Experten über die Gefahren, die Neugeborenen drohen, deren Mütter während der Schwangerschaft Alkohol getrunken haben. Die Wissenschaftler weisen darauf hin, dass 35 % der 1,5 Millionen Alkoholkranken in Deutschland Frauen seien und dass ihre Zahl ständig steige. Folgerichtig gebe es auch immer mehr Missbildungen und Krankheiten, die auf Alkoholkonsum während der Schwangerschaft zurückzuführen seien. Hauptgrund für diese Missbildungen – vor allem Kleinwüchsigkeit, Missbildungen am Herzen und den Genitalien, flache Stirn, geistige Behinderung – ist eine Vergiftung des Embryos, da der Alkohl über die Plazenta direkt in das Blut des Kindes gelangen kann.

Die Ärzte empfehlen den werdenden Müttern deshalb, während der gesamten Schwangerschaft, vor allem aber in den ersten drei Monaten, überhaupt keinen Alkohol zu trinken. Vielfach beklagt wird in diesem Zusammenhang die fehlende Prophylaxe für werdende und künftige Mütter.

Du hast vielleicht festgestellt, dass nicht alle unterstrichenen Fakten verwendet worden sind: Die Elterninitiative z. B. ist weggefallen, weil sie doch nur eine Randerscheinung ist, und es sind auch nicht alle Missbildungen aufgezählt worden, weil ein paar Beispiele für das Verständnis des Ganzen völlig ausreichen.

Vor allem aber hat die Schülerin in ihrer Inhaltsangabe die Fakten anders angeordnet, weil ihr die Reihenfolge so sinnvoller erschien. So hielt sie es z. B. für wichtig, die Anzahl der betroffenen Frauen schon am Anfang zu nennen, um deutlich zu machen, dass es sich um ein Problem handelt, das viele Menschen angeht.

Nachdem wir dir also ein Beispiel für eine Zusammenfassung eines Zeitungstextes gegeben haben, sollst du den folgenden Text jetzt selbst zusammenfassen – wieder ohne Einleitung und etwa so lang (oder so kurz) wie den Beispieltext. Inhaltlich soll er dich auch schon ein bisschen auf den nächsten Text vorbereiten, in dem es um geheimnisvolle Höhlenfunde geht …

Übung C17

Schreibe eine kurze Zusammenfassung des folgenden Zeitungstextes. Du brauchst keine Einleitung zu verfassen (aber wenn du möchtest, darfst du das natürlich …)

Originaltext
Zeitungsartikel

Geheimnisvolle Cheopspyramide:

Lösen die Forscher jetzt das Rätsel?

Französische und ägyptische Wissenschaftler suchen nach einer noch nicht entdeckten Grabkammer

ap Gizeh

An der weltberühmten Cheopspyramide haben Experten aus Frankreich und Ägypten mit Bohrungen begonnen, die möglicherweise dazu beitragen werden, das Rätsel um die größte der drei Pyramiden von Gizeh zu lösen. Mit modernstem Gerät ausgerüstet, das von französischen Firmen geliehen wurde, will das ägyptisch-französische Team eine geheime Grabkammer suchen, die die Wissenschaftler und Techniker hinter einer drei Meter dicken Steinplatte vermuten.

Initiatoren des Projekts sind die zwei französischen Architekten Gilles Dormion und Jean-Patrice Goidin, die im vorigen Jahr bei einer Erkundung der 4500 Jahre alten Pyramide mehrere Hohlräume entdeckten, für die es bislang keine plausible Erklärung gibt. Nun soll ein Loch mit einem Durchmesser von drei Zentimetern in die Steinplatte gebohrt werden, damit dann der Hohlraum hinter der Platte mit einer kleinen Spezialkamera untersucht werden kann.

Niemand weiß bis heute, was sich hinter der Steinplatte verbirgt. Manche Experten erwarten nichts als Luft, andere sehen in ihrer Vorstellung bereits einen riesigen Schatz ähnlich dem, den der britische Archäologe Howard Carter im November 1922 in der Grabkammer des Pharaos Tutench-Amun im oberägyptischen Tal der Könige bei Luxor entdeckte. Es war das erste vollständig erhaltene Grab eines Pharaos, das jemals gefunden wurde.

Der Leiter der ägyptischen Altertumsverwaltung, Achmed Kadri, willigte in die Bohrungen ein, nachdem ihn Dormion und Goidin von ihrer Entdeckung unterrichtet hatten. Das Projekt sei es wert, in Angriff genommen zu werden, ganz gleich, was die Kamera enthüllen werde, sagte Kadri.

Zwar wurde in der Cheopspyramide bereits eine Grabkammer gefunden, doch sie enthielt weder Schätze noch die Mumie des Pharaos, der von 2551 bis 2528 vor Christus regierte. Um dieses leere Grab gibt es bis heute zahlreiche Spekulationen. Eine Annahme ist, daß das Grab schon vor Jahrtausenden von Räubern geplündert wurde. Allerdings wird auch immer wieder spekuliert, daß es noch eine geheime, bislang unentdeckte Kammer gebe, die einen riesigen Schatz berge.

Die Pyramiden haben den Menschen immer wieder Rätsel aufgegeben – da war von unermesslichen Schätzen die Rede, aber auch vom Fluch des Pharao, von lebendig gewordenen Mumien usw.

Aber es gibt noch größere Rätsel in der Welt – erinnerst du dich noch daran, worauf unser Freund Stefan die Störungen in seinem Radio zurückführte? Er vermutete Störstrahlen von Außerirdischen, und das liegt nicht nur daran, dass er alle erreichbaren Sciencefictionfilme sieht, von „Batman" über „E. T." bis „Star Trek" und „Krieg der Sterne", sondern es liegt auch an einem Buch, das ihm André neulich geliehen hat. Es handelt sich um ein Sachbuch mit dem Titel **„Waren die Götter Astronauten?"** von dem Schweizer Journalisten und Amateurforscher **Erich von Däniken**. Der will seit vielen Jahren anhand von merkwürdigen Funden aus der ganzen Welt beweisen, dass die Erde vor Tausenden von Jahren Besuch von Außerirdischen hatte.

Aus diesem Buch drucken wir jetzt einen etwas vereinfachten Text ab, in dem über einen solchen unerklärlichen (?) Fund berichtet wird. Es handelt sich um einen Sachtext mit einigen erzählenden Elementen. Die sollen uns jetzt aber weniger interessieren – das Wichtigste sind die sachlichen Informationen in dem Text.

Originaltext
Sachtext

Spuren und Pläne außerirdischer Intelligenzen
(Erich von Däniken)

Das ist für mich die unglaublichste, die unwahrscheinlichste Geschichte des Jahrhunderts.
Dies könnte eine Science-fiction-story sein, wenn ich das Unglaubliche nicht gesehen und fotografiert hätte. Was ich gesehen habe, ist weder Traum noch Phantasie, es ist Realität.
Unter dem südamerikanischen Kontinent liegt ein von irgendwem irgendwann angelegtes gigantisches Tunnelsystem von mehreren tausend Kilometern Ausdehnung tief unter der Erde. In Peru und Ecuador wurden Hunderte von Kilometern begangen und ausgemessen. Das ist erst ein geringer Anfang, und die Welt weiß nichts davon.
Am 21. Juli 1969 hinterlegte der Argentinier Juan Moricz beim Notar Dr. Gustavo Falconi in Guayaquil eine von mehreren Zeugen unterzeichnete rechtskräftige Urkunde, die ihn dem Staat Ecuador und der Nachwelt gegenüber als Entdecker des Tunnelsystems ausweist. [...]
Ich traf Juan Moricz am 4. März 1972.
Zwei Tage lang versuchte sein Rechtsanwalt Dr. Matheus Peña, Guayaquil, ihn mit Telegrammen und Telefonaten irgendwo zu erwischen. Ich hatte mich mit ausreichender Lektüre in der Kanzlei niedergelassen, einigermaßen nervös, wie ich zugeben muß, denn nach allen Schilderungen war Moricz ein schwer zugänglicher Mann und von einem tiefen Mißtrauen gegen alle, die mit Schreiben zu tun haben. Ein Telegramm erreichte ihn. Er rief an. Und kannte meine Bücher! „Mit Ihnen werde ich sprechen!“ [...]
Moricz, Dr. Peña, Franz Seiner (mein Reisebegleiter) und ich stiegen in einen Toyota-Jeep; während der 24stündigen Fahrt zum Ziel lösten wir uns am Steuer ab. Ehe wir in die Höhle einstiegen, nahmen wir uns Zeit für einen tiefen Schlaf. Als sich am Morgenhimmel ein heißer Tag ankündigte, begann unser Abenteuer, das größte meines Lebens.
In der Provinz Morona-Santjago [...] liegt der in den Fels geschnittene Eingang, breit wie ein Scheunentor. Plötzlich, von einem Schritt auf den anderen, wird letztes einfallendes Tageslicht zu schwärzester Finsternis. Vögel schwirren an unseren Köpfen vorbei, man spürt den Windhauch und zuckt zusammen. Helmscheinwerfer und Taschenlampen blitzen, vor uns reißt das Einstiegsloch seinen Schlund auf. Mit einem Seilzug, der 80 m in die Tiefe führt, gleiten wir auf die erste Plattform herab; von dort aus geht es noch zweimal 80 m tief nach unten. Der Marsch in die jahrtausendealte künstliche Unterwelt einer fremden, unbekannten Rasse beginnt.
Wir stehen am Eingang einer Halle, groß wie der Hangar[1] für einen Jumbo-Jet. Es könnte ein Verteilerplatz, ein Materiallager gewesen sein, denke ich. Hier enden bzw. beginnen Stollen[2], die in verschiedene Richtungen führen. Der Kompaß, den ich befragen will: wohin, streikt. Ich schüttle ihn, die Nadel rührt sich nicht. Moricz beobachtet mich:
„Das hilft nicht. Hier unten gibt es Strahlungen, die eine Kompaßorientierung unmöglich machen. Ich verstehe nichts von Strahlungen, ich beobachte sie nur, hier müßten Physiker ihre Arbeit tun.“

[1] „Garage“ für Flugzeuge

[2] Tunnel (in einem Bergwerk)

An der Schwelle zu einem Seitengang liegt ein Skelett so säuberlich am Boden, als hätte es ein Anatom für Belehrungen seiner Studenten hergerichtet, aber auch aus einer Spraydose mit Goldstaub besprüht. Die Knochen leuchten im Scheinwerferlicht wie pures Gold.
Moricz fordert uns auf, die Lichter zu löschen und langsam zu folgen. Es ist still, ich höre unsere Schritte, unseren Atem und das Rauschen der Vögel, an das man sich merkwürdig schnell gewöhnt. Die Dunkelheit ist schwärzer als die Nacht.
„Licht an!" ruft Moricz.
Wir stehen verblüfft und gebannt mitten in einem riesigen Saal. [...]
Dieser namenlose Saal [...] ist von beklemmender Größe, von starrer Schönheit und edlen Proportionen. Der Grundriß sei 110 x 130 m, hören wir. Das sind fast die Maße der Sonnenpyramide in Teotihucán, geht es mir durch den Sinn, dort wie hier kennt niemand die Baumeister, die überragenden Techniker.
In der Mitte des Saales steht ein Tisch.
Ist es ein Tisch?
Wahrscheinlich, denn an der Längsseite stehen sieben Stühle.
Sind es Stühle?
Vermutlich sind es Stühle.
Aus Stein?
Nein, sie strahlen nicht die Kühle von Stein aus.
Aus Holz?
Bestimmt nicht. Holz hätte die Jahrtausende über nicht diese Stabilität bewahrt.
Sind sie aus Metall?
Ich glaube es nicht. Sie fühlen und fassen sich an wie [...] Kunststoff, aber sie sind schwer und hart wie Stahl.

Hinter den Stühlen stehen Tiere: Saurier, Elefanten, Löwen, Krokodile, Jaguare, Kamele, Bären, Affen, Bisons, Wölfe – kriechen Echsen, Schnecken, Krebse. Wie in Formen gegossen, reihen sie sich zwanglos und freundlich nebeneinander. Nicht wie bei Darstellungen der Tiere der Arche Noah in Paaren. Nicht, wie es der Zoologe gern hätte, nach Abstammung und Rasse. [...]

Es ist ein zoologischer Garten der Verrücktheiten, und seine Tiere sind aus reinem Gold. [...]

Gegenüber dem zoologischen Garten, links hinter dem Konferenztisch steht die Bibliothek aus Metallplatten. Teils Platten, teils millimeterdünne Metallfolien, die meisten in der Größe von 96 x 48 cm. Mir ist, nach langem kritischen Betrachten, schleierhaft, welches Material eine Konsistenz[1] hat, die das Aufrechtstehen so dünner und so großer Folien ermöglicht. Sie stehen nebeneinander wie gebundene Blätter von Riesenfolianten[2]. Jede Tafel ist beschriftet, trägt Stempel, ist gleichmäßig wie von einer Maschine bedruckt. Moricz schaffte es bisher nicht, die Seiten seiner Metallbibliothek zu zählen, ich akzeptiere seine Schätzung, daß es einige Tausend sein können. Die Schriftzeichen auf den Metallplatten sind unbekannt, aber ich bin überzeugt, daß man sie bald entschlüsseln wird, wenn die Wissenschaftler, die es angeht, jetzt endlich von der Existenz dieses einmaligen Fundes erfahren.

[1] Beschaffenheit

[2] Riesenbücher

Wer immer und wann Schöpfer und Gestalter dieser Bibliothek gewesen sein mag, jener große Unbekannte beherrschte mit seinen Helfern nicht nur eine Technik, Metallfolien in solcher Vielzahl „nach Maß" herstellen zu können – das Werk steht da! – er kannte auch Schriftzeichen, mit denen er Wesen einer fernen Zukunft Wichtiges mitteilen wollte. Diese Bibliothek aus Metall wurde geschaffen, damit sie die Zeiten überdauerte, um noch in Ewigkeiten lesbar zu bleiben...

Es wird sich zeigen, ob unsere Gegenwart ernsthaft interessiert ist, Geheimnisse so grandioser Art aufzudecken.

Ist ihr an der Entzifferung eines Urwerkes gelegen, das Wahrheiten zu Tage fördern kann, die die hübsche und doch so fragwürdige Weltordnung völlig auf den Kopf zu stellen vermag?

Scheuen die Exekutiven[1] aller Religionen nicht am Ende doch vorgeschichtliche Enthüllungen, die *Glauben* an die Schöpfung durch *Wissen* von der Schöpfung ersetzen könnten?

Will der Mensch überhaupt zur Kenntnis nehmen, daß seine Abstammungsgeschichte so ganz und gar anders verlief als jene, die ihm wie ein frommes Märchen einfiltriert[2] wird?

Sind Prähistoriker tatsächlich und ohne Scheuklappen und mit redlichem Eifer auf der Suche nach der wirklichen Wahrheit? Niemand fällt gern von einem Wolkenkratzer, den er selbst gebaut hat. [...]

In eine Steinplatte, 29 cm hoch, 53 cm breit, ist ein Tier graviert. Ich vermute, daß es die Darstellung eines Dinosauriers ist: Diese ausgestorbenen Urtiere bewegten sich an Land mit Hilfe ihrer längeren Hinterbeine wie sie die Gravüre darstellt; selbst der riesige Wuchs – Dinosaurier waren bis zu 20 m lang – ist noch in dem verkürzt dargestellten schweren, gedrungenen Körper zu ahnen, und auch die Füße mit drei Zehen bestärken meine Vermutung. Wenn meine Identifizierung dieser Darstellung „stimmt", dann allerdings wird es sehr, sehr unheimlich. Diese ausgestorbenen Kriechtiere gab es im Erdmittelalter während der oberen Kreidezeit, also vor 135 Millionen Jahren, als die heutigen Kontinente begannen, ihre Gestalt anzunehmen. Ich wage nicht, weiterzuspekulieren. Ich stelle nur noch die Frage in den Raum: welches denkende Wesen hat je einen Saurier gesehen?

[1] hier: Verantwortliche, Führer

[2] eingetrichtert

Wir fanden diesen Text ziemlich spannend – hoffentlich ist es dir auch so gegangen! Aber nun zu deiner Aufgabe:

Übung C18

Verfasse zu diesem Text die Einleitung einer Inhaltsangabe und eine Zusammenfassung der sachlichen Informationen.

Ist es dir noch sehr schwergefallen, in der Einleitung den Inhalt in einem Satz zusammenzufassen? Macht nichts – hier gleich noch ein Beispiel, eine Schülerarbeit zu dem Zeitungstext über die Cheopspyramide:

Beispiel

In dem vorliegenden Zeitungsbericht geht es um eine noch nicht entdeckte Grabkammer der Cheopspyramide und um die Hoffnungen der Forscher, die noch nicht gelösten Rätsel der größten der drei Pyramiden von Gizeh durch die Entdeckung dieser Grabkammer zu lösen.

Und noch ein weiteres Beispiel: der Klappentext[1] zu dem Roman **„Schöne neue Welt"** von **Aldous Huxley**. In den ersten beiden Sätzen wird der Inhalt zusammengefasst, und dann beginnt die eigentliche detaillierte Inhaltsangabe.

[1] s. S. 31

Originaltext Klappentext

Über dieses Buch

Aldous Huxley erzählt von einer zukünftigen Welt, in der alle unsere Alltagswünsche in Erfüllung gegangen sind und totales körperliches und auch wirtschaftliches Wohlbefinden herrscht. Doch all die Apparate, Organisationen und Medikamente, die das ungestörte irdische Glück sichern sollen, haben den Geist getötet und zwar die zerstörerischen Eigenschaften des Menschen ausgerottet, damit aber auch die Vergangenheit: Religion, Liebe zur Natur, zum Menschen, zur Kunst, zur Dichtung, zur Wahrheit und zur Freiheit.
In diese genormte Zivilisation tritt plötzlich ein ursprünglicher Mensch, ein „Wilder" …

8. Der Schluss der Inhaltsangabe oder: Ende gut – alles gut?

Vielleicht hast du dich gewundert, dass in dieser Inhaltsangabe zur „Schönen neuen Welt" der Titel des Buches und die Textsorte (Zukunftsroman) nicht erwähnt wurden – aber eigentlich ist das selbstverständlich, denn es handelt sich ja um einen Klappentext, also eine Inhaltsangabe, die auf dem Buch selbst steht (Der Roman ist übrigens sehr empfehlenswert – viele der zum Teil erschreckenden Voraussagen von Huxley sind schon eingetroffen!)
Wie ist es aber mit einer Inhaltsangabe in der Schule? Da muss doch der ganze Text wiedergegeben werden, und einen schönen Schluss soll die Arbeit ja auch haben! Vom Schluss haben wir noch gar nicht gesprochen, und deshalb wird es höchste Zeit, dass wir zum Schluss zum Schluss kommen …

Aber, wirst du fragen, endet eine Inhaltsangabe nicht einfach mit der Wiedergabe des letzten wesentlichen Ereignisses, der letzten wesentlichen Information, die der Text gibt?
Nein, der Schluss einer guten Inhaltsangabe sollte mehr enthalten, und was das ist, kannst du aus den folgenden Beispielen entnehmen. Sieh dir dazu vor allem die Schlusssätze der folgenden Klappentexte an und überlege, was sie leisten.

Originaltexte Klappentexte

Aldous Huxley: „Schöne neue Welt"

Hinter den vielen amüsanten oder packenden Episoden des Buchs steht der tiefe Ernst von Huxley, und seine prophetische Gabe, seine intelligente und ironische Erzählkunst, seine Fähigkeiten, Erscheinungen der Gegenwart konsequent und logisch weiterzudenken, machen den Roman zu einer eindringlichen Warnung, daneben aber auch zu einer höchst erregenden Lektüre.

Heinrich Mann: „Professor Unrat"

Schon in diesem Frühwerk, das ein Vierteljahrhundert später in der Verfilmung Josef von Sternbergs unter dem Titel „Der Blaue Engel" einer der ganz wenigen Welterfolge des deutschen Films wurde, hat Heinrich Mann mehr geschaffen als nur eine realistische Schilderung seiner Zeit: „Professor Unrat" wurde zu einer gelungenen Karikatur der Epoche von Kaiser Wilhelm II. und zeigt mit aller Schärfe, warum diese Epoche untergehen musste.

Ernest Hemingway: „Fiesta"

... Aber nach seiner Kriegsverletzung ist er nicht mehr in der Lage, Kinder zu zeugen. Seine Geliebte, die nur ihn liebt, versucht verzweifelt, ihre Liebe zu betäuben.
Aus der kühlen und schonungslosen Erzählweise Hemingways wird eine tiefe Erkenntnis vom Menschen deutlich, ein tragisches Wissen, das den Roman zu einem Meisterwerk gegen den Krieg macht, ohne diesen mit einem Wort zu erwähnen.

Hast du herausgefunden, was diese drei Schlüsse gemeinsam haben?

Beispiele

„... machen den Roman zu einer eindringlichen Warnung ..."
„... zeigt mit aller Schärfe, warum diese Epoche untergehen musste."
„... das den Roman zu einem Meisterwerk gegen den Krieg macht ..."

Der Schlusssatz versucht, in knappster Form auszudrücken, welche Absicht der Autor mit seinem Werk verfolgt: Er will warnen oder verurteilen, sich gegen etwas (z. B. Krieg) oder für etwas (z. B. Toleranz, Menschlichkeit) aussprechen.
Außerdem kann im Schlusssatz auch noch stehen, welchen Eindruck der Verfasser der Inhaltsangabe (oder der Rezensent, also der Buchkritiker) von dem Text hat, dessen Inhalt er gerade wiedergegeben hat.

Übung C19

Unterstreiche in den drei Beispielen für Schlüsse von Inhaltsangaben die Stellen, in denen der Text bewertet wird.

Lösungsbeispiel

Text 1: ... amüsanten oder packenden Episoden ..., ... intelligente ... Erzählkunst ..., ... eindringliche Warnung ..., ... erregenden Lektüre ...

Fassen wir als Regel zusammen:

Regel

Der Schluss einer Inhaltsangabe fasst die Absicht des Autors kurz zusammen. Er kann außerdem auch eine Bewertung des Textes durch den Verfasser der Inhaltsangabe enthalten.

Sollten wir das jetzt nicht einmal üben? Du hast ja drei Beispiele als „Vorlage", da sollte es dir eigentlich nicht mehr so schwer fallen, jetzt selbst einmal einen Schluss für eine Inhaltsangabe zu entwerfen. Also: auf geht's!

Übung C20

Verfasse zu Dänikens Text (S. 68ff.) den Schluss einer Inhaltsangabe.

C

9. Abschlussaufgaben oder: **Zum guten Schluss**

Ja, damit sind wir eigentlich am Ende. Hol noch einmal tief Luft, sieh dir noch einmal die wichtigsten Regeln auf den Seiten 41 und 61 an, und dann müsstest du eigentlich fit sein, um die Abschlussaufgaben lösen zu können – vielleicht nicht beide, aber wenigstens eine ...

Zunächst sollst du Lehrer spielen und den Korrekturstift zur Hand nehmen. Wir wollen dir nämlich zwei Inhaltsangaben zu der Kurzgeschichte **„Im Schwimmbad"** von **Hans Peter Richter** vorlegen, von der wir ja schon auf S. 37f. einen Ausschnitt kennen gelernt haben. Beide Inhaltsangaben sind nicht besonders gut – du sollst herausfinden, warum nicht ...
Damit du einen besseren Überblick über den Verlauf der Geschichte hast, drucken wir hier noch den Schluss ab.

Originaltext Kurzgeschichte

[Auf dem Weg zum Schwimmbad hatte Friedrich einen Mann auf einem silbernen Fahrrad gesehen, der sich auffällig benahm. Jetzt wollen die beiden Freunde nach Hause fahren.]

Da wurde es hinter uns laut. „Hier hat es gestanden!" sagte ein großer Junge. „Ich weiß es ganz genau. An dieser Stelle hatte ich es festgemacht. Überall habe ich nachgesehen; es ist nicht mehr da. Ganz silbern war es; ich hatte es gerade frisch geputzt.
Viele Neugierige versammelten sich um den Jungen. Sie gaben kluge Ratschläge. „Spuren verfolgen!", „Polizei verständigen!"

Friedrich horchte auf. Er ließ sein Rad stehen und ging zu dem Kreis, der sich um den Bestohlenen gebildet hatte. „Du, hör mal", sagte Friedrich, „ich weiß, wer dein Rad gestohlen hat. Ich habe den Mann gesehen; ich kann ihn genau beschreiben."

Alle schauten Friedrich an. Zwischen ihm und dem Bestohlenen öffnete sich eine Gasse.

Der Junge trat einen Schritt auf Friedrich zu. „Sag mal", fragte er, „du bist doch der Jude von vorhin da drinnen?"

Friedrich wurde wieder rot und senkte die Augen zu Boden.

„Denkst du denn", fuhr der Junge fort, „wenn du das der Polizei erzählst, denkst du denn, die glauben dir?"

Und nun also die beiden – mäßigen – Inhaltsangaben zu dieser Geschichte.

Beispiele
Schülerarbeit 1

Im Schwimmbad

Wer? (Personen) Erzähler, Friedrich Schneider, Bademeister, Junge, Radfahrer
Was? (Gegenstände) Fahrrad, Badezeug
Wann? (Zeit) An einem heißen Sommertag
Wo? (Ort) Im Waldbad
Was? Wie? (Handlung/Ablauf)?

An einem heißen Sommertag hatte sich Hans Peter Richter vorgenommen, mit seinen Freunden ins Waldbad zu fahren. Mit seinen Freunden ist er mit dem Fahrrad dorthin gefahren. Sie fuhren durch enge Wege. Mit dem Fahrrad, das er sich von seiner Mutter ausgeliehen hat, fuhr er; Hans staunte, als sein Freund Friedrich mit einem neuen blitzblank geputzten Rad angefahren kam. Es blitzte noch mehr in der Sonne. Friedrich fuhr freihändig vom einen zum anderen Wegrand, dabei zwang er einen Fahrradfahrer, der von der anderen Seite kam, zu bremsen. Später im Bad angekommen, schnürten sie sich den Schrankschlüssel um den Fuß oder Arm und tobten im Bad herum. Als es Zeit war zu gehen, hatte Friedrich seinen Schlüssel im Bad verloren, er hat gesucht, ihn aber nicht wiedergefunden. An der Umkleidekabine ging es drunter und drüber. Die anderen Freunde waren schon angezogen, nur Friedrich stand noch draußen. Als er endlich drankam, bekam er Ärger vom Bademeister. Er musste seinen Namen sagen, der Bademeister überprüfte das, indem er in seine Tasche fasste und nachsah. Doch dort stand drin, dass er ein Jude war und Friedrich Israel Schneider hieß. Der Bademeister machte einen Aufstand, er schrie so, dass es jeder mitbekam. Er schmiss das Badezeug auf den Boden vor Friedrich.

Friedrich wollte sich umziehen, das hatte ihm der Bademeister aber verboten. Er zog sich seine Hose drüber und verschwand, jeder Besucher starrte ihn an.
Am Ausgang schrie ein Junge, sein Rad war geklaut worden. Friedrich kam dazwischen und erzählte ihm, dass er gesehen hatte, wer sein Rad gestohlen hat. Der Junge kannte ihn aus dem Vorfall im Bad und schmiss ihm an den Kopf, dass es ihm sowieso keiner glauben würde, weil er ein Jude ist.

Schülerarbeit 2

Im Schwimmbad

wann? an einem heißen Sommertag, nachmittags.
wo? vor der Stadt, im Wald, im Schwimmbad.
was? Fahrrad blau/silber, Nummer, Sachen zum Ausziehen.
wer? Friedrich Israel Schneider, Hans Peter Richter, Fahrraddieb, Bademeister, Badegäste.
was? wie?

- Hans und Friedrich trafen sich am Waldrand.
- Friedrich fuhr freihändig.
- Mann mit silbernen Fahrrad kommt ihnen entgegen.
- Bleiben im Schwimmbad bis zum Nachmittag.
- Friedrich verliert seine Kleidermarke.
- Bademeister sieht am Ausweis, dass er ein Jude ist.
- Er wird mit seinen Sachen hinausgeworfen.
- Ein Fahrrad wurde geklaut, Friedrich kann den Täter beschreiben.
- Keiner wird ihm glauben, weil er ein Jude ist.

An einem heißen Sommertag treffen sich zwei Freunde zum Schwimmen.
Sie haben sich am Waldrand verabredet. Sie fuhren mit Fahrrädern, Friedrich freihändig, bis ihm ein Mann auf einem silbernen Fahrrad entgegenkommt!
Sie bleiben den Nachmittag im Schwimmbad. Als sie gehen wollten, vermisste Friedrich seine Kleidermarke.
Er suchte sie vergebens. Der Bademeister suchte die Kleider raus und den Ausweis. Als der Bademeister sah, dass Friedrich ein Jude war, rief er die ganze Badeanstalt zusammen. Er schmiss Friedrich raus mit seinem Zeug.
Er zog sich um. Als er fertig war, wollten sie fahren.
Auf dem Parkplatz wurde ein Fahrrad geklaut.
Er wollte der Polizei den Täter beschreiben, weil er ihn gesehen hatte.
Er erntete Spott.

Übung C21

Untersuche die beiden Inhaltsangaben zu Hans Peter Richters Kurzgeschichte „Im Schwimmbad“ und stelle fest, welche Regeln die Verfasser nicht beachtet haben. Schreibe sie in dein Heft.

Bei Text 2 hat der Verfassser erst einmal gut angefangen: er hat nämlich nicht nur am Anfang die Fragen wer? – wann? – wo? beantwortet, sondern sich auch die wesentlichen Elemente der Handlung herausgeschrieben, bevor er die Inhaltsangabe verfasst hat. Dann allerdings hat er doch noch eine Menge Fehler gemacht …

Nachdem du nun – hoffentlich – die Fehler anderer aufgezeigt hast, musst du jetzt einfach beweisen, dass du's inzwischen besser kannst. Und das machst du am besten, indem du zu dem folgenden Text eine Inhaltsangabe schreibst. Es handelt sich dabei um einen Zeitungstext, der allerdings sprachlich und im Aufbau nicht ganz einfach ist. Aber mit Kleinigkeiten geben wir uns ja auch nicht mehr ab!

Der Artikel stammt aus der „Hannoverschen Allgemeinen Zeitung“. Er wurde von uns etwas vereinfacht. Es geht darin um eine Untersuchung, die von der Firma Shell durchgeführt worden war und in der die Einstellung von deutschen Jugendlichen zur Welt der Erwachsenen untersucht wurde.
(Diesen Satz kannst du schon in der Einleitung deiner Inhaltsangabe verwenden!)
Und nun hoffen wir, dass du dir nach dem langen und manchmal sicher auch etwas mühsamen Durchgang durch dieses Kapitel zutraust, diese Aufgabe zu lösen, dass du die Regeln und Tips verstanden hast und anwenden kannst und dass du keinen Schreck mehr bekommst, wenn es in einer Deutscharbeit auf einmal heißt:
„Mache zunächst eine Inhaltsangabe des Textes …“

Übung C22

Verfasse eine Inhaltsangabe des Zeitungstextes „Die Eltern haben als Vorbilder abgedankt“ in höchstens 15–20 Sätzen.

Originaltext Zeitungsartikel

Die Eltern haben als Vorbilder abgedankt

Ein Untersuchungsbericht über Jugendliche
Von Dietmar Kanthak

Hannover. „Wenige Eltern heutzutage“, lautet eine originelle Bemerkung Oscar Wildes, „nehmen zur Kenntnis, was ihre Kinder zu ihnen sagen. Der altmodische Respekt für die jungen Leute stirbt schnell aus.“
Das war vor etwa hundert Jahren, am Ende des 19. Jahrhunderts. Das neue, das 20. Jahrhundert, war nicht bereit, der Jugend den Einfluß wiederzugeben, den Wilde gefordert hatte, und wenn Jugendliche einmal mehr Beachtung und mehr Rechte forderten, so wurden solche Forderungen energisch, manchmal durchaus auch mit Gewalt, zurückgewiesen.

Nun aber hat sich das alles geändert. Von einer Revolution ist zu berichten, die sich unblutig, eher unauffällig vollzogen hat: Die Erwachsenen, sie lernen von den Jugendlichen, sie sind auf ihre Ratschläge, ihre Hilfe angewiesen. Mehr noch, sie übernehmen die Werte und Wünsche, die Nöte und Hoffnungen der Kinder. Dies ist eines der Ergebnisse einer Studie über Jugendliche und Erwachsene, die das Frankfurter Psydata-Institut für Marktanalyse, Sozial- und Mediaforschung im Auftrag der Deutschen Shell erstellt hat.
Die Erwachsenen ändern sich: Sie werden toleranter, verständnisvoller, leben genußvoller, aber auch bewußter und kritischer. Das zeigt sich äußerlich in ihrer jugendlich-modischen Kleidung, bei der Frisur – ein oftmals unfreiwillig komischer Versuch der Erwachsenen, ihrer Jugend hinterherzulaufen. Wer kann schon noch Lehrer und Schüler auseinanderhalten?

Geringer Respekt

Jugendliche, so legt die Studie fest, sind zwischen 15 und 24 Jahre alt. Die Autoren konnten auf frühere Untersuchungen aus den fünfziger, sechziger, siebziger und vom Anfang der achtziger Jahre zurückgreifen und Vergleiche anstellen. Dabei zeigt sich, dass sich die Erwachsenen, die in den fünfziger Jahren jung waren, entwickelt haben: im positiven Sinne. Sie erziehen ihre Kinder liberaler[1], ihr politisches Interesse ist gestiegen, ihre Einstellung ist demokratischer, sie sind gesundheitsbewußter und sportlicher.
Und nun die schlechte Nachricht: Die Eltern haben als Vorbilder abgedankt, ihr Einfluß auf die Kinder ist praktisch gleich Null, übergegangen auf die Medien und den Freundeskreis der Kinder. Die Folge: Die Älteren sind ratlos geworden, unsicher, hegen Zweifel an ihrer Autorität. „Sie sind es, die um die Liebe der Kinder kämpfen (müssen); sie benötigen Jugendliche als Ersatzpartner; sie können sich von den älter werdenden Kindern nicht lösen", kommentieren die Verfasser. Die Kinder haben sich von ihrem Einfluß befreit: sie sind meist besser gebildet und ausgebildet als ihre Eltern, verlassen früher das Haus, verdienen eher Geld und fühlen sich deshalb überlegen – und das hat zur Folge, daß sie respektloser mit den Erwachsenen umgehen. Dies aber trifft vor allem diejenigen besonders hart, die es nicht so leicht wie die Jugendlichen von heute hatten: die Nachkriegsgeneration.
Viele Erwachsene werfen den Jungen vor, sie seien verwöhnt, Protestler, von Drogen, Alkohol und den Medien abhängig. Andere meinen, die Jugend sei gleichgültig, passiv und egoistisch, überheblich und aggressiv, verwöhnt, maßlos und undankbar. Alles – oder doch fast alles – Unsinn, sagen die Verfasser der Studie.
Die Jugend ist, so will es scheinen, anders als noch im Jahr der letzten Shell-Studie. Damals – als Hausbesetzer und Friedensbewegte die Schlagzeilen beherrschten – beschrieb sie die Studie als „Null-Bock"- und „No-Future"-Generation – mit viel Lust auf gar nichts. Heute beurteilen die befragten Jugendlichen die Zukunft weniger düster, aber immer noch pessimistisch, pessimistischer jedenfalls als ihre Eltern. Junge Leute sehen sie schwärzer, ob es dabei um Atomkrieg geht, Umwelt, Wirtschaft oder Arbeitslosigkeit. Die gilt ihnen als größtes Jugendproblem, es folgen Alkohol und Drogen, dann

[1] vgl. dazu und zu anderen schwierigen Ausdrücken die Worterklärungen *S. 80*

der Leistungsdruck. Die Bundesregierung, meinen sie, müßte mehr tun, Arbeitsplätze und Lehrstellen bereitstellen.
Vor dreißig Jahren wie heute gibt es Anlaß zum Streiten in der Familie, doch haben sich die Anlässe geändert. Heute geht es zumeist um die Mode, um die Kauflust der Jungen und ihre Lust an den Medien, um die Sexualität natürlich auch. Setzte es früher noch Hiebe, „weil wir oft dreckig wie die Spatzen waren", so stöhnen heute die Eltern auf, wenn der schnieke Sohnemann schon wieder zum Modefrisör will oder aber – unbedingt – auf Cashmere-Pullover und Designerjeans besteht. Das kostet Nerven und Geld. Früher das „Apfelstehlen", heute die Beule am Mofa oder sogar am eigenen Auto. Und junge Leute helfen heute kaum mehr im Haushalt mit und gehen selten zur Kirche. Mehr als die Hälfte der Befragten würde Kinder anders erziehen. Ihr Leitmotiv lautet: „Miteinander reden."

Viele Jugendliche empfinden die sogenannten Zwänge im Beruf und Alltag als erdrückend, die Konventionen erscheinen ihnen als Fesseln. Dagegen wollen sie sich zur Wehr setzen, sich abgrenzen, indem sie sich anders kleiden, anders sprechen und anders tanzen als die Alten. Sie setzen der Welt, wie sie ist, Widerstand entgegen. „Ich will leben und nicht nur im Strom anderer schwimmen" lautet ihr Credo.
Alles schon mal dagewesen? Die Autoren der Studie halten diesen Willen zum Handeln für ungleich wichtiger als den Halbstarkenprotest der fünfziger Jahre und die Studentenrevolte der sechziger. Jugendliche heute, so meinen sie, empfinden sich als „Träger einer Welle von sozialen Protestbewegungen".
Die Jugendlichen, die sich für Politik interessieren, wollen mitbestimmen, ihre Eltern wollen nur mitreden. Die Jugend ist – politisch gesehen – tolerant, liberal und demokratisch, mehr an Politik interessiert als ihre Eltern früher, insbesondere die Mädchen haben aufgeholt. Die Pessimisten, so hat die Studie herausgefunden, sind politisch am interessiertesten und engagiertesten. Daß die großen Parteien derzeit keine große Anziehungskraft auszuüben vermögen, sollte nachdenklich machen.
Jeder wüßte gern, wes Geistes Kind der andere ist. Die Shell-Studie macht's angeblich möglich. Sage mir, wie du tanzt, so kann man sagen, und ich sage dir, wie du politisch denkst. Erst der Blick zurück: 1954 lag der Walzer in der Gunst der Tänzer ganz oben, es folgten Tango und langsamer Walzer. Heute steht der Diskotanz an erster Stelle, danach Foxtrott und der undefinierbare „freie Stil" – die keiner Regel unterworfene Art der Bewegung auf dem Tanzparkett.
All jene, die man Gesellschaftstänzer nennt, die also noch tanzen wie Eltern und Großeltern, denken ebenso konventionell, wie sie sich bewegen. „Trautes Heim – Glück allein", „Küche, Kinder, Kirche" – das ist ihre Welt. Sie sind konservativ, positiv eingestellt, von Krise keine Spur. Emanzipation? Nie gehört: „Die Führung ist des Herren Recht, ob er nun gut tanzt oder schlecht." Diese Tänzer wählen zumeist CDU.
Wer in der Disko hampelt und zappelt, ist – nach Darstellung der Studie – unpolitisch und oberflächlich, konform, konservativ und karriereorientiert.

Er (oder sie) liebt Luxus, Schönheit, Gesundheit und Fitneß. Es ist jemand, der im Beruf keine Befriedigung findet, der auf der „Piste der Eitelkeit" zum Star für eine Nacht wird. Im Unterschied zum Gesellschaftstänzer wähnt er sich dynamisch, progressiv und modern – ein Selbstbetrug, meint die Studie. Sonst würde dieser Typ ja wohl nicht CDU wählen.
Die Freistiltänzer schließlich sind unkonventionell, politisch-alternativ, kritisch, gar nicht materiell – eben anders. Die Frauen, ob nun gewollt oder weil sie gar nicht anders können, pflegen eine Ästhetik der Häßlichkeit – ungeschminkt im Schmuddellook. Diese Tänzer sind unübersehbar die Nachfolger der Hippies und Gammler der 60er Jahre, sagen die Verfasser. Unter ihnen gibt es die meisten Sitzenbleiber.
Diese Ergebnisse, so amüsant und vielleicht auch zutreffend sie sein mögen, deuten auf eine grundlegende Schwäche dieser und vergleichbarer Studien: Sie neigen, trotz aller wissenschaftlichen Akribie, zu Pauschalurteilen. Der einzelne wird einer Gruppe zugeschlagen, seiner Individualität beraubt. Er wird zur statistischen Größe.

Religion wenig gefragt

Die neuesten Zahlen über das Geschlechtsleben der jungen Leute liefert die Studie natürlich auch. Über die Hälfte aller Jungen und Mädchen ist sich danach bis zum Alter von 16 Jahren nahegekommen. Vor dreißig Jahren waren es in dem Alter gerade ein Zehntel der Frauen und ein Fünftel der Männer.
Die Religion spielt – trotz aller Kirchentage – für Jugendliche und für Erwachsene eine untergeordnete Rolle.
Die Jugend und kein Ende. Über diese Studie wird noch viel geschrieben werden. Weckt das nicht das Verlangen, noch einmal jung zu sein, alles noch einmal zu erleben? Der zu Beginn zitierte Oscar Wilde hatte auch darauf eine Antwort. „Um meine Jugend wiederzugewinnen, gibt es nichts, was ich nicht tun würde – außer Sport treiben, früh aufstehen und anständig werden."

Dieser Text enthält einige Ausdrücke, die du möglicherweise nicht verstehst. Nun, erinnerst du dich noch daran, was der erste Schritt bei der Anfertigung einer Inhaltsangabe sein soll?

Klar, nicht? Als erstes musst du den Text lesen, und das hieß unter anderem:
- unbekannte Wörter nachschlagen,
- ungewohnte Bilder und Vergleiche entschlüsseln.

Das solltest du auch bei diesem Text tun; wenn du allerdings kein Wörterbuch zur Verfügung hast, dann kannst du dir die Worterklärungen ansehen, die wir dir hier gegeben haben.

Worterklärungen

Akribie	– *äußerste Genauigkeit*
Ästhetik	– *Schönheitslehre*
Credo	– *Glaubensbekenntnis*
Emanzipation	– *Befreiung aus einem Zustand der Unfreiheit, Abhängigkeit; besonders auf Frauen bezogen*
Hippies, Gammler	– *Gruppe von Jugendlichen in den 60er und 70er Jahren, die sich gegen Leistungsdenken, bürgerliche Moral, Krieg und Gewalt (Hippies) wandten, häufig auch gegen jede Art von Ordnung und Arbeit (Gammler)*
Individualität	– *das Besondere eines Menschen, das ihn von allen anderen unterscheidet*
konform	– *angepasst*
Konvention	– *feste, überlieferte Regeln für das Zusammenleben; oft als altmodisch empfunden*
konventionell	– *nach alten Regeln*
Leitmotiv	– *Begriff aus der Musik, hier: Lebensmotto*
liberal	– *freiheitlich, ohne Zwänge*
materiell	– *an Geld und Reichtum interessiert*
Pauschalurteil	– *Urteil, das sich auf Verallgemeinerungen und Vorurteile stützt*
progressiv	– *fortschrittlich*
statistische Größe	– *Zahl einer Statistik*
unkonventionell	– *anders als die meisten; nicht angepasst*
(sich) wähnen	– *sich für etwas halten*
„Wes Geistes Kind der andere ist"	– *was er für Ideen, Vorstellungen, Meinungen hat*

Damit sind wir nun wirklich am Ende mit der Inhaltsangabe und wenden uns anderen Aufsatzformen zu.

Als erstes werden wir sehen, wie nützlich es oft ist, wenn man Personen gut beschreiben kann...

Die Personenbeschreibung oder: Ein beschreiblich schönes Mädchen

Es ist einer von den bei uns leider viel zu seltenen Tagen, an denen der Süden sich in den Norden verirrt. Strahlend blauer Himmel den ganzen Tag, die Restaurants und Cafés stellen die Stühle raus, in den Eissalons muss man Schlange stehen, und in den Einkaufsstraßen zupfen, fiedeln und klimpern die Straßenmusikanten.
Am Brunnen auf dem Marktplatz hocken unsere fünf Freunde und lassen die Seele baumeln. Fünf? Nein, im Augenblick sind es nur vier – Kirsten fehlt.
„Die macht sicher noch meine Mathe-Hausaufgaben“, brummt Stefan, der schon seit einiger Zeit im Stimmbruch ist.
„Quatsch“, meint Gunnar, der sich vorhin mit Mühe von einem Computerspiel losgerissen hat, „ich hab sie doch gerade noch an der Polizeiwache gesehen!“
„Wieso das denn? Was ...“ – aber bevor die Zwillinge noch ihre gemeinsamen Überlegungen in Gang setzen können, stürzt Kirsten auf die Freunde zu.
„Tina ist weg!“, ruft sie, noch ehe irgendeiner etwas fragen kann.
„... die beste Freundin von mir ist verschwunden“, trällert Stefan, der das gar nicht ernst nehmen kann, ungerührt.
„Tina ist weg?“, fragt Gunnar etwas ratlos, und schon bringt Stefan die zweite Zeile: „... ich hab gesucht und sie nicht gefunden ...“
„Mensch, hör auf!“, schreit Kirsten, „hör sofort mit dem Blödsinn auf! Tina ist wirklich weg! Einfach so!“
Jetzt wird Stefan doch etwas unruhig. Nicht, dass er Tina besonders gut leiden könnte, aber immerhin ist sie Kirstens Freundin, und überhaupt ...
„Mensch, echt weg? Wie kommst'n darauf?“ Und nun beginnt Kirsten zu erzählen. Also, gestern ist sie mit Tina und deren Freund Andreas im Schwimmbad gewesen. Wie es nun manchmal kommt – Tina und Andreas haben sich verkracht, natürlich wegen eines anderen Mädchens, und Tina war auf einmal weg. Kirsten hat sich erst nichts dabei gedacht – sie kennt ja Tina und weiß, dass die immer erst einmal allein sein will, wenn sie sauer ist. Am gleichen Abend aber haben Tinas Eltern bei ihr angerufen, um nach ihrer Tochter zu fragen. Da hat sie doch einen gewaltigen Schreck bekommen – ja, und heute morgen war Tina immer noch nicht zurück, und deshalb ist Kirsten auch gerade bei der Polizei gewesen.
Jetzt hat es sogar Stefan die Sprache verschlagen. Er kaut ein paar Sekunden auf seinem Daumennagel, doch da drängt Kirsten:
„Aber wir müssen doch was tun! Die Polizei kümmert sich doch sowieso nicht darum – die geben erst in einer Woche eine Fahndungsmeldung raus!“
„Können sie das denn überhaupt?“, fragt Gunnar, „haben sie denn eine vernünftige Personenbeschreibung?“
„Das haben ja wohl ihre Eltern gemacht! Die werden ja doch wohl wissen, wie ihre Tochter aussieht ...“

Tja, sicher wissen Tinas Eltern, wie ihre Tochter aussieht – aber können sie auch eine gute Beschreibung abgeben? Ist es nicht so, dass man oft gerade das, was man täglich sieht, nur sehr schlecht beschreiben kann – ganz einfach, weil man nie genau hingesehen hat? Oder weißt du auf Anhieb, wie eure Wohnungstür aussieht, die Türklinke von eurem Klassenraum? Könntest du sagen, was deine Mutter heute anhat? Könntest du dein Fahrrad genau beschreiben, wenn es dir gestohlen würde? Oder den Kater, den die Liebe von zu Hause weggelockt hat?

Tatsächlich haben Tinas Eltern in der ersten Aufregung eine ziemlich unzulängliche Beschreibung ihrer Tochter abgegeben – ganz abgesehen davon, dass sie sich überhaupt nicht einigen konnten, was für ein Sweatshirt Tina trug, blieben ihre Angaben auch sonst im Ganzen ziemlich unbefriedigend:

Beispiel Personenbeschreibung

„Also, die Tina ist fast fünfzehn, und sie hat so mittelblonde Haare – oder doch dunkelblonde? Ja jedenfalls, die Haare sind so halblang, und sie ist ungefähr ein Meter fünfundsechzig – oder? Mein Gott, wir haben sie ja schon lange nicht mehr gemessen. Jedenfalls ist sie schlank und hatte Jeans an und ein gelbes Sweat-Shirt … oder vielleicht auch das hellblaue …?"

Es könnte ja sein, dass die pfiffigen Leute vom Erkennungsdienst Tina nach dieser Beschreibung wirklich finden – aber wahrscheinlich ist es nicht: wenn Tina vielleicht längst Lederhosen trägt und sich die Haare hat abschneiden und blau färben lassen? Dann bleibt nur noch „ungefähr einsfünfundsechzig, fast fünfzehn Jahre und schlank" übrig – und damit lässt sich ja nun wirklich nicht viel anfangen …

Aber – um auf unsere Frage von eben zurückzukommen: Hättest du's besser gemacht? Nur, wenn du ganz sicher bist, kannst du das folgende Kapitel überschlagen. Wenn nicht – geh zuversichtlich mit uns durch die nächsten Seiten! Wir wollen versuchen, dir einige Techniken der Personenbeschreibung zu vermitteln, dir Hinweise und Tips zu geben – und hoffen, dass Tina in der Zwischenzeit wiedergefunden wird …

D 1. Das Wesentliche der Personenbeschreibung oder: Unveränderliche Kennzeichen

Dass die Personenbeschreibung eine Aufsatzform ist, die man nicht nur für die Schule lernt, wird dir unmittelbar einleuchten. Überlege doch einmal mit uns, in welchen Fällen du es mit einer Personenbeschreibung zu tun haben kannst:

– Wenn du eine Beschreibung liest oder hörst (z. B. in einer Polizeifahndung oder in einer Suchmeldung oder wenn dir jemand die neue Mathelehrerin beschreibt).

– Wenn du selbst eine Beschreibung abgeben musst (z. B. bei der Polizei oder als Zeuge/Zeugin vor Gericht oder wenn du deinem Brieffreund deine Freunde beschreibst).

In all diesen Fällen geht es darum, das Äußere einer Person möglichst genau und individuell zu schildern, also so, dass die Beschreibung wirklich nur noch auf eine Person passt und nicht der völlig unschuldige Nachbar beschuldigt wird, euer Auto klauen zu wollen.
Ja – wie war das nun aber mit der Beschreibung, die Tinas aufgeregte Eltern von ihrer Tochter abgegeben haben? Das wenige, was ihnen eingefallen ist, war ja nicht besonders brauchbar. Warum? Nun, Haarfarbe und Kleidung sind zwar die Beschreibungselemente, die den meisten von uns als erstes einfallen, aber eigentlich sind sie nur bedingt geeignet, einen Menschen genau zu beschreiben, denn sie sind veränderbar. Als vor wenigen Jahren ein mehrfacher Mörder aus der Heilanstalt ausgebrochen war, ließ er sich ganz schnell eine Glatze schneiden und einen Bart wachsen und war dadurch so verändert, dass er drei Monate lang ein paar hundert Meter von der Polizeiwache entfernt wohnen konnte, in der die Beamten Tag für Tag sein Fahndungsfoto sahen. Gestellt hat er sich schließlich selbst...

Was für Eigenschaften müssen wir also vor allem beschreiben, damit sich jemand eine Person genau vorstellen kann und sie möglichst unverwechselbar wird?

In einer Personenbeschreibung geht es darum, möglichst genau unveränderliche äußere Eigenschaften zu schildern.

!

Sieh dir daraufhin jetzt einmal den folgenden Text an: Er ist von **Thomas Mann**, der als Meister der Personenbeschreibung gilt.
In seinem ersten Roman **„Buddenbrooks“** (1901 erschienen) spielt ein Kapitel in der Schule, und natürlich werden hier Lehrer und Schüler genau unter die Lupe genommen. (Die Lehrer kommen dabei übrigens nicht besonders gut weg...)

Hier ein paar Ausschnitte:

Originaltext Personenbeschreibung

Adolf Todtenhaupt (...), der Primus, wußte alles (...). Er besaß einen merkwürdig gebuckelten Schädel, dem das blonde Haar spiegelglatt angeklebt war, graue, schwarzumringte Augen und lange braune Hände, die aus den zu kurzen Ärmeln seiner sauber gebürsteten Jacke hervorsahen...
(Herr Oberlehrer Ballerstedt) war ein Vierziger von sympathischem Embonpoint[1], mit großer Glatze, rötlich-gelbem, kurz gehaltenem Vollbart, rosigem Teint und einem Mischausdruck von Salbung[2] und behaglicher Sinnlichkeit um die feuchten Lippen. Er (...) bewegte seine schwache und weiße Faust ein paarmal kraftlos auf und nieder...
Der Schüler Wasservogel stand auf, ein Junge mit entzündeten Augen, aufgestülpter Nase, abstehenden Ohren und zerkauten Fingernägeln. Er voll-

[1] mit sympathischem Bauch

[2] herablassend, gönnerhaft

endete mit weichlicher Quetschstimme die „Übersicht" (...) Er hatte etwas äußerst Widerliches an sich...
Die Situation hatte sich verändert. Herr Ballerstedt hatte das Zimmer verlassen, und statt seiner stand jetzt am Katheder, ganz gerade und stramm, ein kleines, schwaches und ausgemergeltes Männchen mit dünnem weißem Bart, dessen rotes Hälschen aus einem engen Klappkragen hervorragte, und das mit dem einen seiner weißbehaarten Händchen seinen Zylinder, die Öffnung nach oben, vor sich hin hielt...
Ein noch jugendlicher Herr mit blondem Spitzbart führte hier unten die Aufsicht. Dies war der feine Oberlehrer (...) Er pflegte sein Äußeres in einer Weise, wie sie unter seinen Kollegen gänzlich ungebräuchlich war. Er trug buntseidene Krawatten, ein stutzerhaftes Röckchen, zartfarbene Beinkleider, die mit Strippen unter den Sohlen befestigt waren, und parfümierte Taschentücher (...) Seine großmächtigen Füße nahmen sich in den spitz zulaufenden Knöpfstiefeln ziemlich lächerlich aus. Unbegreiflicherweise war er eitel auf seine plumpen und roten Hände, die er unaufhörlich aneinanderrieb (...) Er pflegte seinen Kopf schräg zurückgelehnt zu tragen und mit blinzelnden Augen, gekrauster Nase und halboffenem Munde beständig ein Gesicht zu schneiden...

Übung D1

Unterstreiche in den obigen Textausschnitten alle die Teile der Beschreibung, die **unveränderliche Eigenschaften** bezeichnen.

Lösungsbeispiel

Der *merkwürdig gebuckelte Schädel* und die *langen Hände* sind Eigenschaften, die der Schüler Todtenhaupt immer hat; das gleiche gilt für die *grauen Augen* – aber *schwarzumringt* sind diese Augen wahrscheinlich nicht sein Leben lang.

Und gleich eine weitere Übung:

Übung D2

Suche aus den obigen Textausschnitten heraus, welche Merkmale (Eigenschaften) überhaupt beschrieben werden, und stelle eine Liste von solchen Merkmalen zusammen.

Lösungsbeispiel

Von Adolf Todtenhaupt werden Kopfform, Haarfarbe, Frisur, Augen, Hände und Kleidung beschrieben.

Du wirst beim Lösen dieser Aufgabe festgestellt haben, dass überwiegend das Äußere beschrieben wird, das, was man unmittelbar sehen kann.

Thomas Mann hat daneben auch bestimmte typische Verhaltensweisen erwähnt (das Händereiben des *feinen Oberlehrers* z. B.) – denn auch an solchen Verhaltensweisen kann man einen Menschen bei längerer Beobachtung erkennen. Da dies aber eher in den Bereich der Charakteristik gehört, über die du an anderer Stelle in diesem Buch mehr findest, gehen wir hier nicht darauf ein, sondern werden uns darauf beschränken, das Äußere einer Person zu beschreiben.

Nun hast du bei der Bearbeitung der ersten Übung vielleicht gezögert, wie du dich beim Schüler Wasservogel verhalten sollst. *Er hatte*, schreibt Thomas Mann, *etwas äußerst Widerliches an sich.* Ist das eine unveränderliche Eigenschaft? Ist es überhaupt eine Eigenschaft, die jeder beobachten kann, die also einen Menschen genau bezeichnet? Ob Wasservogels Eltern ihren Sohn auch widerlich finden?

Also Vorsicht! Ausdrücke wie „widerlich“, „lieb“, „sympathisch“, „unangenehm“, „nett“ usw. sind **Wertungen** – und die sind meistens für eine sachgerechte, objektive Personenbeschreibung unbrauchbar! Daraus folgern wir:

Für eine Personenbeschreibung brauchen wir in erster Linie keine wertenden, sondern **neutrale Eigenschaftswörter** (Adjektive).

Weil einem aber nun oft das passende Adjektiv nicht einfällt und man sich dann eben doch mit Allerweltswörtern wie „schön“, „hässlich“, „gut“ begnügt, schlagen wir dir jetzt erst einmal eine Übung vor, in der du aus einer ganzen Reihe von Adjektiven diejenigen auswählen sollst, die die dargestellte Person beschreiben, ohne sie zu bewerten.

Übung me D3

Unterstreiche von den folgenden Adjektiven (= Eigenschaftswörtern) diejenigen, die die dargestellte Person zutreffend und ohne persönliche Wertung beschreiben:

jung – jugendlich – runzelig – alt – frisch – verbraucht – lebenslustig – freundlich – unfreundlich – knöcherig – weich – sympathisch – hilfsbereit – abstoßend – bösartig – müde – sanft – munter – gutmütig – anziehend – faltig – schmal – rund – munter – spöttisch – zweifelnd – abgearbeitet – kraftvoll – fröhlich – abgespannt – mitleiderregend – modern – trübsinnig – zweifelnd

Mach dann die gleiche Übung mit den folgenden Ausdrücken:

trübe Augen – längliches Gesicht – volle Wangen – spitzbübisches Lächeln – schielender Blick – strenger Mund – schmale Lippen – unsympathisches Gesicht – dünner Hals – eingefallene Wangen – alte Kleider – hervorstehende Backenknochen – nachdenklicher Blick – freundlicher Gesichtsausdruck – vorstehende Unterlippe – fliehende Stirn – buschige Augenbrauen – anziehende Augen – hässliche Nase – tief heruntergezogene Mundwinkel – schönes Haar – altmodische Frisur – freche Nase – nachdenklicher Blick – stumpfsinniger Gesichtsausdruck – spitze Nase – verdeckte Frisur – faltige Stirn

Bild: Dürers Mutter

Das war doch eine ganz schöne Auswahl, nicht? Du könntest mit den Wendungen, die du in den beiden Übungen herausgeschrieben hast, wahrscheinlich schon eine ganz gute Beschreibung von dieser Frau anfertigen – oder zumindest von dem, was man von ihr auf den Bild sehen kann …

Aber so weit sind wir noch nicht – erst sehen wir uns noch eine Personenbeschreibung kritisch an, in der es um einen Deutschlehrer geht, der von einem seiner Schüler beschrieben wird.

Beispiel Personenbeschreibung

Unser Deutschlehrer

Unser Deutschlehrer, Herr Rumpelsohn, ist ein knöcheriger, steinalter Mann. Er ist klein und dick und hat kurze, krumme Beine, die seinen schwammigen, massigen Körper nur mit Mühe tragen und sich unter dem enormen Gewicht deutlich zur Seite gekrümmt haben. Er trägt meistens weite, gammelige Hosen und schicke, geschmackvolle Hemden, die jedoch von einer grünen, glatten Lederjacke verdeckt werden. Seine hässlichen hellbraunen Schuhe haben schiefe Absätze, abgewetzte Spitzen und wirken ganz ausgelatscht. Sein kugelrunder Kopf sitzt fast halslos auf dem klobigen Oberkörper. Er hat volles, blondes, lockiges Haar, das wellig bis auf die runden Schultern herabfällt. Seine affenartig niedrige Stirn wird von den nach vorne fallenden zotteligen Haaren fast völlig verdeckt, was nicht schlimm ist, weil man so weniger von seinem unsympathischen Gesicht sieht. Die dunklen, scharf stechenden Augen, über denen sich buschige Augenbrauen wölben, die über der Nase zusammengewachsen sind, liegen tief in den Höhlen und machen ihn streng und unsympathisch. Seine breite Nase sieht von weitem wie platt gedrückt aus, was ihm ebenfalls etwas Affenartiges verleiht. Der Mund ist breit, die Mundwinkel sind nach unten gezogen, und über den wulstigen Lippen sprießt ein kläglicher roter Schnurrbart. Die Ohren stehen weit vom Kopf weg, wie die Flügel einer Windmühle.

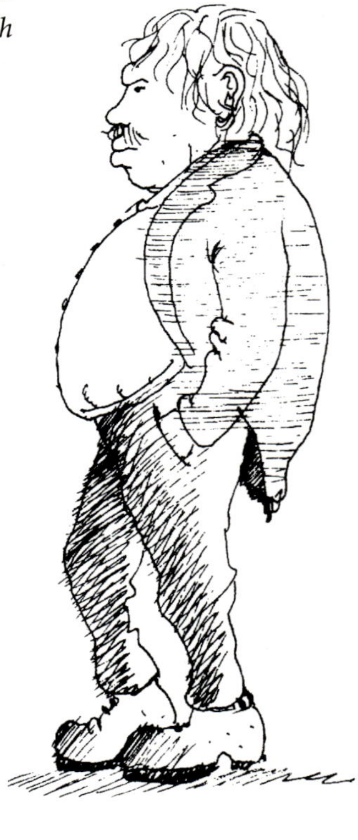

(Die Beschreibung lässt den Schluss zu, dass es sich nicht um den Lieblingslehrer dieses Schülers handelt …)

Der Text enthält zunächst einmal einige Widersprüche, die du bereinigen solltest, z. B. die Sache mit den Haaren: Hat er nun volles lockiges oder zotteliges Haar? Beides zugleich geht ja wohl nicht! Entscheide dich dafür, was du für wahrscheinlicher hältst, und dann versuche dich an der folgenden Aufgabe.

Fertige zunächst eine Tabelle in deinem Heft an, in die du links alle Ausdrücke einträgst, die den Lehrer beschreiben. Streiche dann alle Ausdrücke, die deiner Meinung nach nicht in eine sachliche Beschreibung hineingehören. Versuche schließlich, in die rechte Spalte die Ausdrücke einzutragen, die auf deinen eigenen Deutschlehrer zutreffen.

Übung D4

Lösungsbeispiel

Herr Rumpelsohn	mein Deutschlehrer
knöcheriger, ~~stein~~alter Mann	sportlicher Mittvierziger

Wenn du alle Widersprüche beseitigt und auch alle persönlichen Wertungen (z. B. *geschmackvolle Hemden*) herausgenommen hast, ist doch noch eine Reihe von brauchbaren Beschreibungselementen übriggeblieben. Die wollen wir uns jetzt noch etwas näher ansehen.

Erinnerst du dich noch daran, was du in Übung D 2 gemacht hast? Du hast eine Liste mit Beschreibungsmerkmalen aufgestellt (Kopfform, Haarfarbe usw.). Diese Liste brauchst du jetzt noch einmal für die folgende Übung:

Welche Merkmale findest du in der Beschreibung des Herrn Rumpelsohn? Vergleiche die hier beschriebenen Merkmale mit deiner Liste und ergänze diese, falls du noch zusätzliche Merkmale gefunden hast.

Übung D5

Mit deiner Merkmalsliste kannst du wahrscheinlich schon eine recht brauchbare Beschreibung anfertigen. Aber könnte man nicht noch anderes beschreiben, sodass man sich die Person noch besser vorstellen kann?

Welche Merkmale müssten deiner Meinung nach vielleicht noch zusätzlich erwähnt werden? Was fehlt dir an der Beschreibung?

Übung D6

Wenn dir nichts einfällt, macht das gar nichts – du kannst dann ruhig im Lösungsheft nachsehen!

Ist dir in der liebevollen Beschreibung des Herrn Rumpelsohn übrigens etwas aufgefallen, was die Reihenfolge betrifft, in der der Verfasser auf die einzelnen Merkmale eingeht?

Du hast sicher festgestellt, dass er beim Beschreiben ein wenig hin- und herspringt: Er fängt mit Alter und Gestalt an, kommt dann zur Kleidung, kehrt aber danach wieder zur Beschreibung der Gestalt zurück, ehe er schließlich, allerdings in sinnvoller Reihenfolge, Kopf und Gesicht beschreibt. Ein solches Vorgehen ist sicher entschuldbar, wenn jemand unvorbereitet einen anderen beschreiben soll – in einem Aufsatz sollte das aber nicht passieren:

!

Eine Personenbeschreibung sollte immer einem logischen Plan folgen.

Ob man mit dem Alter anfängt oder der Größe oder einem anderen Merkmal, bleibt natürlich jedem überlassen – aber was zu den einzelnen Merkmalen zu sagen ist, darf nicht quer durch den ganzen Text gehen: Wenn man über die Kleidung spricht, sind Bemerkungen über die Haare fehl am Platz usw.

So, hier sollten wir aber erst einmal eine Pause machen und uns daran erinnern, was wir bisher festgestellt haben:

Regel

Eine Beschreibung soll

- sachlich sein,
- keine persönlichen Werturteile enthalten,
- auf ganz bestimmte Merkmale eingehen und
- einem logischen Plan folgen.

Zur Erholung laden wir dich jetzt zu einem kleinen Test ein, den wir dem pfiffigen Buch **„ABC für Minidetektive"** von **Erich Ballinger** entnommen haben, das sogar einmal zu den besten Jugendbüchern gewählt wurde. In diesem Test geht es genau um die Personenbeschreibung – etwas, das für jeden Detektiv natürlich lebenswichtig ist...

Viel Spaß!

Personenbeschreibung

Originaltext Personenbeschreibung

Ein gutes Personengedächtnis und die Fähigkeit, einen Menschen exakt beschreiben zu können, sind Eigenschaften, die für den Detektiv ebenso wichtig sind wie sein Mut, seine Kombinationsfähigkeit und sein hochgestellter Mantelkragen.

Hier ein Test für Minis, die wissen wollen, ob sie das Zeug für Maxis haben:

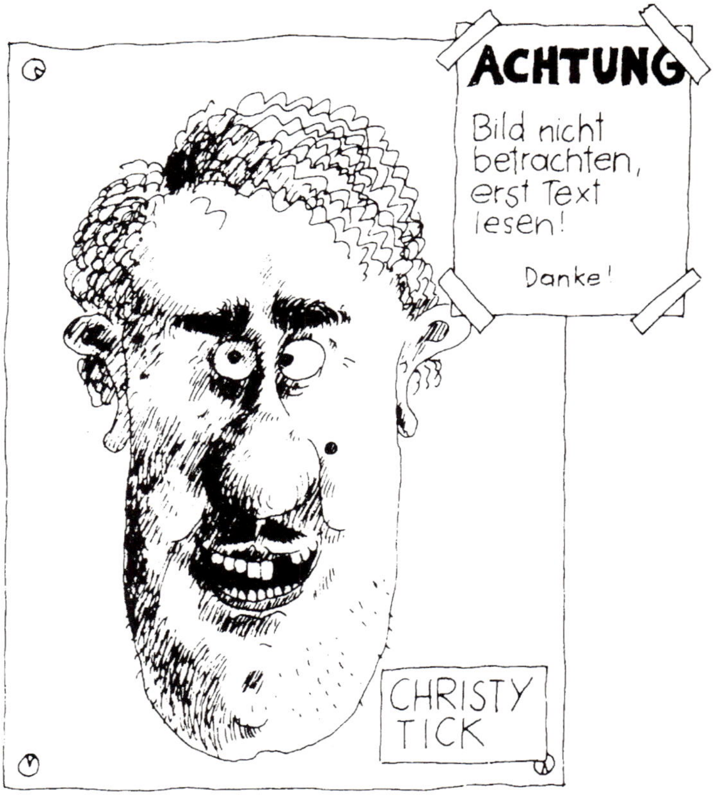

1. Schau dir das Bild genau 30 Sekunden lang konzentriert an!
2. Bild abdecken und Testfragen knacken!
3. Antworten mit Bild vergleichen! Richtiges abhaken!
4. Anzahl der richtigen Lösungen ins Kästchen am Ende des Tests eintragen!
5. Auswertung lesen und dir von deiner Mutter auf die Schulter klopfen lassen!
6. Schwindeln darfst du bei Schularbeiten (solange du nicht erwischt wirst). Bei einem Selbsterkennungstest kannst du das nicht (solange du auch nur ein Fünkchen Ehre in dir hast).

Test

Kreuze die richtige Antwort an. Bei manchen Fragen sind mehrere Antworten richtig.

Gesichtsform:	
länglich	
breit	
eiförmig	

Nase:	
schmal, lang	
Stupsnäschen	
gurkenförmig, glänzend	
rotzig	

Haare:	
gewellt	
glatt	
Scheitel links	
Scheitel rechts	
Glatze	

Barttracht:	
Vollbart, gekräuselt	
Oberlippenbärtchen, gepflegt	
glattrasiert	
unrasiert	
Schnauzbart	

Augen:	
eng zusammenstehend	
weit auseinander liegend	
schielt mit linkem Auge	
schielt mit rechtem Auge	
schielt nicht	
Augenbrauen an der Nasenwurzel zusammengewachsen	
Brauen hochgezogen	

Zähne:	
linker unterer Weisheitszahn plombiert	
rechter oberer Eckzahn fehlt	
Schneidezahn spitz zugefeilt	
sollte zum Zahnarzt gehen	
linker oberer Eckzahn fehlt	

Ohren:	
eng anliegend	
spitz	
abstehend	
keine	

Besondere Kennzeichen:	
Pickel auf linker Wange	
Sommersprossen auf Nase	
Grübchen am Kinn	
Einschußstelle auf Stirn	

Ausdruck:	
lieb-zärtlich	
tückisch-verschlagen	
brutal-hinterlistig	
blöde grinsend	

Name:	
Tristy Chick	
Christy Tick	
Chisty Trick	

Anzahl der richtigen Lösungen	

Auswertung:
Mehr als 20 richtige Antworten:
Du hast geschwindelt! Es gibt höchstens 14 richtige Antworten.
14 bis 12 richtige Antworten:
Wußtest du, dass du ein fotografisches Gedächtnis hast? Reiß sofort von zu Hause aus und melde dich beim Erkennungsdienst der Kriminalpolizei! Falls sie dich nicht deinen Eltern zurückschicken, steht dir eine sagenhafte Karriere bevor.
11 bis 9 richtige Antworten:
Schau, schau! Ein kleiner Sherlock Holmes. Wenn du jetzt auch noch die Mathematik-Nachprüfung schaffst, steht deiner Laufbahn als Detektiv nichts mehr im Wege.
8 bis 6 richtige Antworten:
Gar nicht so übel. Nur etwas Übung brauchst du noch. Vielleicht könntest du auch einmal deinem Augenarzt einen Besuch abstatten!
5 bis 3 richtige Antworten:
Förster oder Klavierstimmer sind eigentlich auch schöne Berufe. Findest du nicht?
Weniger als 3 richtige Antworten:
Du hast Glück! Eine Ausgabe dieses Buches in Blindenschrift ist eben in Vorbereitung.

Na, wie hat's geklappt? Sherlock Holmes oder doch nur Förster?
Wie auch immer – wir gehen jetzt wieder an die Arbeit und versuchen, unsere Liste mit Merkmalen noch weiter zu vervollständigen.

Eine große Hilfe kann dabei die Polizei sein: Sie hat eine Liste von Merkmalen, die auch im elektronischen Zeitalter noch keineswegs ausgedient hat.
Wir haben es ja vorhin schon bei Tinas Eltern gesehen: Zeugen machen oft sehr ungenaue Angaben, und selbst wenn sie sich die gesuchte Person gut vorstellen können, fehlen ihnen oft die richtigen Worte. Und da kann dann die dicke Mappe des Kommissars oft helfen: Entweder holt er die verschiedenen Zeichnungen oder Fotos von Gesichtsteilen heraus oder eben seine Liste. Die ist so umfangreich und enthält so viele Angaben zu den einzelnen Erkennungsmerkmalen, dass wir sie uns unbedingt ansehen müssen – sie kann auch für dich eine Fundgrube sein!

Beispiel Merkmalsliste

Geschlecht:	männlich/weiblich
Alter:	ca. ... Jahre
Größe:	ca. ... cm
Gewicht:	ca. ... kg
Gestalt und Haltung:	stark – untersetzt – schlank – schwächlich; steif – gebeugt – schief
Kopfform:	oval – rund – viereckig, Kreisel-, Pyramiden-, Rautenform, unsymmetrisch, hohe – breite Form
Gesicht und Haut:	länglich – rundlich – eckig/kantig – hohlwangig – faltig; frisch – blass – kränklich – pickelig – sonnengebräunt
Haar und Bart:	hell/dunkel – braun – schwarz – rötlich – grau – weiß – weiß-meliert, gefärbt, voll – schütter – glatt – wellig – kraus, kurz – lang – gescheitelt – zurückgekämmt – Bürste – Teilglatze vorn/hinten – Vollglatze; gepflegt/ungepflegt; Bart: Farbe ... Form ...
Stirn:	hoch – niedrig – stark zurückweichend – vorspringend – senkrecht
Augen:	hell/dunkel; blau – grau – gelb – grün – hell/dunkelbraun – schwarzbraun – verschiedenfarbig, tief liegend – hervorstehend, stechender – trüber Blick
Augenfehler:	versch. große Augen – schielend – li./re. Auge blind/fehlt – Glasauge – kurz-/weitsichtig – Lidlähmung; Brillenträger: ständig – beim Lesen – Einglas; Art der Brille: ...
Augenbrauen:	Farbe: ... Form: ... Fülle: ...
Nase:	auffallend groß – klein – schmal – breit – eingebogen – gradlinig – stark ausgebogen – wellig – schief nach rechts – nach links – spitz – Adler-, Boxer-, Knollennase
Ohren:	sehr groß/klein – schmal – drei-, viereckig – rund – oval – sehr abstehend – anliegend
Ohrläppchen:	rund/dreieckig/frei hängend/angewachsen
Mund:	groß – klein – schief, breite/schmale/aufgeworfene Lippen, vorstehende Ober-/Unterlippe; Hasenscharte
Zähne:	vollständig – lückenhaft – auffallend groß/klein – schräg gestellt – Über-/Unterbiss – vorstehende Schneidezähne – Metallkrone(n) – Prothese oben/unten – weiß – gelb – dunkel
Kinn:	zurückweichend – vorspringend – spitz – breit, Doppelkinn – gespaltenes Kinn

Arme und Hände:	lang – kurz – behaart; groß – klein – behaart – gepflegt – abgearbeitet – ungepflegt
Beine und Füße:	kurz – lang – O-/X-Beine; groß – klein – Plattfüße; Gehfehler/Gehweise: ...
Sprache:	Mundart ... Fremde Sprache ... stotternd – lispelnd; auffallend hohe – tiefe Stimme, stumm; heiser – nuschelnd – klar – monoton – lebhaft; Kennzeichen: äh-Laut – Nicht? – Nicht wahr? – ja? – Wissen Sie? – andere: ...
Besondere Kennzeichen:	...

Diese Liste umfasst wohl so ziemlich alles, was man an einem Menschen beschreiben kann, so dass andere ihn nach der Beschreibung erkennen. Dir wird vielleicht aufgefallen sein, dass Kleidung hier gar nicht vorkommt – wir haben ja schon früher darauf hingewiesen, dass die Kleidung zu den veränderlichen Merkmalen gehört. Allerdings – gerade, wenn jemand verschwunden ist – wie z. B. Tina –, kann es sehr wichtig sein, anzugeben, was derjenige zuletzt getragen hat. Kinder, die weglaufen, nehmen gewöhnlich keinen Koffer mit Kleidungsstücken mit, und auch flüchtende Verbrecher haben selten die Möglichkeit, sich rasch umzuziehen – deshalb enthalten Fahndungsmeldungen der Polizei meistens auch Hinweise auf die zuletzt getragene Kleidung.

Am Geldautomaten überfallen

Mit einer Pistole bedroht und beraubt wurde am Freitag, 2. Februar, gegen 20 Uhr eine 32jährige an einem Geldautomaten an der Hauptpost. Dies berichtete gestern die Polizei. Der Täter griff die Frau von hinten an, nahm sie in den Würgegriff und hielt ihr mit den Worten „Geben Sie mir ihr Portemonnaie. Sie haben gerade Geld abgeholt" die Waffe an den Kopf. Mit seiner Beute flüchtete der Mann dann in Richtung Kettwiger Straße. Er soll etwa 35 bis 40 Jahre alt und 1,80 Meter groß sein. Er hat mittelblonde Haare, trägt einen Zopf und hatte eine blaue Jeans und eine schwarze Stoffjacke an. Hinweise: ☏ 8290.

Im Übrigen könnte man in eine solche Liste, obwohl sie ja nun wirklich sehr umfangreich ist, noch ein paar andere Elemente aufnehmen, z. B. Angewohnheiten: Ein starker Raucher wird wahrscheinlich auch auf der Flucht rauchen, und wer an den Fingernägeln kaut, wird nicht ausgerechnet in einer Stress-Situation damit aufhören ...

Aber auch ohne Ergänzungen können wir mit dem, was wir bisher zusammengestellt haben, ohne weiteres eine treffende Personenbeschreibung abgeben – und das sollst du jetzt tun, denn wir zeigen dir hier ein Phantombild, das der Polizeizeichner mit Hilfe eines alten Fotos und der zusätzlichen Angaben von Tinas Eltern hergestellt hat.

Übung D7

Beschreibe dieses Phantombild von Tina möglichst genau.

D

2. Einzelne Beschreibungsmerkmale oder: **Tränensack und Adlernase**

Das ist – hoffentlich! – schon ganz gut gegangen, aber vielleicht hat es dir beim Beschreiben von Einzelheiten doch noch etwas an den passenden Ausdrücken gefehlt? Keine Sorge – dem werden wir gleich abhelfen: Wir werden uns jetzt etwas genauer mit einzelnen Merkmalen beschäftigen. Sicher hast du schon einmal gesehen, was Zeitungen oder Illustrierte machen, wenn sie ein Foto abdrucken, auf dem eine Person unkenntlich gemacht werden soll. Was wird in einem solchen Fall mit einem schwarzen Balken verdeckt? Die **Augen**. Offenbar ist die Augenpartie besonders charakteristisch für einen Menschen.

Wir geben dir hier eine Reihe von Ausdrücken zur Beschreibung der Augenpartie. Versuche, mit ihrer Hilfe (oder auch ganz mit deinen eigenen Worten) die Augen auf den nachfolgenden Zeichnungen zu beschreiben. Die Augenfarbe können wir in diesem Buch leider nicht wiedergeben; wir haben aber trotzdem auch Ausdrücke aufgeschrieben, die die Farbe bezeichnen – denn wir denken, dass solche Formulierungen für dich in einem Aufsatz ganz nützlich sein können.

Beispiele

pechschwarz; stechend; engstehend; azurblau; von undefinierbarer Farbe; hervortretend; tiefliegend; klein und listig; hell; trübe; umschattet; ein schattiges Grau-Blau-Grün mit metallischen Einsprengseln und einem rostfarbenen Ring um die Pupillen; verschleierter Blick; mandelförmig; buschige, über der Nase zusammengewachsene Brauen; schmale, feine hochgezogene Brauen; listig; feuriger Blick; klein, in dicken Tränensäcken liegend; wasserblaue Augen mit dunklen Ringen; weit auseinander stehend; kohlschwarze Augen, unter denen schlaffe Hautsäcke hängen; große, vorquellende, blutunterlaufene blaue Augen, in denen immer Tränen schimmern; farblose, rot bewimperte Augen; mit langen seidigen Wimpern

Du wirst beim Lesen dieser Begriffe festgestellt haben, dass einige ganz sachlich sind, andere dagegen schon ein wenig Bewertung mitschwingen lassen – es sind dies Stellen, die Romanen von **Thomas Mann** entnommen sind. Entscheide selbst, was du nun für die Beschreibung der folgenden drei Zeichnungen verwenden kannst.

Übung D8

Beschreibe möglichst genau die Augenpartien auf den folgenden drei Zeichnungen. Wertungen sind möglich.

Ein weiteres charakteristisches Merkmal eines Gesichtes kann auch die **Nase** sein: aufgeworfen und mit breiten Nasenlöchern oder klassisch-griechisch übergangslos von der Stirn schmal und gerade nach unten verlaufend; breit, sich unten zu einem dicken Knollen ausweitend oder kühn ihre Spitze nach vorne reckend – an verschiedenen Nasen herrscht unter den Menschen kein Mangel…

In der Merkmalsliste der Polizei findest du schon eine Reihe von Bezeichnungen für Nasenformen. Eine besondere Art, eine Nase zu beschreiben, sehen wir uns jetzt noch ein bisschen näher an: die Zusammensetzungen mit -nase. Meist handelt es sich dabei um verkürzte Vergleiche wie diesen: Eine Nase, die scharf und gebogen ist wie der Schnabel eines Adlers, ist eine Adlernase.

Übung D9

Versuche, noch mehr Bezeichnungen dieser Art für Nasen zu finden, wobei du das obige Schema als Anhaltspunkt nehmen kannst, also: Eine Nase, die aussieht wie … ist eine …

Bevor wir dir jetzt die Aufgabe stellen, wieder einige Zeichnungen – diesmal von Nasen – möglichst genau zu beschreiben, zeigen wir dir an einigen Beispielen, wie verschiedene Schriftsteller, u. a. wieder Thomas Mann, aber auch z. B. Karl May, das gemacht haben:

Originaltexte

Die Nüstern seiner ziemlich kurzen und geraden Nase waren zu dick; aber da hierdurch die Flügel gebläht schienen, trat ein Ausdruck von Lebhaftigkeit in den Blick…
Tiefe Furchen liefen von den Flügeln der dünnrückigen Nase in den Bart hinab…

… die fleischige, mit der Stirn in einer Linie verlaufende Nase …
Unter der wehmütig herabhängenden Krempe eines vorsintflutlichen Filzhutes blickte zwischen einem Wald aus verworrenen Barthaaren eine Nase von erschreckendem Ausmaß hervor …
Die schmale, scharf gebogene Nase erinnerte unwillkürlich an den Schnabel eines Geiers …
Ihre schmale Nase stand sonderbar scharf aus dem weichen Gesicht hervor, so daß, wenn man sie im Profil betrachtete, (…) die Linie, die von der Wurzel über die Nüstern zur Spitze und wieder zurück führte, ein wohlgeformtes rechtwinkliges Dreieck bildete …
Seine Nase hatte etwas unendlich Trauriges; wehmütig senkte sich ihre Spitze herab und drohte bald die Oberlippe zu durchbohren …

Übung D10

Beschreibe möglichst genau die hier abgebildeten Nasenpartien. Du kannst auch wertende Bemerkungen machen.

Oft kann man einen Menschen auch an seiner **Stimme** oder seiner **Sprechweise** erkennen, und die lässt sich ebenfalls beschreiben – auch wenn das natürlich nicht immer ganz einfach ist.

In der Krimiserie **„Der Alte“** (die kennst du ja sicher) ging es einmal darum, dass eine junge Frau von einem Mann angerufen wurde, der angeblich seinen Selbstmord ankündigte – in Wirklichkeit war er der Mörder, der sich ein besonders raffiniertes Alibi verschaffen wollte. Die Zeugin musste nun bei der Polizei die Stimme dieses Anrufers beschreiben, und da sie verständlicherweise große Schwierigkeiten damit hatte, legte ihr der Kommissar einen Fragenkatalog vor:

- Klang die Stimme jung oder alt?
- War es eher eine männliche oder eine weibliche Stimme?
- Sprach der Anrufer Hochdeutsch, Dialekt oder mit einem ausländischen Akzent?
- War die Aussprache klar oder undeutlich?
- Sprach der Anrufer auffallend schnell oder auffallend langsam?
- War seine Stimme hell oder dunkel?
- War sie hoch oder tief?
- War sie kraftvoll oder dünn?
- War sie klangvoll oder heiser?

Auch wenn dieser Katalog noch keineswegs vollständig war, wurde mit seiner Hilfe der Täter schließlich doch ermittelt – in Krimis geht das ja bekanntlich immer etwas glatter als im „richtigen Leben“. Vielleicht kannst du aber dem Kommissar für die Zukunft eine Hilfe geben, indem du den Katalog etwas erweiterst. Einige zusätzliche Angaben findest du schon in der Liste der Polizei (S. 92f.), die der Kommissar wohl gerade nicht zur Hand hatte – aber möglicherweise fällt dir ja noch mehr ein!

Hangetal. (...) Eine schnell eingeleitete Tatortsbereichfahndung verlief ohne Erfolg. Die Polizisten konnten jedoch den Schal und die Jeansjacke des Täters in einem Gebüsch sicherstellen. Der Dieb war nur circa 1.60 bis 1.70 Meter groß, hatte mittellanges, hellblondes Haar und sprach akzentfreies Deutsch. Bekleidet war er mit einer Jeansjacke und einer Ballonseiden-Sporthose. Hinweise bitte an die Polizei unter 8290 oder an jede andere Polizeidienststelle.

Übung D11

Schreibe möglichst viele Wörter und Ausdrücke auf, die angeben, wie jemand spricht und was für eine Stimme er hat.

mit belegter Stimme; stockend; nuschelnd ...

Lösungsbeispiel

So, nun haben wir ja schon eine beachtliche Anzahl von Einzelelementen zusammengestellt, aus denen man eine brauchbare Beschreibung machen könnte. Jetzt wird es eigentlich Zeit, eine solche Beschreibung zu versuchen! Aber bevor wir dir vorschlagen, ein bestimmtes Gesicht zu beschreiben, geben wir dir noch einen Hinweis:

TIPP

Vermeide Wiederholungen von blassen Verben wie „er hat“, „die Augen sind ...“, „man sieht ...“ etc.
Versuche statt dessen, **aktive Verben** zu verwenden, also Verben, die ausdrücken, was die einzelnen Teile eines Gesichts „tun“, z. B.:

Über die kleinen, eng beieinander stehenden Augen, die starr geradeaus <u>blicken</u>, <u>wölben</u> sich zwei schwarze, dichte Augenbrauen, die über der Nasenwurzel <u>zusammenstoßen ...</u>

Übung D12

Beschreibe mit Hilfe der bisher gelernten Beschreibungselemente das hier abgebildete Gesicht.

Ein weiteres Merkmal haben wir bis jetzt noch nicht berücksichtigt, obwohl es wahrscheinlich dasjenige ist, das in deinen Alltagsbeschreibungen am häufigsten und als erstes genannt wird – die **Haare**.
Wir haben zwar ganz am Anfang festgestellt, dass das Haar zu den veränderlichen Merkmalen gehört und deshalb nicht immer ein verlässliches Kennzeichen ist. Wenn wir aber einmal davon ausgehen, dass wir es weder mit Terroristen noch mit Schwerkriminellen zu tun haben, sondern mit „normalen" Menschen, die nur ab und zu „verloren gehen" (so wie Tina ...) oder halt einfach beschrieben werden müssen, damit ein anderer sie erkennt, können die Haare natürlich schon eine Menge aussagen. Bei Punks mit Irokesenfrisur oder kühner Färbung ist das Haar sicher eines der deutlichsten Erkennungsmerkmale!
Da die meisten bei der Beschreibung von Haaren oder Frisur über „langes blondes" oder „kurzes braunes Haar" nicht hinauskommen, wollen wir dir hier auch dazu eine Hilfe geben.

[1] Theodor Fontane, 1819 bis 1898, kennst du sicher als Autor der Balladen „John Maynard", „Die Brücke am Tay", „Herr von Ribbeck ...". Sein berühmtester Roman ist „Effi Briest", aus dem Günter Grass den Titel „Ein weites Feld" entnommen hat.

Zuerst drucken wir wieder ein Beispiel ab – einen Ausschnitt aus dem Roman **„Ein weites Feld"** von **Günter Grass:** Der Autor beschreibt hier seine Hauptfigur „Fonty", einen alten Herrn, der so sehr für den Dichter **Theodor Fontane**[1] schwärmt, dass er ihm selbst immer ähnlicher wird. Und so ist die Beschreibung „Fontys" in Wirklichkeit die Beschreibung einer Zeichnung, die der Maler **Max Liebermann** von Fontane angefertigt hat.

Originaltext Personenbeschreibung

[2] Abbild

Fonty (...) prägte sich ein, weil sein Charakterkopf das Konterfei;[2] einer namhaften Person zu sein versprach. Im Jahr, als die Mauer fiel (...) näherte sich sein Aussehen der bekannten Lithographie von Max Liebermann (...), die nach einigen Kreidezeichnungen entstanden ist, auf denen besonders Nase und Augen betont sind; doch wurde die Länge des leicht gebogenen Nasenrückens schon auf einer relativ frühen Bleistiftzeichnung bewiesen (...) Das annähernd weißergraute Haar (fusselt) willentlich ungekämmt über Mund und den Ohren und (fällt) auf dem Schädel spärlich aus (...)

Max Liebermann: Fontane

Der gleiche Mangel machte Fonty eine hohe Stirn. Aber er war über die Ohren hinweg und bis in den Nacken vollhaarig geblieben. Auch liebte er es, die silbrigen Strähnen unordentlich über den Kragen fallen zu lassen. Und seine Koteletten wucherten gekräuselt bis flaumig an den Ohren vorbei. Nicht etwa wilhelminisch gezwirbelt, kaum gebürstet, als unbeschnittener Wildwuchs hing ihm der Schnauzbart über die Oberlippe hinweg ...

Zum zweiten zeigen wir dir anhand eines Auszugs aus einem Bildwörterbuch eine Reihe von Frisuren und Bärten mit den dazugehörenden Bezeichnungen.
Hier also Bärte und Haare zum Aussuchen…

Originaltext
Frisuren und Bärte

1 langes, offenes Haar
2 Zopf mit Zopfschleife
3 Mittelscheitel
4 Schnauzbart
5 Spitzbart, Kinnbart
6 Igelkopf, Stiftenkopf, Bürstenfrisur
7 Backenbart
8 Seitenscheitel
9 Spitz- und Knebelbart (Henri-Quatre-Bart)
10 Vollbart
11 Stutzbart
12 Lockenkopf, Künstlerkopf mit Menjou-Bärtchen
13 englischer Schnurrbart
14 Glatzkopf
15 Glatze, Platte mit Nackenkranz
16 Kahlkopf mit Stoppelbart
17 Koteletten
18 Afro-Look
19 Pferdeschwanz
20 aufgestecktes Haar mit Knoten (Dutt)
21 Hängezöpfe
22 Lockenhaar, Dauerwelle
23 Bubikopf
24 Pagenkopf, Ponyfrisur
25 Pony(fransen)

Wir haben uns jetzt sehr intensiv mit der Beschreibung des Kopfes, vor allem des Gesichts, beschäftigt – das hatte auch seine Gründe, denn das **Gesicht** ist wohl das Unverwechselbarste an einem Menschen.

Deshalb haben auch Schriftsteller immer wieder besondere Mühe darauf verwandt, das Gesicht ihrer Figuren genau zu schildern. Hier ein Beispiel aus der Novelle **„Katz und Maus"** von **Günter Grass:**

Originaltext Personenbeschreibung

Es ist an der Zeit, zu sagen, was für ein Gesicht Mahlke hatte: (...) ein zum Kinn hin gespitztes Dreieck, der Mund sauer verkniffen, die Ohren abstehend, die Augen (...) unter schmerzlich gehobenen, leidend zur Nasenwurzel strebenden Brauen. (...) Er hatte graue oder graublaue, helle aber nicht leuchtende, auf keinen Fall braune Augen. Das Gesicht länglich mager, um die Backenknochen muskulös. Die Nase nicht auffallend groß, aber fleischig, bei kaltem Wetter schnell gerötet. Vom ausladenden Hinterkopf wurde schon berichtet. Schwer konnten wir uns über Mahlkes Oberlippe einigen. (...) Aufgestülpt stand sie vor und konnte die beiden oberen Schneidezähne, die gleichfalls nicht senkrecht, sondern hauerartig schräg standen, nie ganz verdecken – außer beim Tauchen natürlich. (...)
Damals trug Mahlke schon den affigen mit Zuckerwasser fixierten Mittelscheitel.

Aber auch eine noch so anschauliche Schilderung des Gesichts reicht natürlich noch nicht aus, um einen Menschen genau zu beschreiben – schließlich haben wir ja schon eine ganze Reihe von weiteren Merkmalen gefunden, nach denen ein Mensch beschrieben werden kann (vgl. S. 92f.).

Zur **Körpergröße** gibt es nicht viel zu sagen: Man gibt sie an, wenn man sie weiß, man schätzt sie oder man ordnet sie durch einen Vergleich mit bekannten Personen ein („etwas größer als ich", „ungefähr so groß wie meine Schwester" usw.). Auch der Vergleich mit statistischen Durchschnittsgrößen kann dann hilfreich sein, wenn die Abweichung vom Durchschnitt erheblich ist: „Er ist für sein Alter ungewöhnlich klein."

Und damit sind wir schon bei einem weiteren Beschreibungsmerkmal, dem **Alter**. Du weißt wahrscheinlich selbst, wie schwierig es ist, das Alter eines Menschen zu schätzen: Nicht nur, dass alle Menschen über dreißig für einen Jugendlichen häufig bereits Greise sind („Trau keinem über dreißig...!") und dementsprechend als „ziemlich alt" bezeichnet werden – nein, auch unter Jugendlichen selbst ist es nicht so einfach, das Alter zu schätzen. Da gibt es die Kleinen mit dem alten Gesicht, die Langen mit dem Babyface, die Dicken, die ohnehin alterslos aussehen, die Früh-Pickligen und Spät-Stimmbrüchigen, die Disco-Feen, die mit dreizehn am liebsten aussähen wie neunzehn und sich dementsprechend zurechtmachen, die Schmal- und Flachbrüstigen, die mit siebzehn noch aussehen wie dreizehn; da gibt es auch diejenigen, die gar nicht mehr so alt werden können, wie sie jetzt schon aussehen usw.

Altersangaben also, diesen Schluss können wir sicher ziehen, sind kein besonders gutes Beschreibungsmerkmal, außer, man beschränkt sich auf Angaben, die nicht mehr als eine ungefähre Einordnung ermöglichen:

Beispiele

- *Kleinkind*
- *Kindergartenkind*
- *Schulkind*
- *Teenager*
- *Jugendlicher*
- *zwischen zwanzig und dreißig*
- *um die vierzig*
- *älterer Herr/ältere Dame*
- *alter Mann/alte Frau*

Eine solche vorläufige Einordnung ist natürlich notwendig – aber genaue Altersangaben sind, wie wir gesehen haben, eben doch oft keine sehr große Hilfe.

Wenden wir uns bei so viel Unklarheit also lieber solchen Eigenschaften zu, die besser zu beschreiben sind:

- Gestalt
- Haltung
- Kleidung

Zunächst zwei Beispiele: das erste aus **Karl Mays** Roman **„Das Vermächtnis des Inka"**, danach aus **Hermann Hesses** Roman **„Der Steppenwolf"**.

Übung D13

Unterstreiche in diesen beiden Textausschnitten alle Stellen, die sich auf Haltung, Gestalt und Kleidung beziehen.

Originaltext 1
Personenbeschreibung

Vielleicht hätte man dieses Thema doch nicht fallen lassen, wenn nicht eben jetzt eine Person eingetreten wäre, die die Blicke aller auf sich zog. Es war ein Gaucho, aber von so kleiner, schmächtiger Gestalt, wie keiner der Anwesenden in seinem Leben jemals einen Gaucho gesehen hatte. Das Männchen trug eine weiße, weite Hose, die ihm nur bis an die Knie reichte, und eine rote, baumwollene Chiripa. Das ist eine Decke, die der Bewohner der Pampa schräg um die Hüften schlägt, vorn und hinten emporzieht und dann um den Leib legt, wo sie von einem Gürtel festgehalten wird. Die Ärmel des Hemdes, das ebenso rein und weiß war wie die Hose, hatte der kleine Träger bis über die Ellbogen aufgewickelt, so daß seine Vorderarme unbedeckt waren. Über dem Gürtel war eine rote Schärpe gebunden, deren Ende an der Seite herunterhingen. Ein ebenfalls roter Poncho bedeckte den Oberkörper; das ist eine wollene Decke, in deren Mitte sich ein Schnitt befindet, durch den man den Kopf steckt. Die Unterschenkel waren mit echten Gauchostiefeln bekleidet (...) Man steckt, während die Lederhäute noch naß sind, die Füße hindurch und zieht sie wie Strümpfe an. Sobald das Leder trocken wird, legt es sich fest um die Waden und bildet eine wetterfeste Bekleidung, die man freilich niemals ablegen kann (...). Natürlich sind da nur die Unterschenkel und der obere Teil des Fußes bedeckt: die Zehen aber sehen vorn heraus und auch die Fußsohle bleibt nackt. Der Gaucho, der solche Stiefel trägt, geht also barfuß – wenn er nämlich geht (...) Seine Steigbügel sind so klein, dass er nur die große Zehe hineinzustecken vermag. Desto größer sind die Sporen, die er trägt. Auch der kleine Mann (...) hatte ein paar Räder angeschnallt, die die Größe eines silbernen Fünfmarkstücks besaßen. Ein graues Filzhütchen, von dem eine Troddel hing, saß ihm auf dem Kopf, und unter diesem Hut trug er ein rotseidenes Tuch, dessen hinten herabgehende Zipfel er vorn am Hals festgebunden hatte. (...) In dem Gürtel unter der Schärpe steckten ein langes Messer und eine zweiläufige Pistole, und über die Achsel hing an einem breiten Riemen eine Doppelflinte, die nicht viel kürzer als der Mann selber war...

Originaltext 2
Personenbeschreibung

Er war nicht sehr groß, hatte aber den Gang und die Kopfhaltung von großgewachsenen Menschen, er trug einen modernen bequemen Wintermantel und war im übrigen anständig, aber unsorgfältig gekleidet, glatt rasiert und mit ganz kurzem Kopfhaar, das hier und dort ein wenig grau flimmerte. Sein Gang gefiel mir anfangs gar nicht, er hatte etwas Mühsames und Unentschlossenes, das nicht zu dem scharfen, heftigen Profil und auch nicht zum Ton und Temperament seiner Rede paßte. Erst später erfuhr ich, daß er krank war und daß das Gehen ihm Mühe machte.

Sehen wir uns jetzt die beiden Texte genauer an. Die merkwürdige Gestalt, die Karl May hier schildert – übrigens entgegen seiner Gewohnheit keineswegs spöttisch, sondern sehr sachlich, wenn man einmal von der Bezeichnung *Männchen* absieht – ist sehr genau beschrieben, wobei der größte Teil der Beschreibung der **Kleidung** gewidmet ist; nur kurz beschäftigt sich der Autor auch mit der **Gestalt** des Ankömmlings.

Was diese Beschreibung aber noch auszeichnet, ist die Tatsache, dass nicht nur das Aussehen der Kleidung beschrieben wird, sondern auch ihr Zweck. Auf diese Weise gelingt es Karl May tatsächlich, dem Leser ein genaues Bild der beschriebenen Person zu vermitteln.

An dem Text von Hesse, der nicht so genaue Einzelheiten vermittelt, sondern eher eine atmosphärische Schilderung gibt vom Bild eines kränklichen Mannes, soll uns etwas anderes interessieren. Zu diesem Zweck gehen wir zurück auf S. 85. Wir haben dort von der Untauglichkeit von **wertenden Adjektiven** gesprochen. Hesses Text enthält zwei davon: *moderner Wintermantel, anständig gekleidet*. Was heißt *modern*? Auf welche Epoche bezieht sich das Modernsein? Wer nicht weiß, in welcher Zeit die beschriebene Person lebte und was zu dieser Zeit *modern* war, hat keine Vorstellung davon, wie sie aussah – er erfährt allenfalls etwas über ihre Einstellung zum Leben (modern = geht mit der Zeit). Und was heißt *anständig gekleidet*? Ist ein Mann *anständig* gekleidet, wenn er eine Krawatte trägt, wie es die Banken verlangen, bei denen der männliche Mensch erst dann existiert, wenn er sich dieses lästige und nutzloseste aller Kleidungsstücke umgebunden hat? Oder heißt es nur, dass die Kleidung sauber und gebügelt ist? Aber wenn ungebügelt gerade modern ist – ist dann eine Bügelfalte nicht mehr anständig? Oder heißt *anständig* gekleidet *teuer* gekleidet?

Du siehst auch hier wieder, dass wertende Adjektive für die Personenbeschreibung nichts bringen – sie haben erst dann einen Sinn, wenn auch der Charakter der betreffenden Person geschildert werden soll. Darauf kommen wir in einem anderen Kapitel dieses Buchs zu sprechen...
Hier wollen wir uns aber mit der Beschreibung des Äußeren begnügen – so, wie wir es miteinander erarbeitet haben. Dazu schlagen wir dir vor, in einer letzten, etwas umfangreicheren Übung alles Gelernte noch einmal anzuwenden, ehe du am Schluss endlich eine Beschreibung von Tina bekommst – vielleicht triffst du sie ja irgendwo...

Lies zunächst den folgenden Text – es geht um ein Klassentreffen nach fünfzehn Jahren. Die genaue Aufgabenstellung dazu findest du dann auf S. 105.

Originaltext Personenbeschreibung

(...) Als erster kam – nur er konnte es sein – Peter van Hoogeveen. Seine etwas zu hochhackigen, vorne spitz zulaufenden Westernstiefel – mit denen hätte man zur Not auch einen Knopf annähen können – trommelten einen knackigen Wildwest-Sound auf das Parkett, und wenn der Blick dann allmählich sich nach oben verlor, wurden hautenge Edel-Jeans sichtbar, die die schmalen Hüften und muskulösen Oberschenkel fast wie eine zweite Haut umspannten und denen man erst auf den zweiten Blick ansah, daß sie nicht aus dem US-Verkauf, sondern aus der Nobel-Boutique am Porscheplatz stammten. Danach erfreute ein sportlicher Rollkragenpullover aus reiner Schafswolle den Blick: die dezente Farbstellung taupe[1] auf naturfarben bewies die Hand des Meisterdesigners; sie setzte sich übrigens vollendet im satten Kastanienbraun des vollen, leicht gewellten Haares fort, dessen graue Spitzen erst bei näherem Hinsehen erkennbar wurden.
Sportlichen Schrittes eilte er durch den Saal, aufrecht, als habe er ein Lineal verschluckt, umhüllt von einer Duftwolke von Paco Cabañez Nr. 3 und den Kopf eine Spur zu hoch tragend, wobei seine stahlblauen Augen im Bewußtsein ihrer Schönheit umherschweiften, als wollten sie jeden in ihren Bann zwingen und ihm sagen: „Schaut nur, ich bin's!"
Aber das sagte er nicht – seine butterweiche, leicht belegte Stimme, die so gar nicht zu seinem forschen, modisch-männlichen Auftreten, seiner straffen Körperhaltung und seinen betont zackigen, selbstbewußten Gesten sowie dem sicheren, energischen Schritt passen wollte, fragte: „Gibt es hier eigentlich auch etwas zu trinken?"
Aber keiner achtete auf ihn...
Dagegen scharten sich alle um Hans Schuster, den Handballer, den so unendlich langen und schlaksigen Torschützenkönig von damals. Seine Nase

[1] graubraun

war noch immer von dem Nasenbeinbruch vor 16 Jahren gekennzeichnet: in der Mitte plötzlich breiter werdend, in eine kleine Mulde übergehend und sich dann zu zwei weiten Nüstern öffnend. Und genau wie damals zog er nach jedem zweiten Satz geräuschvoll durch diese bedeutende Nase ein und schob dabei die Oberlippe ganz nach oben. Und während er mit seiner tiefen, volltönenden Stimme berichtete, wie er beinahe ins Endspiel gekommen wäre, ruderte er wie früher mit seinen langen Armen in der Luft, ballte die Faust, wobei der Unterarm senkrecht stand und die Innenfläche der Hand zum Gesicht zeigte, und stieß dann wieder den Zeigefinger der rechten Hand seinem Gegenüber entgegen, so als wolle er ihn festnageln.
In dem Kreis, der sich um ihn gebildet hatte, stand auch, geduckt, die Schultern hochgezogen, den Kopf leicht nach links geneigt und mit ständig zwinkernden Augen, die immer noch dunkel geändert waren, die dünne Magdalene, die immer verlegen lächelte, wenn man sie ansprach – und ihr sanfter, weich geschwungener Mund mit den etwas zu schmalen und zu blassen Lippen zog sich, ohne sich zu öffnen, etwas auseinander, während die schmalen, fast geraden dunklen Augenbrauen sich fragend hoben und ihre dunklen, blanken Augen voll Ernst und Schwärmerei noch größer wirken ließen...
Der Kellner kam vorbei – jeder Zentimeter ein Kunstwerk! Wie wunderbar der seidigschwarze Smoking sich an seine fetten Hüften schmiegte! In weichen Falten fiel die ebenfalls tiefschwarze Hose auf seine Lackschuhe herab, und seine braunen Augen blickten mit einem müden Glück über ihre eigene Schönheit umher... Jedermann war erdrückt durch das Übermaß seiner Korrektheit und Sicherheit. Er schritt elastisch, wiegend, wogend, königlich auf den Gast zu, verbeugte sich, fragte mit leiser, samtener Stimme nach dem Begehr und trat nach erfolgter Bestellung mit federndem Schritt zurück, wandte sich auf dem linken Fuße um, schnellte den rechten mit niedergedrückter Spitze seitwärts vom Boden ab und schritt mit bebenden Hüften davon...

In einer Ecke aber, an die Wand gelehnt, lehnte eine seltsame Gestalt, mit der keiner der Anwesenden so recht etwas anfangen konnte. Der Mann stand, in der Hüfte etwas abgeknickt, wie abwesend herum. Seine glasigen Augen ruhten starr auf einem Punkt irgendwo im Raum, und die Arme hingen schlaff vor dem Unterkörper, wobei die Hände leicht verschränkt waren. Von Zeit zu Zeit zuckte die linke Hand zur Seite, während die Augenbrauen sich wie staunend nach oben schoben und ein paar tiefe Falten in die Stirn gruben. Manchmal strich er sich mit fahrigen Bewegungen das fettige Haar aus der Stirn. Schließlich setzte er zögernd einen Fuß vor den anderen und stapfte zur Bar. Wer war das? War es Ulrich, der Klassensprecher von damals, der sich so entschieden gegen die Lehrer durchsetzen konnte mit seiner lauten, immer ein wenig schneidenden Stimme, seiner klaren, beherrschten Aussprache, seinem immer leicht ironischen Lächeln? Ulrich, der tagaus, tagein die gleichen verwaschenen Jeans trug und nur ab und zu Hemd und Pullover wechselte, wenn es aus hygienischen Gründen unumgänglich war? Der, wenn er mit einem Lehrer sprach, immer die linke Hand in die Hüfte stemmte, sein Gegenüber fest ansah und nur manchmal ein wenig mit den Mundwinkeln zuckte? Niemand hatte das damals ernst genommen – war es doch etwas Ernstes gewesen …?

In diesem Text findest du alle die Beschreibungselemente wieder, von denen wir im Verlauf dieses Kapitels gesprochen haben. Mit ihnen sollst du nun an unsere letzte Übung herangehen.

Übung D14

Unterstreiche alle beschreibenden Elemente in dem vorstehenden Text und ordne sie anschließend nach den Beschreibungsmerkmalen Gestalt, Haltung, Kleidung, Gesten/Gewohnheiten, Gang, Stimme, Gesicht.

Ja, und damit sind wir nun am Ende des Kapitels angelangt. Vielleicht hast du selbst schon festgestellt, dass in diesem letzten Text schon einiges zu lesen war, was über eine bloße Beschreibung hinausgeht und zur Charakterisierung eines Menschen dient. Darüber aber, wie gesagt, mehr in einem anderen Kapitel …

Tina übrigens ist inzwischen zurückgekommen (sie wollte ihrem Freund nur einen Schreck einjagen), und so können wir dir jetzt auch, wie versprochen, eine Beschreibung von ihr geben, sodass du sie dir – hoffentlich! – dann auch wirklich vorstellen kannst …
Da diese Beschreibung von jemandem angefertigt wurde, der Tina persönlich kennt, enthält sie natürlich viel mehr Einzelheiten, als du dem Phantombild von S. 94 entnehmen kannst.

Beispiel Personenbeschreibung

Die vierzehnjährige Tina ist ein mittelgroßes, ziemlich schlankes Mädchen. Ihr leicht rundliches Gesicht mit noch weichen, etwas kindlichen Zügen wird von dichten blonden Locken eingerahmt, die weit in die Stirn fallen. Das Haar ist oben fein gekräuselt, fällt aber zum Nacken hin in längeren Wellen hinab, die leicht auf dem Kragen aufliegen. Tinas Gesichtszüge sind noch nicht sehr charakteristisch. Die schmalen, blass-blonden Augenbrauen ziehen sich als zwei dünne, nur leicht gekrümmte Striche über die Augen und lassen an der Nasenwurzel eine breite Stelle frei. Die hellblauen, immer etwas verschleiert wirkenden mandelförmigen Augen mit auffallend langen, seidigen Wimpern stehen ziemlich weit auseinander; darunter ziehen sich leichte Schatten von der Nase nach außen.
Die Nase selbst wirkt auffallend breit und grob und passt nicht richtig in das eher weiche Gesicht. Sie verläuft gerade nach unten, wo sie sich zu breiten Nasenflügeln erweitert, was dem Gesicht aber einen lebhaften und eher fröhlichen Ausdruck verleiht. Wenn Tina lacht, treten ihre Wangenknochen in einer weichen geschwungenen Linie hervor, und zwei Falten ziehen sich von der Nase zu den Mundwinkeln.
Der Mund ist wohlgeformt, nicht sehr schmal, aber auch nicht auffallend breit. Die etwas dickere Unterlippe tritt leicht vor, so dass das Gesicht gelegentlich einen Aus-

druck von Geringschätzung annimmt. Beim Lachen wird eine Reihe fast weicher, sehr regelmäßiger Zähne sichtbar. Nur der linke untere Eckzahn steht ein wenig vor. Tina hat einen auffallend langen Hals, der in einen schmalen Oberkörper übergeht. Obgleich sie insgesamt sehr schlank ist, erscheint sie keineswegs knochig: Die Schultern fallen weich ab, die runden Arme sind im Verhältnis zum Oberkörper ein bisschen zu lang, so dass sie gelegentlich mit den Armen schlenkert. Ihre Finger sind kurz und rund, die Fingernägel breit, meist sehr kurz geschnitten und ab und zu sogar angekaut.

Die Charakteristik
oder: „Das ist ja mal wieder typisch . . .!“

Samstagnachmittag im Dezember. Noch nicht einmal halb sechs und schon fast dunkel. Vom Himmel – oder dem, was zur Zeit dafür ausgegeben wird – fällt ein unerfreuliches Gemisch von Schnee und Regen, das sich mit dem Straßenschmutz zu einer trübseligen Suppe vermischt und lustlos in Rinnsteine und Gullys sickert.
Ein ebenso unerfreulicher Wind pfeift gelegentlich durch die kahlen Äste der winternackten Platanen und verfängt sich unter dem hochgeschlagenen Kragen, in den Kirsten sich zurückgezogen hat . . .

Kirsten nämlich steht an der Bushaltestelle am Marktplatz und wartet auf Stefan, der mit dem Nachbarn beim Fußballspiel war und spätestens um viertel nach fünf wieder zurück sein wollte; denn sie hatten sich doch verabredet, zusammen in die Kreisstadt zu fahren, ins „Kaleidoskop“, die sagenhafte neue Disco, wo es angeblich die beste Musik und die tollste Lasershow gab, die man sich vorstellen konnte.
„Scheißfußball . . .“, knurrt Kirsten in sich hinein. Eigentlich ist das gar nicht ihre Meinung, aber im Moment neigt sie dazu, alles zu verfluchen, was mit Stefan zu tun hat . . . „Aber das ist ja wieder typisch für ihn. Nie kann man sich auf ihn verlassen!“
Mit Tina ist Kirsten zwar schon öfter in der Disco gewesen, aber seit ihrem Verschwinden darf sie kaum noch raus, und in die Disco schon mal gar nicht: Man weiß doch, was da für Typen herumhängen! „Typisch Tina!“, denkt Kirsten, haut einfach ab und erzählt dann von zwei Typen, die sie angeblich entführen wollten, an die sie sich aber nicht mehr erinnern kann. Während Kirsten noch innerlich den Kopf schüttelt, muss sie auf einmal grinsen: Jetzt hat sie doch tatsächlich in einer Minute viermal „typisch“ oder „Type“ gesagt – typisch Kirsten, würde Gunnar bemerken . . .

Ja, was meint man eigentlich, wenn man behauptet, etwas sei typisch für jemanden? Oder wenn man – halb lächelnd, halb bewundernd – sagt: Das ist vielleicht eine Type! oder ein komischer Typ?
Wenn man die typische Eigenschaft eines Menschen betont, dann liefert man bereits eine **Charakteristik** von ihm: Man hebt eine Eigenschaft hervor, die diesen Menschen besonders kennzeichnet, die ihn charakterisiert. Den Charakter eines Menschen beschreiben zu können ist manchmal sehr wichtig, und deshalb werden wir uns nun mit der Charakteristik näher befassen. Wofür braucht man so etwas – außer für die Schule natürlich?

Einige Beispiele aus dem „richtigen" Leben unserer fünf Freunde:

Nun, fangen wir gleich einmal mit Stefan an. Er ist mit einem Nachbarn beim Fußballspiel – das ist kein Problem, denn den kennen Stefans Eltern natürlich. Als er neulich aber mit einem nach München fahren wollte (einmal den FC Bayern live sehen!), den er erst auf dem Fußballplatz kennengelernt hatte, da wollten die Eltern natürlich schon wissen, was das für einer war – also musste Stefan versuchen, ihn zu charakterisieren.

Als André letztes Frühjahr zum erstenmal in seinem Leben verliebt war, da musste er seiner Zwillingsschwester erst einmal sein Herz ausschütten und das Mädchen schildern. Besonders eindrucksvoll ist diese Schilderung ja nicht geworden, denn über „süß" und „echt einmalig" und „total anders als die Mädchen bei uns in der Klasse" kam er kaum hinaus – aber immerhin!

Kirsten wiederum war letzte Woche zu einer Fete eingeladen, und da wollte ihr Vater ganz gerne wissen, „was denn da für Typen hinkommen" – man weiß ja, dass Väter von Töchtern recht misstrauisch sein können. Na ja, da musste sich Kirsten eben wirklich einmal Gedanken darüber machen, wie man den Charakter von Freunden den eigenen Eltern so nahebringt, dass sie denen auch gefallen.

Ja, wie macht man eigentlich eine Charakteristik?

Wenn du das Kapitel „Personenbeschreibung" gerade durchgearbeitet hast, erinnerst du dich sicher noch an die Beschreibungen der Personen aus dem Roman „Buddenbrooks" (S. 83f.). Wir hatten dort festgestellt, dass Thomas Mann mehr als Personenbeschreibungen geliefert hat: Er hat **Eigenschaften** und **typische Verhaltensweisen** geschildert, die es dem Leser ermöglichen, sich ein Bild vom **Charakter** der beschriebenen Personen zu machen.

Wenn z. B. Oberlehrer Ballerstedt *seine schwache und weiße Faust (...) kraftlos auf und nieder* bewegte, wirft das ein Licht auf ihn: Offensichtlich ist er eher behäbig und ohne Schwung. Hier wird also das Bild eines Menschen einerseits aus seinem Äußeren (körperliche Merkmale, Haltung, Stimme, Kleidung), andererseits aber auch aus seinem Verhalten entwickelt, wobei der Autor die Eigenschaften entweder unmittelbar nennt *(etwas äußerst Widerliches)*, oder durch bestimmte Verhaltensweisen andeutet *(ein Gesicht ... schneiden)*. Dabei wertet er aus seiner eigenen, ganz persönlichen Sicht.

Damit haben wir einen entscheidenden Unterschied zwischen Personenbeschreibung und Charakteristik festgestellt:

!

Bei der **Beschreibung** kommt es auf sachliche und genaue Darstellung von **äußeren Merkmalen** an. Gefühle, persönliche Meinungen oder Vermutungen haben darin nichts zu suchen.
Die **Charakteristik** dagegen befasst sich auch mit dem **Inneren** eines Menschen, mit seinen **seelischen und geistigen Eigenschaften**.

Wer einen anderen Menschen charakterisiert, verarbeitet dabei auch seine ganz persönlichen Eindrücke und bewertet danach, was er selbst für gut und richtig hält.

Erinnerst du dich noch, wie wir unsere fünf Freunde am Anfang (S. 5f.) beschrieben haben? Fällt dir dabei etwas auf?
Klar – über ihr Aussehen weißt du überhaupt nichts: Als wir versucht haben, dir die fünf ein wenig näherzubringen, haben wir nur einige ihrer Charakterzüge beschrieben, entweder durch Erwähnen einer bestimmten Eigenschaft oder indem wir einzelne Charakterzüge durch typisches Verhalten der jeweiligen Person gekennzeichnet haben.

Übung E1

Suche aus der Kurzcharakterisierung der fünf Freunde jeweils die Eigenschaften heraus, die unmittelbar genannt werden (a) und die, die sich aus Verhaltensweisen erschließen lassen (b) und schreibe sie in dein Heft!

Nun ist dir aber natürlich klar, dass die Charakterisierung, die wir von den fünf Freunden gegeben haben, unzulänglich ist – in ein paar Sätzen kann man einem Menschen ja nun wirklich nicht gerecht werden…
Wir wollen dir deshalb hier noch einen Text von **Thomas Mann**, dem großen Menschenbeobachter, vorstellen. Es handelt sich um einen Ausschnitt aus der Erzählung **„Mario und der Zauberer"**, und dieser Textausschnitt enthält die wesentlichen Elemente einer Charakteristik.

Originaltext Charakteristik

Dann, ohne daß das Haus sich verdunkelt hätte, hielt Cavaliere Cipolla seinen Auftritt. Er kam in jenem Geschwindschritt herein, (…) der die Täuschung erweckt, als habe der Ankommende in diesem Tempo schon eine weite Strecke zurückgelegt, um vor das Angesicht der Menge zu gelangen, während er doch eben noch in der Kulisse stand. (…) Ein Mann schwer bestimmbaren Alters, aber keineswegs mehr jung, mit scharfem, zerrüttetem Gesicht, stechenden Augen, faltig verschlossenem Munde, kleinem, schwarz gewichsten Schnurrbärtchen und einer sogenannten Fliege in der Vertiefung zwischen Unterlippe und Kinn, war er in eine Art von komplizierter Abendstraßeneleganz gekleidet. Er trug einen weiten schwarzen und ärmellosen Radmantel mit Samtkragen (…) den er mit weiß behandschuhten Händen bei behinderter Lage der Arme vorn zusammenhielt, einen weißen Schal um den Hals und einen geschweiften, schief in die Stirne gerückten Zylinderhut. (…) Cipolla hatte in seinem Gesamthabitus[1] viel von dem historischen Scharlatan[2], und der Eindruck reklamehafter und phantastischer Narretei, die zum Bilde gehört, wurde schon dadurch erweckt, daß die anspruchsvolle Kleidung ihm sonderbar, hier falsch gestrafft und dort in falschen Falten, am Leibe saß oder gleichsam daran aufgehängt war: Irgend etwas war mit seiner Figur nicht in Ordnung, vorn nicht und hinten nicht (…). Aber ich muß betonen, daß von persönlicher Scherzhaftigkeit oder gar Clownerie in seiner Haltung, seinen Mienen, seinem Benehmen nicht im geringsten die Rede sein konnte; vielmehr sprach strenge Ernsthaftigkeit, Ablehnung alles Humoristischen, ein gelegentlich übellauniger Stolz, auch jene gewisse Würde und

[1] *Erscheinungsbild*
[2] *Schwindler, Aufschneider*

Selbstgefälligkeit des Krüppels daraus, – was freilich nicht hinderte, daß sein Verhalten anfangs an mehreren Stellen des Saales Lachen hervorrief.
Dies Verhalten hatte nichts Dienstfertiges mehr. (...) An der Rampe stehend und sich mit lässigem Zupfen seiner Handschuhe entledigend, wobei er lange und gelbliche Hände entblößte, deren eine ein Siegelring mit hochragendem Lasurstein[1] schmückte, ließ er seine kleinen strengen Augen, mit schlaffen Säcken darunter, musternd durch den Saal schweifen, nicht rasch, sondern indem er hie und da auf einem Gesicht in überlegener Prüfung verweilte – verkniffenen Mundes, ohne ein Wort zu sprechen. Die zusammengerollten Handschuhe warf er mit ebenso erstaunlicher wie beiläufiger Geschicklichkeit über eine bedeutende Entfernung hin genau in das Wasserglas auf dem Rundtischchen und holte dann, immer stumm umherblickend, aus irgendwelchen inneren Taschen ein Päckchen Zigaretten hervor (...) zog mit spitzen Fingern eine aus dem Bündel und entzündete sie, ohne hinzusehen, mit einem prompt funktionierenden Benzinfeuerzeug. Den tief eingezogenen Rauch stieß er, arrogant grimassierend, beide Lippen zurückgezogen, dabei mit einem Fuße leise aufklopfend, als grauen Sprudel zwischen seinen schadhaft abgenutzten, spitzigen Zähnen hervor.
(...) Das Hervorholen und Wiederverwahren des Zigarettenpäckchens und des Feuerzeugs war umständlich dank seiner Kleidung; er raffte dabei den Abendmantel zurück, und man sah, daß ihm über dem linken Unterarm an einer Lederschlinge unpassenderweise eine Reitpeitsche mit klauenartiger silberner Krücke hing. Man bemerkte ferner, daß er keinen Frack, sondern einen Gehrock[2] trug, und da er auch diesen aufhob, erblickte man eine mehrfarbige, halb von der Weste verdeckte Schärpe, die Cipolla um den Leib trug (...). Vielleicht war die Schärpe reiner Humbug[3], so gut wie das wortlose Dastehen des Gauklers, der immer noch nichts tat, als dem Publikum lässig und wichtig seine Zigarette vorzurauchen.
Man lachte (...), als eine Stimme im Stehparterre laut und trocken „Buona sera!"[4] sagte.
Cipolla horchte hoch auf. „Wer war das?" fragte er gleichsam zugreifend (...) Er sprach mit ziemlich hoher, etwas asthmatischer, aber metallischer Stimme (...)
Er hatte sehr häßliches Haar, das heißt: sein oberer Schädel war fast kahl, und nur eine schmale, schwarz gewichste Scheitelfrisur lief, wie angeklebt, vom Wirbel nach vorn, während das Schläfenhaar, ebenfalls geschwärzt, seitlich zu den Augenwinkeln hin gestrichen war, – die Haartracht etwa eines altmodischen Zirkusdirektors, lächerlich, aber durchaus zum ausgefallenen Persönlichkeitsstil passend (...) Der „kleine Leibesschaden", von dem er vorbeugend gesprochen hatte, war jetzt nur allzu deutlich sichtbar, wenn auch immer noch nicht ganz klar nach seiner Beschaffenheit: die Brust war zu hoch, wie gewohnt in solchen Fällen, aber der Verdruß im Rücken schien nicht an der gewohnten Stelle, zwischen den Schultern zu sitzen, sondern tiefer, als eine Art Hüft- und Gesäßbuckel, der den Gang zwar nicht behinderte, aber ihn grotesk und bei jedem Schritt sonderbar ausladend gestaltete...

[1] emaillierter Stein
[2] knielange Männerjacke im 19. Jahrh., mit zwei Schößen und doppelter Knopfreihe
[3] Schwindel, Unfug
[4] Guten Abend! (it.)

Hast du nicht auch beim Lesen dieser Beschreibung die merkwürdige, unheimliche Gestalt dieses Cipolla (das heißt übrigens „Zwiebel!") plötzlich vor dir gesehen – wie er dasteht mit seinem seltsam verkrümmten Körper und den bösen stechenden Augen? Was hat Thomas Mann eigentlich alles beschrieben, um uns diesen merkwürdigen „Zauberer" so eindringlich schildern zu können?

Übung E2

Welche verschiedenen Merkmale schildert Thomas Mann, um ein anschauliches Bild von Cipolla zu zeichnen?

1. An mehreren Stellen beschreibt er das **Gesicht** Cipollas.

2. ______

3. ______

4. ______

5. ______

Auf ein Element der Charakteristik ist Thomas Mann hier nicht eingegangen, weil es im Rahmen seiner Erzählung keine wesentliche Rolle spielt. In anderen Zusammenhängen aber kann es durchaus wichtig sein, wie etwa im folgenden Fall:

Wir haben vorhin (S. 107) schon kurz erwähnt, dass Kirstens Freundin Tina, nachdem sie eine Nacht lang weggeblieben war, zunächst behauptet hatte, zwei junge Männer wollten sie entführen. Als die Polizei tatsächlich zwei junge Männer verhaftete, die dummerweise für die fragliche Nacht kein Alibi hatten, musste das Gericht nun feststellen, ob Tina als Zeugin überhaupt glaubwürdig ist. Zu diesem Zweck verfaßte eine Psychologin eine Charakterstudie, in der es u. a. hieß:

Beispiel Charakteristik

Tina ist ein mittelgroßes, schlankes 14-jähriges Mädchen mit dichtem, blonden Lockenkopf. Ihre Gesichtszüge sind noch kindlich, ihre Bewegungen etwas schlaksig. Ihr Äußeres ist sehr gepflegt; allerdings schminkt sie sich etwas zu auffällig. Im Umgang mit anderen Menschen zeigt sie die typische Unausgeglichenheit des Pubertätsalters: Ist sie zunächst eher zaghaft, so kann sie plötzlich fast unvermittelt laut und schnippisch werden. Auf der einen Seite bemüht sie sich, erwachsen und selbstbewusst zu wirken, auf der anderen Seite merkt man aber deutlich ihren Wunsch nach Anerkennung und Zuwendung. So ist sie auch ihrer Mutter gegenüber z. B. abwechselnd kindlich-anlehnend und dann wieder großspurig.

Es zeigt sich, dass sie sehr empfänglich für persönliche Aufmerksamkeit ist und dadurch bald unvorsichtig wird: Es gelingt ihr nicht, die Folgen ihres eigenen Verhaltens einzukalkulieren. Sie handelt ganz aus dem Augenblick heraus, ist ichbezogen und verhält sich im Gegensatz zu vielen Altersgenossen, die durchaus schon zu Selbstkritik fähig sind, wie ein Kind, das sich vor allem vor Tadel und Strafe fürchtet. Da, wo sie nichts dergleichen befürchten muss, kann sie ganz offen und herzlich sein. Tina ist ein Einzelkind und unehelich geboren. Sie kennt ihren Vater, der angeblich in Brasilien lebt, nicht – die Mutter wollte von Anfang an allein für Tina sorgen. Im Gespräch mit der Mutter wird deutlich, wie sehr sie an Tina hängt und sich um sie sorgt. Es zeigt sich allerdings auch, dass die Berufstätigkeit der Mutter in Tinas ersten Lebensjahren für das Kind negative Folgen hatte: Tina hat sich oft einsam und verlassen gefühlt, insbesondere zwischen ihrem dritten und vierten Lebensjahr, als sie den ganzen Tag in einem Kinderhort verbringen musste.

Die familiären Verhältnisse sind durch die spätere Heirat von Tinas Mutter stabiler geworden, doch ist Tinas Beziehung zu ihrem Stiefvater nie frei von Spannungen gewesen. Finanziell hat die Familie zur Zeit keine Sorgen …

Die meisten Elemente aus dieser sehr genauen Charakteristik sind dir bekannt: Es wird zunächst das **Äußere** des Menschen geschildert, dann seine **Eigenschaften und typischen Verhaltensweisen** – und am Schluss? Du hast es sicher gemerkt – die Charakteristik enthält auch **Angaben über die persönlichen Lebensverhältnisse** (Herkunft, familiäre Situation, Beruf etc.). Du wirst einsehen, dass die Kenntnis dieser Verhältnisse gerade für die Bewertung des eben geschilderten Falles von großer Bedeutung ist.

Fassen wir also zusammen:

Regel

Eine Charakteristik enthält Angaben über

- das **Äußere** (Körperbau, Gesichtszüge, Kleidung, Stimme, Haltung, Gang …)
- das **typische Verhalten** (wie jemand sich bewegt, spricht, welche Gesten er immer wieder benutzt …)
- die **persönlichen Lebensumstände** (Beruf, Familie, Gewohnheiten, Hobbys …)
- **innere Eigenschaften** (Offenheit, Mut, Ängstlichkeit, Unaufrichtigkeit ..)
- **innere Einstellungen und Wertvorstellungen** (was jemand denkt, fühlt, glaubt, gut findet, ablehnt …)

Diese fünf Elemente kannst du auch als Gliederungspunkte für deinen Aufsatz verwenden. Am besten fängst du mit der Beschreibung des Äußeren an – denn das ist es ja, was wir als erstes an einem Menschen bemerken – und sagst dann ein paar Sätze zu den Lebensumständen, ehe du auf die eigentlichen Charaktereigenschaften zu sprechen kommst.

TIPP

Dabei solltest du aber, wo immer es möglich ist, zwischen den einzelnen Elementen Beziehungen herstellen. Oft nämlich ergeben sich Charakterzüge unmittelbar aus körperlichen Eigenschaften oder persönlichen Lebensumständen: Der bucklige, aber hochintelligente Cipolla z. B. findet sein größtes Vergnügen darin, gut aussehende junge Männer lächerlich zu machen, und das Einzelkind Tina, das oft allein gelassen wurde, versucht immer wieder, die Aufmerksamkeit anderer auf sich zu ziehen.

1. Die sachliche Charakteristik oder: Typisch Gunnar!

E

Vor Jahren, als der rumänische Schriftsteller **Eugène Ionesco** die Welt mit seinen absurden* Theaterstücken überrascht hatte, geisterte ein Witz durch das Publikum:

*absurd = widersinnig, verrückt, unsinnig

Beispiel

Zwei Freunde gehen ins Theater, um ein Stück von Ionesco zu sehen. Während man auf den Beginn der Vorstellung wartet, wird einer der beiden Freunde unruhig, weil er dringend zur Toilette muß. Schließlich steht er auf und geht hinaus, gerade als das Licht ausgeht. Er tastet sich einen Gang entlang, öffnet schließlich eine Tür, tastet sich weiter, findet keine Toilette, dafür aber ein großes Gefäß, das er in seiner Not benutzt. Erleichtert kehrt er in den Zuschauerraum zurück und fragt seinen Freund, was inzwischen passiert sei.
„Nicht viel", erwidert dieser, „typisch Ionesco: Da kommt einer auf die Bühne, sagt nichts, geht in die Ecke, pinkelt in eine Vase und geht wortlos wieder hinaus …"

Typisch Ionesco … Was heißt das? Was will jemand ausdrücken, der behauptet, eine Handlung sei typisch für eine Person?
Nun, es bedeutet, dass von einer **Handlung** die Rede ist, **die eine Person** – in diesem Fall den Schriftsteller Ionesco – **besonders genau charakterisiert**; eine Handlung also, an der man diese Person leicht erkennen kann.

Daraus können wir für die Anfertigung einer Charakteristik den noch fehlenden Aspekt anfügen:

!

Um typische Eigenschaften eines Menschen zu beschreiben, kann man entweder
- die jeweilige Eigenschaft direkt nennen (er ist jähzornig, geizig, gefräßig, ängstlich, eingebildet usw.)
- oder sie durch eine Handlung dieses Menschen so deutlich machen, dass der Leser sie selbst erschließen kann.

Beispiele

- *Ich kann sagen:*
  Gunnar ist ungeheuer gefräßig.
- *Ich kann aber auch erzählen:*
  Sobald Gunnar irgendwo ein kaltes Buffet erspäht, ist er nicht mehr zu halten.
- *Schließlich kann ich aber auch Gunnars Gefräßigkeit indirekt charakterisieren, etwa so:*
  Also, da war auch der Gunnar, das ist so'n Stiller mit 'ner Brille – angeblich ein Computerfreak und sehr zurückhaltend. Aber als es Würstchen gab, hat er sich gleich vier genommen!

Und noch ein Beispiel aus der Literatur – noch einmal aus **„Katz und Maus"**. Hier ist die Rede von der Hauptfigur Joachim Mahlke, der die „Maus" im Hals hat – einen riesengroßen Adamsapfel, der allen Leuten auffällt und für den er sich so schämt, dass er alles tut, um durch Heldentaten davon abzulenken …

Originaltext Charakteristik

Er war, was seine Schulleistungen leicht abwertete, ein Jahr älter als wir, weil Mutter und Tante den als Kind schwächlichen, sie sagten, kränklichen Jungen ein Jahr später auf die Volksschule geschickt hatten.
Aber kein Streber, büffelte mäßig, ließ jeden abschreiben, petzte nie, entwickelte, außer während der Turnstunde, keinen besonderen Ehrgeiz, hatte auffallende Abscheu vor den üblichen Sauereien der Tertianer[1] und griff ein,

[1] früher Bezeichnung für Schüler der 8. und 9. Klasse

als Hotten Sonntag einen Überzieher[1], den er zwischen Bänken im Steffenspark gefunden hatte, an einem Ast aufgespießt in die Klasse brachte und über die Türklinke der Klassentür stülpte. Studienrat Treuge, ein halbblinder Pauker, der eigentlich hätte pensioniert sein müssen, sollte eins ausgewischt werden. Jemand rief schon auf dem Korridor: „Er kommt!“, da drückte sich Mahlke aus seiner Bank, machte unbeeilte Schritte und entfernte das Präservativ mit einem Butterbrotpapier von der Klinke.
Niemand widersprach. Er hatte es uns wieder einmal gezeigt.

[1] früher Schülerjargon für Kondom

Grass hat hier zwei Eigenschaften genannt – die eine wörtlich: *kein Streber*, die andere dagegen („moralisch“ oder „verantwortungsvoll, ernsthaft“), indem er sie an einem Beispiel deutlich macht, ohne die Eigenschaft selbst zu benennen: Mahlke hatte *Abscheu vor den üblichen Sauereien* – daraus kann man den Schluss ziehen, dass er verantwortungsvoll ist, reifer und moralisch gefestigter als seine Mitschüler ... In beiden Fällen aber erläutert Grass dann diese Charaktereigenschaften durch die Schilderung von konkreten Handlungsweisen.
Schließlich zeigt sich der Charakter Mahlkes noch auf einer dritten Ebene: durch die Reaktionen seiner Umwelt, hier also seiner Mitschüler *(Niemand widersprach. Er hatte es uns wieder einmal gezeigt)*. Aus ihr wird deutlich, dass Mahlke offensichtlich eine starke Persönlichkeit ist, dass er Ansehen genießt, dass seine Führungsrolle anerkannt wird.
Mahlke wird hier also durch Günter Grass gleichzeitig direkt und indirekt charakterisiert. Und diese letzte Art der Charakterisierung sollten wir jetzt einmal üben.

Übung E3

Welche Eigenschaften schreibt der Sprecher in den folgenden Beispielen dem Beschriebenen zu?

1. Als es Würstchen gab, hat Gunnar sich direkt vier genommen:

gefräßig, maßlos
___

2. Ich hab’ sie ein bisschen an den Zöpfen gezogen, da fing sie gleich an zu heulen.

___

3. Da hab ich ein Männchen auf das Franzheft gemalt, und da hat der sich nicht eingekriegt vor Lachen.

4. Ich denk, ich hör nicht recht: Da sagt der doch glatt zu unserem Deutschpauker: „Meinen Sie, der Mist, den Sie erzählen, interessiert mich?"

5. Und dann frag ich nach meiner Klassenarbeit. Da sucht er zehn Minuten in seiner Tasche und dann noch in seinem Anzug, schließlich in seinem Mantel, und dann sagt er schließlich: „Tut mir leid, ich kann sie nicht finden."

6. Als die Straßenbahn plötzlich bremsen musste, habe ich einen Fahrgast ein bisschen angerempelt. Da brüllt der mich sofort an: „Kannst du nicht aufpassen, du Idiot?"

Jetzt machen wir die Übung umgekehrt:

Übung E4

Erfinde zu den folgenden Eigenschaften Situationen, in denen diese Eigenschaft eines Menschen deutlich wird.

1. ängstlich
2. treu
3. pedantisch
4. angeberisch
5. leichtsinnig
6. geschwätzig
7. geizig

TIPP

In einem Aufsatz solltest du am besten den Charakterzug nennen und ihn auch gleichzeitig an einem Beispiel verdeutlichen.

Beispiel

Claudia hat ein besonders ausgeprägtes Umweltbewusstsein. So hat sie sich letzte Woche furchtlos mit einem Autofahrer angelegt, weil der mit laufendem Motor vor der Boutique wartete, in der seine Frau gerade verschwunden war.

Damit dir aber bei dem Versuch, menschliche Charakterzüge zu schildern, nicht die Worte fehlen, geben wir dir im Folgenden ein paar Anregungen:

In der Psychologie kennt man das Verfahren des sogenannten **„Polaritätsprofils"** – das ist ein kompliziertes Wort für einen eigentlich einfachen Vorgang: Eine Versuchsperson soll ihren eigenen Charakter beschreiben. Dazu bekommt sie eine Tabelle, die eine Reihe von Eigenschaften und deren Gegenteil enthält. Die Aufgabe besteht jetzt einfach darin, auf einer Skala anzukreuzen, wie weit die einzelnen Eigenschaften aus der Tabelle zutreffen. Das sieht etwa so aus:

	−5	−4	−3	−2	−1	0	1	2	3	4	5	
passiv	|	|	|	|	|	|	|	|	|	|	|	aktiv

Wer sich oder eben die Person, die er beurteilen soll, für besonders aktiv hält, wird hier z. B. 4 oder 5 ankreuzen; wer sich gar nicht entscheiden kann, die Null usw.
Aus den angekreuzten Eigenschaften wird dann ein Gesamtbild erstellt, und oft wird die so gewonnene Einschätzung eines Menschen mit der Meinung verglichen, die andere von ihm haben.

Eine solche Liste legen wir dir jetzt vor, aber nur die eine Hälfte – die andere sollst du selbst finden.

Übung E5

Ergänze die folgende Liste jeweils durch das Gegenteil der aufgeführten Begriffe:

Begriff	**Gegenteil**
weich	______________________
heiter	______________________
verschwommen	______________________
stark	______________________
großzügig	______________________
passiv	______________________
verschlossen	______________________
hilfsbereit	______________________
triebhaft	______________________
kühl	______________________
redselig	______________________
aggressiv	______________________
zerfahren	______________________
verträumt	______________________
streng	______________________
gesellig	______________________
ekelhaft	______________________
vergnügt	______________________

Begriff	Gegenteil
wild	
frisch	
treu	
gefräßig	
unterwürfig	
gesund	
modern	
gehemmt	
langweilig	
furchtlos	
leichtsinnig	
ausgeglichen	
entschlossen	
albern	
gleichgültig	
missmutig	
belastbar	
unternehmungslustig	
pessimistisch	
ausdauernd	
bescheiden	

Wir könnten diese Liste natürlich noch beliebig verlängern – aber die Aufgabe war auch so schon verzwickt genug, oder? Wenn du im Lösungsteil nachgeschaut hast, wird dir aufgefallen sein, dass es gar nicht immer möglich ist, einem Begriff den genauen Gegenbegriff zuzuordnen, dass es vielmehr zu manchen Eigenschaften mehrere „Gegeneigenschaften" gibt.

Jetzt haben wir schon eine Menge Material, aber das steht noch ziemlich beziehungslos auf dem Papier. Warum sollten wir es nicht gleich anwenden und eine Übung damit machen? Also los!
Auf der gegenüberliegenden Seite sind eine Menge netter Leute abgebildet. Versuche nun, dir diese Personen möglichst genau vorzustellen und dich auch in ihren Charakter hineinzudenken. Decke dann die S. 118 in deinem Buch ab und mache die folgende Übung.

Übung E6

Lauter nette Leute ...
Schreibe nun möglichst viele positive Begriffe auf, die zu diesen Personen passen könnten (aber ohne zu spicken!). Wenn du in fünf Minuten mehr als dreißig Begriffe findest, bist du richtig gut! Suche anschließend wieder einen bzw. mehrere Gegenbegriff(e) dazu.

Eine „richtige" Lösung gab es hier natürlich nicht – jeder Mensch hat ja schließlich seine ganz persönliche Meinung vom anderen – das hängt z. B. davon ab, welche Wertvorstellungen er hat. Der gleiche Mensch, der auf den einen diszipliniert wirkt, erscheint dem anderen verkrampft; was der eine für humorvoll hält, ist für den anderen nur albern, und der Pessimist ist für manchen einfach nur vorsichtig. Ja, selbst darüber, ob jemand schön ist, gehen die Meinungen – glücklicherweise! – auseinander.
Es könnte ganz reizvoll sein, die negative Charakteristik eines Menschen einmal so umzuschreiben, dass sie positiv wird, ohne dass die Tatsachen verändert werden. In der Politik war so etwas schon immer Praxis:

Beispiel

Als vor alten Zeiten ein König von seinem Sterndeuter sein Schicksal erfahren wollte, klagte dieser: „Oh Herr, welch Unglück! Alle deine Lieben werden in den nächsten Jahren vor dir sterben!" Natürlich wurde der Sterndeuter, wie das damals üblich war, umgebracht ... Der zweite war klüger. Seine Vorhersage war zwar inhaltlich auch nicht besser, aber er jubelte: „Freue dich, oh Herr! Dir ist ein so langes Leben beschieden, dass du alle deine Angehörigen überleben wirst!"

Heute werden keine Sterndeuter mehr getötet, aber immer noch Tatsachen, die man lieber verschweigen möchte, mit wohlklingenden Begriffen versehen: aus „Atommüll-Lager" wird „Entsorgungspark", aus der „Entlassung" wird die „Freisetzung" von Arbeitern, aus einer „Fahrpreiserhöhung" wird eine „Tarifanpassung" usw.

Eine solche Verschleierung der Wirklichkeit soll allerdings hier nicht deine Aufgabe sein – du sollst nur die im folgenden Text beschriebenen Eigenschaften eines Jungen so bewerten, dass sich insgesamt ein positives Charakterbild ergibt. (Z. B. kann eine Lehrerin das Verhalten eines Schülers als unerträglich frech empfinden, während ihr Kollege es toll findet, wie selbstbewusst dieser Schüler sich äußert.)

Übung E7

Schreibe die folgende Charakteristik so um, dass sich ein insgesamt positives Bild des Geschilderten ergibt, ohne dass du die Aussagen inhaltlich veränderst.

Beispiel Charakteristik

Peter R. ist einer der frechsten Schüler unserer Schule. Da seine Eltern beide arbeiten, kümmert sich keiner richtig um ihn, und so bleibt er natürlich nicht in der Wohnung, sondern hängt den ganzen Tag auf der Straße oder in Jugendclubs herum. Seine Hausaufgaben macht er selten, Vokabellernen findet er öde, und nie hat er die Hefte dabei, die wir alle führen müssen. Seine Haare lässt er bis zu den Schultern herunterhängen, ohne zum Friseur zu gehen, und seine Kleidung ist unmöglich – lauter furchtbar altmodische Klamotten, das billigste Zeug, das man sich denken kann. Gekämmt ist er fast nie. Er ist wohl so verwahrlost, weil seine Eltern nicht genug auf ihn aufpassen. Meistens treibt er sich auch mit Älteren herum, aber trotzdem kann er nie mitreden, wenn wir mal das Fernsehprogramm vom Vortag besprechen wollen. Anscheinend interessiert ihn überhaupt nichts, deshalb ist er auch der totale Außenseiter in unserer Klasse – auch deshalb, weil er überhaupt kein Fan vom FC Rot-Weiß ist. Also jedenfalls ein ziemlich unsympathischer Typ, mit dem ich nichts zu tun haben will.

Lösungsbeispiel

Peter R. ist einer der selbstbewusstesten Schüler unserer Schule. Da seine Eltern beide arbeiten, ist er sehr selbstständig und führt ein freies Leben ...

Na, ist es dir schwergefallen, den „unsympathischen Typ" sympathisch zu machen? Stellenweise war's doch etwas knifflig, oder?
Die folgende Aufgabe sollte dir nicht so viel Schwierigkeiten bereiten, sie ist aber ganz ähnlich:
Wir legen hier ein „offenes" Charakterbild vor, und du sollst versuchen, es zu füllen – positiv oder negativ (oder beides!)

Übung E8

Vervollständige das nachfolgende Charakterbild, indem du die freigelassenen Stellen nach Belieben ausfüllst. Entscheide dich aber vorher, ob du eine insgesamt eher sympathische oder eher unsympathische Gestalt schildern willst. Schreibe deine Fassung(en) vollständig ins Heft.

Frau Zirngibl unterrichtet schon seit einem Jahr an unserer Schule. Sie ist eine __________ Frau, deren Äußeres __________ ist. Das kann man schon an ihrer __________ Kleidung erkennen. Ihr __________ Gesicht wirkt manchmal __________ , aber meistens hinterlässt es einen __________ Eindruck.
Ihr __________ Haar fällt auf eine __________ Stirn, die an __________ erinnert. Besonders __________ sind ihre __________ Augen, die einen sofort an __________ denken lassen.
Ihre __________ Art wird schon an ihrem __________ Gang deutlich: Man erkennt sie schon von weitem, wenn sie den Flur entlang __________ . Auch die __________ Stimme ist ganz typisch für sie.

Ihre __________________ Arme und Beine geben ihr das Aussehen einer/es __________________, aber das entspricht keineswegs [oder: und das entspricht genau] ihrem __________________ Wesen – sie hat einen __________________ Charakter.
Ihr Unterricht ist __________________, sie hat oft __________________, und mit den Schülern geht sie __________________ um. Wenn einer etwas nicht verstanden hat, dann __________________, und für menschliche Schwächen (z. B. Verschlafen) hat sie __________________ Verständnis. Also, im ganzen ist sie ein __________________ Typ!

TIPP

> Jede Aussage kann man abmildern, indem man einschränkende Wörter wie „etwas“, „ein wenig“, „ziemlich“, „gelegentlich“ usw. voranstellt. Das gilt für positive wie negative Aussagen.

So, wenn du diese Lehrerin zu deiner Zufriedenheit oder als Abschreckung „gebastelt“ hast, sollten wir einmal zusammenfassen, was wir bisher gemeinsam erarbeitet haben:

Regel

- Die Charakteristik befasst sich mit dem Wesen eines Menschen, seinen seelischen und geistigen Eigenschaften. Sie bewertet diese Eigenschaften und ist deshalb oft abhängig von dem, was der Verfasser der Charakteristik selbst für gut oder richtig hält.
- Die Charakteristik enthält Angaben über
  - Äußeres
  - typisches Verhalten
  - persönliche Lebensumstände
  - innere Eigenschaften
  - Einstellungen und Wertvorstellungen
- Die einzelnen Elemente sollten logisch miteinander verbunden werden.
- Eigenschaften lassen sich durch direkte Nennung, durch Hinweise auf sich wiederholendes Verhalten oder durch bezeichnende, typische Einzelhandlungen darstellen.

Nach so vielen Hinweisen und Übungen bist du nun sicher in der Lage, deinen besten Freund oder deine beste Freundin zu beschreiben – und zwar so, dass dem Leser klar wird, warum ihr Freunde seid.

Übung E9

Schreibe für deine Eltern, die deinen Freund/deine Freundin noch nicht kennen, eine Charakteristik so, dass du Fehler nicht verschweigst, aber dich im Ganzen doch darum bemühst, dass deine Eltern mit der Freundschaft einverstanden sind. (Hier können wir dir keine Lösung anbieten – deine Freunde haben wir leider noch nicht kennengelernt. Du kannst deine Lösung aber anhand der obigen Regeln selbst überprüfen.)

2. Die literarische Charakteristik oder: So war Jenö

E

Jetzt wenden wir uns einer Arbeitsform zu, mit der du in der Schule wahrscheinlich öfter zu tun haben wirst, der **literarischen Charakteristik**.

Was ist das eigentlich?

Die literarische Charakteristik ist eine Aufsatzform, die das Wesen einer Gestalt aus einem literarischen Werk beschreibt. Ihr Ziel ist es, ein Gesamtbild von dieser Person zu geben.

!

Wir beginnen mit der Kurzgeschichte **„Jenö war mein Freund"** von **Wolfdietrich Schnurre**.

Originaltext Kurzgeschichte

Jenö war mein Freund

Als ich Jenö kennenlernte, war ich neun; ich las Edgar Wallace[1] und Conan Doyle[2], war eben sitzengeblieben und züchtete Meerschweinchen. Jenö traf ich zum ersten Mal auf dem Stadion am Faulen See beim Grasrupfen; er lag unter einem Holunder und sah in den Himmel. Weiter hinten spielten sie Fußball und schrien manchmal „Tooooooor!" oder so was. Jenö kaute an einem Grashalm; er hatte ein zerrissenes Leinenhemd an und trug eine Manchesterhose[3], die nach Kokelfeuer und Pferdestall roch.
Ich tat erst, als sähe ich ihn nicht und rupfte um ihn herum; aber dann drehte er doch ein bißchen den Kopf zu mir hin und blinzelte schläfrig und fragte: Ich hätte wohl Pferde. „Nee", sagte ich, „Meerschweinchen." Er schob sich den Grashalm in den anderen Mundwinkel und spuckte aus. „Schmecken nicht schlecht." „Ich eß sie nicht", sagte ich, „dazu sind sie zu nett." „Igel", sagte Jenö und gähnte, „die schmecken auch nicht schlecht." Ich setzte mich zu ihm. „Igel?" „Tooooooor!" schrien sie hinten. Jenö sah wieder blinzelnd in den Himmel. Ob ich Tabak hätte. „Hör mal", sagte ich, „ich bin doch erst neun." „Na und", sagte Jenö, „ich bin acht." Wir schwiegen und fingen an, uns leiden zu mögen. Dann mußte ich gehen. Doch bevor wir uns trennten, machten wir aus, uns möglichst bald wieder zu treffen.
Vater hatte Bedenken, als ich ihm von Jenö erzählte. „Versteh mich recht", sagte er, „ich hab nichts gegen Zigeuner[4]; bloß –" „Bloß –?" fragte ich. „Die Leute", sagte Vater und seufzte. Er nagte eine Weile auf seinen Schnurrbartenden herum. „Unsinn", sagte er plötzlich; „schließlich bist du jetzt alt genug, um dir deine Bekannten selbst auszusuchen. Kannst ihn ja erst mal zum Kaffee mitbringen."
Das tat ich dann auch. Wir tranken Kaffee zusammen, und Vater hielt sich auch wirklich hervorragend. Obwohl Jenö wie ein Wiedehopf roch und sich auch sonst ziemlich komisch benahm – Vater ging drüber weg. Ja, er machte ihm sogar ein Katapult[5] aus richtigem Vierkantgummi und sah sich obendrein noch alle unsere neu erworbenen Konversationslexikonbände mit uns an. Als Jenö weg war, fehlte das Barometer über Vaters Schreibtisch.

[1, 2] Autoren von Kriminalromanen

[3] Cordhose

[4] eine Volksgruppe, die ursprünglich aus Indien kam. Inzwischen ist sie über ganz Europa verbreitet. Die Angehörigen dieser Gruppe lehnen die Bezeichnung „Zigeuner" als verächtlich ab. Sie nennen sich selbst „Roma" bzw. „Sinti". Während des Nationalsozialismus wurden sie – wie die Juden – verfolgt und vernichtet.

[5] Schleudermaschine

Ich war sehr bestürzt; Vater gar nicht so sehr. „Sie haben andere Sitten als wir; es hat ihm eben gefallen. Außerdem hat es sowieso nicht mehr viel getaugt." „Und was ist", fragte ich, „wenn er es jetzt nicht mehr rausrückt?" „Gott –?", sagte Vater, „früher ist man auch ohne Barometer ausgekommen." Trotzdem, das mit dem Barometer, fand ich, ging ein bißchen zu weit. Ich nahm mir jedenfalls fest vor, es ihm wieder abzunehmen.
Aber als wir uns das nächste Mal trafen, hatte Jenö mir ein so herrliches Gegengeschenk mitgebracht, daß es unmöglich war, auf das Barometer zu sprechen zu kommen. Es handelte sich um eine Tabakspfeife, in deren Kopf ein Gesicht geschnitzt worden war, das einen Backenbart aus Pferdehaar trug. Ich war sehr beschämt, und ich überlegte lange, wie ich mich revanchieren könnte. Endlich hatte ich es; ich würde Jenö zwei Meerschweinchen geben. Es bestand dann zwar die Gefahr, daß er sie aufessen würde, aber das durfte einen jetzt nicht kümmern; Geschenk war Geschenk.
Und er dachte auch gar nicht daran, sie zu essen; er lehrte sie Kunststücke. Innerhalb weniger Wochen liefen sie aufrecht auf zwei Beinen, und wenn Jenö ihnen Rauch in die Ohren blies, legten sie sich hin und überkugelten sich. Auch Schubkarrenschieben und Seiltanzen lehrte er sie. Es war wirklich erstaunlich, was er aus ihnen herausholte, Vater war auch ganz beeindruckt. Ich hatte damals außer Wallace und Conan Doyle auch gerade die zehn Bände vom Doktor Dolittle[6] durch, und das brachte mich auf den Gedanken, mit Jenö zusammen so etwas wie einen Meerschweinchenzirkus aufzumachen. Aber diesmal hielt Jenö nicht durch. Schon bei der Vorprüfung der geeigneten Tiere verlor er die Lust. Er wollte lieber auf Igeljagd gehen, das wäre interessanter. Tatsächlich, das war es. Obwohl, mir war immer ziemlich mulmig dabei. Ich hatte nichts gegen Igel, im Gegenteil, ich fand sie sympathisch. Aber es wäre sinnlos gewesen, Jenö da beeinflussen zu wollen; und das lag mir auch gar nicht.

[6] Figur aus den Kinderbüchern von Hugh Lofting, die mit den Tieren reden kann

Er hatte sich für die Igeljagd einen handfesten Knüppel besorgt, der unten mit einem ausgefeilten Eisenende versehen war; mit dem stach er in Laubhaufen rein oder stocherte auf Schutthalden unter alten Eimern herum. Er hat so oft bis zu vier Stück an einem Vormittag harpuniert; keine Ahnung, wie er sie aufspürte; er muß sie gerochen haben, die Biester.
Jenös Leute wohnten in ihren Wohnwagen. Die standen zwischen den Kiefern am Faulen See, gleich hinter dem Stadion. Ich war oft da, viel häufiger als in der Schule, wo man jetzt doch nichts Vernünftiges mehr lernte. Besonders Jenös Großmutter mochte ich gut leiden. Sie war unglaublich verwahrlost, das stimmt. Aber sie strahlte so viel Würde aus, daß man ganz andächtig wurde in ihrer Nähe. Sie sprach kaum; meist rauchte sie nur schmatzend ihre Stummelpfeife und bewegte zum Takt eines der Lieder, die von den Lagerfeuern erklangen, die Zehen. Wenn wir abends mit Jenös Beute dann kamen, hockte sie schon immer am Feuer und rührte den Lehmbrei an. In den wurden die Igel jetzt etwa zwei Finger dick eingewickelt. Darauf legte Jenö sie behutsam in die heiße Asche, häufelte einen Glutberg auf über ihnen, und wir kauerten uns hin, schwiegen, spuckten ins Feuer und lauschten darauf, wie das Wasser in den Lehmkugeln langsam zu singen begann. Ringsum hörte man die Maulesel und Pferde an ihren Krippen nagen, und manchmal klirrte leise ein Tamburin auf, oder mit einer hohen, trockenen Männerstimme zusammen begann plötzlich ein Banjo[7] zu schluchzen.
Nach einer halben Stunde waren die Igel gar. Jenö fischte sie mit einer Astgabel aus der Glut. Sie sahen jetzt wie kleine, etwas zu scharf gebackene Landbrote aus; der Lehm war steinhart geworden und hatte Risse bekommen, und wenn man ihn abschlug, blieb der Stachelpelz an ihm haften, und das rostrote Fleisch wurde sichtbar. Man aß grüne Paprikaschoten dazu oder streute rohe Zwiebelkringel darauf; ich kannte nichts, das aufregender schmeckte.
Aber auch bei uns zu Hause war Jenö jetzt oft. Wir sahen uns die sechs Bände unseres neuen Konversationslexikons an; ich riß die Daten der nationalen Erhebung aus meinem Diarium[8] und schrieb rechts immer ein deutsches Wort hin, und links malte Jenö dasselbe Wort auf Rotwelsch[9] daneben. Ich habe damals eine Menge gelernt; von Jenö meine ich, von der Schule rede ich jetzt nicht. Später stellte sich heraus, es verging kein Tag, daß sich die Hausbewohner nicht beim Blockwart über Jenös Besuche beschwerten; sogar zur Kreisleitung ist mal einer gelaufen. Weiß der Himmel, wie Vater das jedesmal abbog; mir hat er nie etwas davon gesagt.
Am meisten hat sich Jenö aber doch für meine elektrische Eisenbahn interessiert; jedesmal, wenn wir mit ihr gespielt hatten, fehlte ein Waggon mehr. Als er dann aber auch an die Schienenteile, die Schranken und die Signallampen ging, fragte ich doch mal Vater um Rat. „Laß nur", sagte er, „kriegst eine neue, wenn Geld da ist". Am nächsten Tag schenkte ich Jenö die alte. Aber merkwürdig, jetzt wollte er sie plötzlich nicht mehr; er war da komisch in dieser Beziehung.
Und dann haben sie sie eines Tages doch abgeholt, die ganze Bande; auch Jenö war dabei. Als ich früh hinkam, hatte SA und SS das Lager umstellt, und

[7] *eine Art Gitarre*

[8] *Tagebuch*

[9] *deutsche Sondersprache, u. a. unter den Roma gebräuchlich*

alles war abgesperrt, und sie scheuchten mich weg. Jenös Leute standen dicht zusammengedrängt auf einem Lastwagen. Es war nicht herauszubekommen, was man ihnen erzählt hatte, denn sie lachten und schwatzten, und als Jenö mich sah, steckte er zwei Finger in den Mund und pfiff und winkte rüber zu mir.
Nur seine Großmutter und die übrigen Alten schwiegen; sie hatten die Lippen zusammengepreßt und sahen starr vor sich hin. Die anderen wußten es nicht. Ich habe es damals auch nicht gewußt; ich war nur traurig, daß Jenö jetzt weg war. Denn Jenö war mein Freund.

André, der sich sehr für die Zeit des Nationalsozialismus interessiert, hat diese Geschichte aufmerksam gelesen und auch den Versuch gemacht, den kleinen Zigeunerjungen Jenö zu charakterisieren. Sehen wir uns diesen Versuch einmal an:

Beispiel Literarische Charakteristik

Jenö ist dreckig und riecht: „Er hatte ein zerrissenes Leinenhemd an und trug eine Manchesterhose, die nach Kokelfeuer und Pferdestall roch.“ Jenö, der übrigens ein Zigeuner ist, isst Grashalme: „Schmecken nicht schlecht“. Jenö befreundet sich: „Wir fingen an, uns leiden zu mögen“. Jenö ist unhöflich dem Vater von Wolfdietrich gegenüber, der dann, als Jenö weg war, einiges über Jenö denkt: „Vater hielt sich wirklich hervorragend. Obwohl Jenö wie ein Wiedehopf roch und sich auch sonst sehr komisch benahm“.	Zitat kennzeichnen (Satzzeichen) Wichtige Information – an den Anfang! Ist das eine Charaktereigenschaft? Zitat! des Erzählers T (ist) Zitat genauer
Jenö ist ein Dieb: Als Jenö weg war, fehlte das Barometer über dem Schreibtisch. Doch der Vater denkt nicht schlecht über ihn: „Sie haben andere Sitten als wir. Es hat ihm eben gefallen.“	Vorsicht! v nach unserer Auffassung Eben!

Jenö ist ein guter «Dompteur»: Er lehrte die Meerschweinchen Kunststücke. Innerhalb zwei Wochen liefen sie auf zwei Beinen.

Jenö ist bestaunenswert: „Auch Vater war ganz beeindruckt, was Jenö alles aus ihnen herausholte". Jenö geht auf Igeljagd. Er besorgt sich Werkzeuge: Er hatte sich für die Igeljagd einen handfesten Knüppel besorgt. Jenö ist ein guter «Krieger»: Er hatte schon oft vier Stück von ihnen an einem Vormittag harpuniert.

Zitate genauer!!

Jäger?

Jenö geht mit den Igeln vorsichtig um: Behutsam legte er sie in die heiße Asche.

Welchen Schluss kannst du daraus ziehen? Du müsstest doch eine Eigenschaft Jenös daraus ableiten!

Jenö klaut schon wieder: Jedes Mal wenn er mit meiner E-Bahn spielte, fehlte ein Waggon. Als ich ihm die ganze Bahn schenken wollte, war er ganz merkwürdig. Jenö wird gefangen: Als ich früh hinkam, hatten die SA und SS das Lager umstellt.

Das Beispiel hättest du schon vorher im Zusammenhang mit dem ersten anführen können!

Er-Form!

Jenö ist ein gelassener Typ, wie ich feststellte: Er stand auf einem Last-

A

wagen zusammengequetscht mit seinen
Leuten und nahm zwei Finger und pfiff.
Jenö war sein Freund: Ich war — Er-Form!
traurig, dass Jenö jetzt weg war.
Denn Jenö war mein Freund.
Jenö ist ein etwas komisch riechender,
klauender, auch wenn der Vater — Satzbau!
ihn unterstützt, meist netter und
8-jähriger Zigeunerjunge.

Nun, du wirst festgestellt haben, dass einiges an dieser Charakteristik recht gut beobachtet ist, dass sie aber auch noch eine Reihe von Fehlern enthält:

- der Aufbau ist ziemlich unklar
- die Zitate sind ungenau
- die einzelnen Beobachtungen werden nicht nach ihrer Bedeutung für die Geschichte unterschieden
- die Sprache ist eintönig („Jenö ist…, Jenö hat…, Jenö geht…)
- das Tempus (Präsens!) wird nicht richtig verwendet
- der Verfasser benützt oft die Ich-Form statt der Er-Form

2.1 Bestandteile der literarischen Charakteristik oder: Viel Material

Wir werden auf diese Einzelheiten noch zu sprechen kommen. Jetzt wollen wir aber erst einmal überlegen, wie man an die ganze Sache systematischer herangehen kann.
Wie könnte man vorgehen, um eine **vergleichende Charakteristik** der drei Hauptfiguren dieser Geschichte – Erzähler, sein Vater, Jenö – anzufertigen? Nun, zunächst muss man natürlich das **Material sammeln**. Damit das keine sinnlose Arbeit wird, muss man sich vorher darüber klar werden, welche Art von Material man sammeln will.

1. Was gehört zur literarischen Charakteristik?
   Aussehen, Lebensumstände, Eigenschaften, innere Einstellungen, typische Verhaltensweisen
2. Wie ordne ich das Material?
   Es hat sich bewährt, eine Tabelle mit all den Merkmalen anzufertigen, die im Text angesprochen werden

Wie sähe das hier aus?

Beispiel
Vergleichende Tabelle

	Erzähler	*Vater*	*Jenö*
Alter	*neun*	*?*	*acht*
Äußeres	*?*	*?*	*zerlumpt, stinkend*
Lebensumstände	*sorgenfrei, besitzt Eisenbahn u.a., kleine Familie*	*gutbürgerlich, schöne Wohnung –*	*armer Zigeuner große Sippe*
Freizeitverhalten	*bürgerliche Spiele, Pflege der Meerschweinchen; Lesen*	*–*	*bewegt sich frei; Igeljagd Tierdressur*
Wertvorstellungen	*Besitz ist wichtig; wer nimmt, muss auch geben*	*Menschen sind wichtig, Sachen sind ersetzbar*	*Besitz unwichtig; Freundschaft zählt*
Einstellung	*naiv*	*tolerant, human*	*lebenserfahren*
Schicksal	*?*	*?*	*wird abtransportiert (ermordet?)*

Wenn du dein Material auf diese Weise geordnet hast, kannst du dich eigentlich getrost an die Arbeit machen; mit einer solchen Tabelle als Grundgerüst (diese hier ist nicht unbedingt vollständig, aber doch ein ganz gutes Modell) kannst du eigentlich gar nicht mehr viel falsch machen.

Damit du das noch an einem anderen Text üben kannst, stellen wir dir hier einen Ausschnitt aus dem Buch **„Na und?"** von **Susanne Kilian** vor:

Originaltext
Erzählung

Eigentlich geht Jürgen gerne in die Schule

Fast jeden Morgen weckt mich meine Schwester. Dann ist mein Vater meistens schon weg. Die ganze Woche lang. Er fährt einen Lastwagen mit Anhänger. Einen Klasse großen Lastwagen. Wenn ich ihn gerade noch wegfahren sehe, winkt er mir. Dann bin ich stolz.
Meine Mutter schläft. Ich bin froh, daß sie so oft morgens noch schläft. Sie schreit doch nur mit uns rum. Wenn sie aber mal aufsteht, sitzt sie nur vor ihrem Kaffee und schmiert uns doch kein Brot.

Also, meine Schwester weckt mich. Und auch den Peter und den Dieter, meine Brüder.
Ich such' mir was zum Anziehen. Manchmal, im Winter, finde ich nur weiße Sommersocken. Die ziehe ich dann an. Die anderen lachen mich aus, und kalt ist mir auch damit. Sie rutschen dauernd. Die Schuhbendel aus meinen Schuhen sind dauernd weg, ich weiß nicht, wieso. Dann geh ich eben mit offenen Schuhen. Ich muß die Zehen krumm machen, sonst verlier' ich sie.
Meine Schwester gießt uns Milch ein, und wir schmieren unsere Brote. Wenn sie viel Zeit hat, schmiert sie mir ein Pausenbrot. Weil ich meistens kein Einwickelpapier finde, stecke ich das Brot so in den Ranzen. Deshalb sind meine Bücher und Hefte voller Fettflecken. Die Lehrerin schimpft, wenn sie die Flecken sieht.
Wir gehen nicht jeden Tag zusammen in die Schule. Meistens haben meine Brüder und meine Schwester um acht Uhr Schule, ich aber erst um dreiviertel neun oder zehn. Trotzdem gehen wir zusammen aus dem Haus.
Ich bleibe auf der Straße, bis die Schule anfängt. Im Sommer ist es morgens hell und warm. Wenn ich Geld habe, dreh' ich mir am Automaten in der Hauptstraße Kaugummikugeln. Manchmal ist ein Ring dabei. Oder es sind zwei Kugeln. Dann denke ich: Das ist ein Glückstag! Vielleicht hab' ich in der Rechenarbeit diesmal doch keine Fünf. Weil es doch ein Glückstag ist!
Im Winter ist es morgens dunkel. Ich friere oft, weil ich meistens meinen Anorak vergesse. Oder, wenn ich ihn angezogen habe, friere ich trotzdem, weil ich vergessen habe, einen dicken Pullover über mein Hemd zu ziehen. Und zurück nach Hause traue ich mich nicht. Meine Mutter schimpft, wenn ich sie wecke.
Wenn es regnet, setze ich mich ins Buswartehäuschen. Die Leute schimpfen über den Regen. Ich finde ihn lustig. Ich bin ja trocken, und nur um mich herum ist alles naß.
Manchmal komme ich zu spät in die Schule, weil ich keine Uhr hab'. Wenn ich groß bin, so groß wie meine Brüder, kauf' ich mir eine Uhr, eine mit Datum und Sekundenzeiger. Stoppen muß man auch damit können.
So eine kauf' ich mir.
Ich geh' gern in die Schule. Wenn wir eine Arbeit schreiben, hab' ich meistens eine Fünf, manchmal aber auch eine Vier. Dann freu' ich mich halbtot. Aber sitzen bleibe ich sowieso. Meine Geschwister sind auch schon sitzengeblieben. Im Winter ist es schön in unserem Klassenzimmer. Besonders vor Weihnachten. Warm ist es. Am Adventskranz brennen Kerzen. Zu Hause haben wir keinen Adventskranz. Voriges Jahr hab' ich nach der Schule im Park Tannenzweige geklaut. Dann hab' ich mit Kordel einen Kranz draus gemacht. In der Schublade fand ich Kerzenstümpfchen. Die hab' ich 'reingesteckt. Dann hab' ich den Kranz mit Kordel an die Wohnzimmerlampe gebunden. Er hing ein bißchen schief. Als mein Vater nach Hause kam, hab' ich die Kerzen angesteckt. Der Peter hat den Stuhl gehalten. Das Wachs ist auf den Teppich getropft, und Mutter hat geschimpft. Vater ist mit dem Kopf gegen den Kranz gestoßen, weil er ein bißchen schief hing. „Tu das Mistding weg! Mach die

Funzeln aus! Ich will fernsehen!" hat er geschrien. Dieses Jahr mache ich keinen Adventskranz. Der in der Schule langt.
Meistens hab' ich die Aufgaben nicht. Ich soll sie nachmachen, hat die Lehrerin gesagt. Jeden Tag soll ich die Aufgaben nachmachen. Ich weiß gar nicht, wieviel ich nachzumachen habe. Neulich hatten wir keine Aufgaben auf. Die Andrea Mantz ist von einem Auto überfahren worden. Die Kinder haben erzählt, sie sei bei „Grün" über die Straße gegangen. Da hat sie trotzdem ein Auto erwischt. Sie ist gegen die Mauer geflogen. Wir bekamen keine Aufgaben an dem Tag.
Das war das einzig Gute daran.
In der Pause rase ich wie verrückt auf dem Schulhof 'rum. Ich prügle mich gern. Besonders mit dem Klaus. Klaus hat ein schlimmes Bein. Er kann sich nicht so gut wehren. Oft trete ich ihn heimlich gegen das schlimme Bein. Er liegt dann da und heult.
Ich bin froh, daß ich nicht daliege und heule.
Nach der Schule warte ich auf meine Geschwister. Wenn Schnee liegt, beschmeiße ich jeden, der aus dem Schultor 'rauskommt, mit Schneebällen. Einmal hat der Rektor einen Schneeball gegen das Ohr gekriegt. Er hat mich angebrüllt! Jetzt gucke ich vorher genau, wer 'rauskommt.

Mit meinen Geschwistern geh' ich nach Hause.
Wenn meine Mutter nicht gekocht hat, kocht meine Schwester Suppe oder was anderes.
Die Großen fahren oft mittags in die Stadt. Fast jeden Tag hat meine Mutter Besuch, wenn ich heimkomme. Dann gibt sie mir Geld fürs Mittagessen.
Ich kaufe mir zwei Brötchen und warme Fleischwurst. Meinen Ranzen lasse ich zu Hause. Wenn schönes Wetter ist, geh' ich mit meinem Essen an den Fluß. Ich laß die Füße ins Wasser baumeln. Das ist schön. Ich möchte gern schwimmen können. Probieren würd ich's ja, aber ich habe Angst, ich ersaufe. Meistens ist auch keiner in der Nähe, der mich dann 'rausziehen könnte.
Die anderen Kinder dürfen nicht mit mir spielen.

Ich weiß nicht, warum.
Sie wissen es auch nicht.
Wir spielen manchmal doch. Am Fluß oder im Park.
Wenn schlechtes Wetter ist, eß' ich zu Hause in der Küche. Ich dreh' das Radio dazu laut. Das ist auch schön.
Meine Mutter ist oft krank. Manchmal hat sie nur Kopfweh. Dann liegt sie im Bett, und niemand ist im Wohnzimmer. Ich kann fernsehen, so lange ich will. Das ist toll!
Heute war was Lustiges in der Schule. Die Gabi Lange kam zu spät. Sie hat sich entschuldigt. Sie hat gesagt, ihr Vater hätte gestern den Wecker gegen die Wand geschmissen. Da wäre er kaputt gewesen und hätte morgens nicht mehr klingeln können. Deshalb wär' sie eben zu spät gekommen. Wir haben alle so gelacht.
Nur die Gabi nicht.
Keinen Mittag hab' ich Lust für die Aufgaben. Ich bleib' sowieso sitzen. Das ist mir egal. Meiner Mutter auch. Mein Vater schimpft. Meinen Geschwistern ist es auch egal. Ich geh' lieber mit dem Peter und dem Dieter an die Ecke. Sie quatschen da mit anderen Jungs.
Es ist die Quatschecke.
Heute gibt's im Kino einen Western, „Blutige Stiefel" oder so. Ich bettele, daß ich mitdarf. Der Peter sagt, ja. Der Dieter sagt, ich bin ein kleines, mieses, freches Würstchen. Ich soll schlafen, damit ich wachse. Ich bin so wütend und boxe ihn. Er lacht mich aus.
Ich renne nach Hause und such' das Portemonnaie von meiner Mutter. Sie hat's aber mit zum Einkaufen. Da werd' ich mir eben nachher das Geld klauen und heimlich abhauen. Ich verzieh mich dann in die letzte Reihe im Kino. Da sieht mich keiner.
Meine Schwester spült. Dann macht sie Abendbrot. Heute ist keine Butter da. Ich merke nicht, ob ich Butter oder Margarine esse. Hauptsache, es gibt Blutwurst drauf. Wir essen alle zusammen Abendbrot. Mutter geht mit ins Kino. Meine Schwester auch. Ich, ich muß zu Hause bleiben. Ich kann noch nicht mal heimlich abhaun. Ich hab' eine Sauwut. Ich sage: „Scheiße, dreimal Scheiße!' Meine Mutter haut mir eine runter und schimpft. Auch, weil ich so dreckige Hände habe. Ich soll den Tisch abräumen.
Mutter malt sich an. Meine Schwester malt sich auch an. Peter und Dieter schimpfen: „Immer kommt man zu spät wegen dem Weibervolk!" Gott sei Dank hat meine Mutter nichts gehört.
Sie sind weg.
Ich räume den Tisch nicht ab, ich gucke Fernsehen. Aber das ist langweilig. Was von Wasserpflanzen.
Ich geh' aufs Klo. Dabei seh' ich das Waschbecken an. Eigentlich sollte ich mich waschen. Ich wasche mich nicht. Ich geh' so ins Bett.
Mein Bett ist nicht gemacht, und mein Schlafanzug ist nicht da. Ich suche. Ich suche auch in Peters und Dieters Bett. Wir schlafen in einem Zimmer. Der Schlafanzug liegt unter Dieters Bett. Ich zieh' mein Laken ein bißchen glatt. So liegt sich's gemütlicher.

Dem Peter hab' ich ein Buch weggenommen. Er versteckt seine Bücher vor mir. Es heißt: „Tom kämpft gegen die Unterwelt." Ich kann noch nicht so gut lesen. Aber es ist ein tolles Buch. Bis Seite 85 waren es neun Tote. Für jeden hab' ich mit dem Fingernagel einen Strich an die Wand gemacht. So was lese ich gerne, von Pistolen und Messern. So ein Klappmesser wünsche ich mir. Ich drücke drauf und das Messer springt 'raus. Toll!
Ich möchte bald wenigstens so groß wie meine Brüder sein. Und ich wäre jetzt gerne im Kino. Vielleicht geh' ich am Sonntagmittag ins Kino, wenn im Fernsehen kein Krimi oder Western läuft. Wenn ich so alt bin wie mein Vater, möchte ich auch so einen Klasse großen Laster fahren, am Steuer sitzen und das Radio ganz laut gestellt. Und jeden Mittag Schnitzel mit Pommes und Salat im Gasthaus essen, Bier dazu und Pudding hinterher. Dann wieder über die Landstraßen und Autobahnen brausen. O ja, das möchte ich!

Kannst du verstehen, dass Jürgen eigentlich gerne zur Schule geht?

Wie auch immer – jetzt solltest du erst einmal eine Tabelle machen, um Jürgens Charakterzüge, die du aus dem Text erschließen kannst, systematisch zusammenzufassen.
Eine Möglichkeit, die dir Wolfdietrich Schnurre in „Jenö war mein Freund" verschafft, hast du hier nicht: Es werden keine Eigenschaften direkt bezeichnet – alle Eigenschaften Jürgens kannst du in diesem Text nur aus den Handlungen und Äußerungen des Erzählers erschließen – Jürgen spricht ja von sich selbst, und da er wohl noch ziemlich jung ist, hat er noch nicht genügend Fähigkeiten zur Selbsterkenntnis, um über sich selbst ein Urteil abgeben zu können. Er schildert einfach ganz naiv, was er tut und denkt, ohne es irgendwie zu bewerten. Eben die **Bewertung seines Handelns** aber ist jetzt deine Aufgabe beim Schreiben einer Charakteristik.

Übung E10

Fertige zu dem Textausschnitt nach dem obigen Muster eine Tabelle an, in der du alle Aussagen festhältst, die für eine Charakterisierung Jürgens wichtig sind. Um dir die Arbeit zu erleichtern, haben wir dir auf der nächsten Seite die Themen für die Tabelle schon zusammengestellt.

In die Tabelle solltest du folgende Bereiche aufnehmen:

- Äußeres
- familiäre Verhältnisse
- Verhältnis zu Eltern und Geschwistern
- Wirkung auf andere
- Eigenschaften, Verhalten und Einstellungen:
  - wie ist er in der Schule?
  - was tut er gern?
  - was tut er nicht gern?
  - was möchte er sein?
  - was möchte er haben?
  - was möchte er können?
  - was für Gefühle hat er?
- deine Bewertung:
  - was ist an ihm sympathisch?
  - was ist an ihm erschreckend?
- welche Eigenschaften hat er also?

Du wirst wahrscheinlich bereits beim Sammeln der Textstellen, in denen der Leser etwas zu diesen Fragen erfährt, festgestellt haben, dass dieser kleine Jürgen ein recht widersprüchlicher Charakter ist, ein Kind, das man nicht ohne weiteres in eine Schublade stecken kann. Und vielleicht ist dir dabei auch mal der Gedanke gekommen, wie schwierig es ist, einen Menschen gerecht zu beurteilen.

Eine weitere Möglichkeit, dir über den Charakter einer literarischen Gestalt Klarheit zu verschaffen, hast du mit dem oben (S. 116f.) erwähnten Polaritätsprofil – du weißt schon: Das ist die Tabelle mit den gegensätzlichen Eigenschaften. Diese Tabelle kann vor allem dann von Nutzen sein, wenn man eine Gestalt aus einem längeren Text (Roman, Schauspiel) charakterisieren soll.
Damit dir das leichter fällt, geben wir dir diesmal eine vollständige Tabelle an die Hand. Die Bewertung der aufgeführten Eigenschaften ist nicht immer ganz einfach. „Weich" und „verträumt" wird man eher als negative Eigenschaften sehen, wenn man einen Menschen ausschließlich nach seiner Leistung, z.B. seinem beruflichen Erfolg, beurteilt. Aber es gibt sicher auch Situationen, in denen Härte und Nüchternheit ganz und gar nicht gefragt sind. Insgesamt solltest du mit der Bewertung einer Eigenschaft sehr vorsichtig sein. Zum einen kommt es auf den Zusammenhang an, ob eine Eigenschaft positiv oder negativ ist. Zum anderen auf deine eigene Einstellung.

Du sollst nun anhand der Tabelle entscheiden, ob für Jürgen eine Eigenschaft sehr oder nur wenig zutrifft oder vielleicht überhaupt keine Rolle spielt. Wenn du dann die entsprechenden Stellen angekreuzt hast und die Kreuze verbindest, entsteht ein Polaritätsprofil.

Beispiel
Polaritätsprofil

	trifft zu		weiß nicht	trifft zu		
			weder – noch			
	sehr	etwas		etwas	sehr	
hart						weich
stark						schwach
empfindlich						dickfellig
kühl						hitzig
realistisch						verträumt
wild						sanft
aktiv						passiv
hilfsbereit						egoistisch
bescheiden						unbescheiden
friedlich						aggressiv
gesellig						einsam
sportlich						unsportlich
mitleidig						mitleidlos
erfolgreich						erfolglos
energisch						träge
zielstrebig						planlos
heiter						bedrückt
nachdenklich						unbekümmert
vergnügt						missmutig
munter						müde
mutig						feige
zurückhaltend						angeberisch
ehrlich						verlogen
freundlich						feindlich
gut						böse
witzig						nüchtern
schlau						dumm

Fassen wir nun noch einmal die wesentlichen Punkte zusammen, die für die sachliche wie für die literarische Charakteristik gelten:

Regel

Folgende **Elemente** sollte eine Charakteristik enthalten:
- Äußeres (Gestalt, Gesicht, Haar, Alter, Haltung, Gesten, Bewegungen, Stimme, Sprache, Kleidung)
- Eigenschaften (vgl. Polaritätsprofil)
- Einstellungen (Normen und Werte)
- persönliche Verhältnisse (Familie, Beruf, Wohnung, Hobbys, Herkunft, Zugehörigkeit zu bestimmten Gruppen)

In der **sachlichen Charakteristik** kannst du diese Merkmale durch direkte Beobachtung oder durch Rückschlüsse aus dem Verhalten der Person gewinnen.
Für die **literarische Charakteristik** musst du den Text genau nach ausdrücklichen Schilderungen der Merkmale absuchen und/oder aus dem Verhalten und den Äußerungen der literarischen Person die Merkmale erschließen.

Wir werden jetzt noch auf ein paar Techniken eingehen, die du für die literarische Charakteristik brauchen kannst. Dafür werfen wir einmal einen Blick in Gunnars Deutschheft. Gunnar sollte eine Gestalt aus dem Roman **„Sansibar oder Der letzte Grund"** von **Alfred Andersch** charakterisieren.
Damit du überhaupt weißt, worum es in diesem Roman geht, geben wir dir eine kurze Zusammenfassung der Ausgangssituation. (Sie ist einer Fernsehzeitschrift entnommen und beschreibt die Verfilmung des Romans.)

Originaltext Beschreibung der Ausgangssituation

Ein evangelischer Pfarrer in einer kleinen Stadt an der Ostsee versucht, eine Figur des verbotenen Bildhauers Barlach vor dem Zugriff der Nazis zu retten. Er wendet sich an den Fischer Knudsen, einen Kommunisten, bei dem er sicher sein kann, nicht verraten zu werden. Knudsen lehnt aus privaten Gründen ab – er will seine psychisch kranke Frau Bertha nicht gefährden.
Während eines Treffens mit dem kommunistischen Funktionär Gregor kommt es zu einer Auseinandersetzung zwischen den beiden Männern. Knudsen möchte nicht mehr mitmachen, weil er es für aussichtslos hält, und Gregor will ihn zwingen, die Barlach-Figur nach Schweden zu bringen, weil er selbst fliehen möchte. Da taucht die junge Jüdin Judith auf, die vergeblich versucht hat, als blinder Passagier auf einem schwedischen Schiff mitzufahren. Gregor, der Pfarrer und Knudsen erkennen schließlich, dass in dieser Situation trotz unterschiedlicher politischer Auffassungen gemeinsam gehandelt werden muss.
Die Handlung spielt sich kurz vor Ausbruch des 2. Weltkrieges ab. Sansibar ist der Ort, von dem „der Junge" träumt, ein Fischerjunge, der bei Knudsen lernt und für den Sansibar der Ort ist, an dem es Freiheit und Gerechtigkeit gibt – ein Ort, den alle Personen dieser Geschichte unter Lebensgefahr suchen ..

Von all diesen Personen hat Gunnar sich sofort mit dem Jungen „angefreundet", der stundenlang in dem alten Speicher liegen und von Huckleberry Finns Abenteuern auf dem Mississippi träumen kann; aber am meisten beeindruckt hat ihn die Gestalt der Bertha, Knudsens Frau, die das hat, was man heute lieblos „eine Macke" nennen würde: Sie erzählt unentwegt den gleichen Witz.
Diese Frau hat Gunnar charakterisiert.
Wie ist er dabei vorgegangen? Nun, zuerst hat er natürlich wieder das **Material gesammelt** – die wichtigsten Textstellen im Roman, in denen Bertha erwähnt wird. Das ist bei einer Nebenfigur natürlich erheblich einfacher als bei einer Hauptperson!
Folgende Stellen hat er gefunden:

Originaltext (Belegstellen)

S. 13f.: Sie ging freundlich lachend ins Haus (...)
Sie lächelte. Knudsen blickte auf ihren blonden Scheitel, sie war blond und sanft, eine hübsche junge Frau von vierzig Jahren. Ich muß dir einen Witz erzählen, sagte sie. Ängstlich blickte sie zu ihm auf und fragte: hörst du auch zu. Ja, ich höre zu, sagte Knudsen (...). In Machnow, erzählte Bertha, sah einmal ein Mann zu, wie die Irren mitten im Winter vom Sprungbrett in das Becken des Schwimmbades sprangen. Er sagte zu ihnen: aber es ist doch gar kein Wasser drin. Da riefen sie zurück: wir üben doch nur für den Sommer, während sie sich ihre blauen Flecken rieben. Warum hat sie sich gerade diesen grausamen Witz ausgesucht, dachte Knudsen, während Bertha ihn erwartungsvoll ansah. Er lächelte und sagte: Ja, ja, Bertha, ein guter Witz. Wenn ich nicht aufpasse, dachte er, werden sie auch dich zu den Irren bringen, obwohl du gar nicht irre bist. Sie hat nur einen kleinen Tick, überlegte er. (...) Sonst war sie freundlich und sanft, eine gute Frau. (...) Doch vor einem Jahr war einer von den Anderen zu Knudsen gekommen und hatte gesagt: Ihre Frau ist geistesgestört, wir müssen sie in eine Anstalt bringen. (...) er sah ihr freundliches Lachen, ihr immerwährendes und fatales Lachen auf ihrem hübschen, noch immer jungen Gesicht (...)

S. 64: Sie sah ihn mit ihrem freundlichen Lachen an und sagte: Aber ich muß dir noch einen Witz erzählen. Nein, jetzt nicht, erwiderte Knudsen und schob sie auf den Kai hinauf. Sie stand einen Augenblick oben und blickte freundlich auf ihn herab, aber in ihre Augen trat etwas Trauriges, ein Ausdruck von Hilflosigkeit, und ihren ganzen Körper schien eine krampfartige Spannung zu überfallen. Also erzähl schon, sagte Knudsen (...)

S. 85: (Bertha im Schlaf) (...) ein paar Strähnen lagen über ihrem Gesicht, das jetzt, endlich, nicht mehr irr lächelte, sondern einen ernsten Ausdruck angenommen hatte, einen ernsten, verschlossenen Ausdruck, den aufzubrechen und zu verwandeln sich lohnte. Knudsen hätte sich gerne zu ihr gelegt und die Liebe mit ihr gemacht; sie liebten sich immer noch und sie machten oft die Liebe miteinander, lang und intensiv, mit langen, treibenden Gesprächen, in denen er den Irrsinn von ihr fernhielt und alles auf die Lust konzentrierte; aber er schloß die Tür, löschte das Licht in der Küche und ging hinaus. Wie wird es weitergehen mit Bertha und mir, dachte Knudsen (...)

Nachdem Gunnar sein Material gesammelt hat, macht er sich nun daran, es zu **ordnen**. So sieht sein Gliederungsentwurf aus:

Beispiel Gliederungsentwurf

„Sansibar oder Der letzte Grund"

Einleitung: Würde man das Buch „Sansibar oder Der letzte Grund" verfilmen, so wäre Bertha, die Frau von Knudsen, aufgrund ihres kleinen Ticks eine witzige Figur.

Aussehen: blond, etwa 40 J., aber noch gut aussehend, jung wirkend

Wesen: sanft, freundlich, zurückhaltend, gehorsam, hilflos, kindlich, fürsorglich, liebevoll, liebebedürftig

Gewohnheit: lächelt oft

Was steht im Widerspruch dazu?

Schluss

Bevor nun aus dieser recht vernünftigen Gliederung ein guter Aufsatz wird, wollen wir uns die notwendigen Arbeitsschritte noch einmal in der Zusammenfassung ansehen.

Regel

Arbeitsschritte:

Stoffsammlung unter bestimmter Fragestellung:
- Wie sieht die Person aus?
- Wie handelt sie?
  - gewöhnlich?
  - in bestimmten Situationen?
- Was sagt sie?
- Was denkt sie?
- Wie fühlt sie?
- Was ist ihr wichtig?

Gliederung der Charakteristik:
- Gestaltung der Einleitung
- Reihenfolge der einzelnen Bereiche des Hauptteils
- Beleg durch Zitate aus dem Text
- Gestaltung des Schlusses (Zusammenfassung, evtl. Einordnen in Gesamttext, abschließendes Urteil)

Dass freilich aus einer guten Gliederung noch lange kein guter Aufsatz werden muss, hat sich ein paar Wochen später gezeigt: Als Stefan dann nämlich wirklich zum gleichen Thema einen Aufsatz schreiben musste und Gunnars Einleitung und Gliederung ohne Gewissensbisse übernahm, kam leider nur das Folgende dabei heraus:

Beispiel Literarische Charakteristik (nicht nachahmenswert!)

Einleitung:	Die „irre" Bertha, Frau des Fischers Knudsen, spielt in dem Roman „Sansibar oder Der letzte Grund" nur eine Nebenrolle, und trotzdem lohnt es sich, sich mit ihr zu beschäftigen, da Knudsens Handlungsweise oft durch einen Gedanken an sie beeinflusst wird.	
Aussehen, Wesen, Gewohnheit:	Die etwa 40 Jahre alte Frau mit ihren blonden Haaren sieht immer noch jung aus.	A steif
	Durch ihr ständiges Lächeln sieht sie sehr sanft aus. Durch ihren kindlichen Gehorsam wirkt sie sehr hilflos.	Wdh.
	Außerdem ist sie sehr freundlich und fürsorglich, aber trotzdem sehr	Textbelege!
	zurückhaltend. Ihre eigene Person benötigt viel Liebe.	A
	In krassem Gegensatz dazu steht ihr kleiner Tick, der darin besteht, dass sie immer wieder den gleichen Witz erzählt.	
	Ihr angeblicher Einfluss, den sie auf Knudsen ausübt, besteht eigentlich nur darin, dass er sich um sie kümmern muss. Sie hält ihn vom Flüchten ab, da sie sonst von „den Anderen" abgeholt würde.	Schluss fehlt!

Kein Zweifel – vom Aufbau her ist das eine ganz gute Charakteristik, aber sie enthält zwei wesentliche Mängel:

- der Stil ist steif, umständlich, trocken
- die einzelnen Aussagen werden nicht am Text belegt

Außerdem fehlt ein zusammenfassender Schlusssatz.

Du siehst an der Zusammenfassung zur literarischen Charakteristik, dass Stefan – dank Gunnars Vorarbeit – die Charakteristik klar gegliedert und auch eine brauchbare Einleitung geschrieben hat. Dagegen fehlt es ganz an Textzitaten, um die einzelnen Aussagen über Bertha zu belegen.
Diesem wichtigen Thema des Zitierens werden wir uns nun ausführlich widmen.

2.2 Die Begründung der Aussagen in der literarischen Charakteristik oder: Zitat, Zitat

An folgendem Beispiel wollen wir die verschiedenen Möglichkeiten aufzeigen.

Beispiele
Belege

Stefan schreibt z. B.:
„Durch ihren kindlichen Gehorsam wirkt sie sehr hilflos."
Diese Aussage könnte Stefan nun folgendermaßen am Text belegen:

1. wörtliches Zitat:

Knudsens Angst um Bertha, die es ihm unmöglich macht, sie allein zurückzulassen, ist nur zu verständlich: Ihr kindlicher Gehorsam lässt sie hilflos und zerbrechlich wirken. Das zeigt sich schon bei ihrem ersten Auftreten (S. 13): „Bertha saß trotz der Kälte auf der Bank und strickte. Hol dir einen Mantel, sagte Knudsen, wenn du schon draußen sitzen mußt. Sie ging freundlich lachend ins Haus und kehrte nach ein paar Sekunden zurück, den Mantel an." Offensichtlich muss sie also selbst auf so persönliche Empfindungen wie Hitze oder Kälte von ihrem Mann aufmerksam gemacht werden …

2. Paraphrase *(freie inhaltliche Wiedergabe eines Textabschnitts):*

Berthas kindlicher Gehorsam lässt sie hilflos und zerbrechlich wirken. So muss sie z. B. von Knudsen darauf aufmerksam gemacht werden, dass es kalt ist, und ohne zu zögern befolgt sie darauf seine Anweisung, sich einen Mantel zu holen. Zu einer selbstständigen Entscheidung scheint sie nicht fähig (S. 13).

3. Zitatwörter im Satz:

Bertha zeigt ihrem Mann gegenüber geradezu kindlichen Gehorsam: Sie tut sofort „freundlich lachend", was er sagt, und ehe sie selbst etwas von sich aus tut, blickt sie „ängstlich (…) zu ihm auf". (S. 13)

4. indirekte Rede:

Bertha zeigt ihrem Mann gegenüber geradezu kindlichen Gehorsam: Als er sie auffordert, einen Mantel anzuziehen, tut sie es sofort, ohne eine eigene Meinung zu äußern.

Jede wichtige Aussage sollte **aus dem Text belegt** werden.
Jedes Zitat muss mit einer **Seiten- oder Zeilenangabe** versehen sein!

TIPP

Wenn Sätze nicht vollständig zitiert werden (Beispiel 3), so wird der ausgelassene Teil durch drei Punkte in Klammern (...) angedeutet.
Muss ein solcher zitierter Teilsatz umgeformt werden, weil er sonst nicht passt, so musst du das, was du selbstständig in das Zitat eingefügt hast, in Klammern setzen.

Beispiel

Originaltext: *Sie ging freundlich lachend ins Haus und kehrte nach ein paar Sekunden zurück, den Mantel an.*

Textzitat: *... was man auch sehr gut daran erkennen kann, dass Bertha „freundlich lachend ins Haus (ging) und (...) nach ein paar Sekunden zurück(kehrte), den Mantel an." (S. 13)*

An diesem Beispiel siehst du aber auch, dass das ziemlich umständlich ist. Deshalb empfehlen wir dir, Zitate stets so in deinen eigenen Text einzubauen, dass du sie unverändert übernehmen kannst.

So, und damit sind wir schon fast am Ende dieses Kapitels. Bevor wir zum Abschluss noch eine ganz ordentliche Schülerarbeit zu einer weiteren Person aus dem Roman „Sansibar" vorstellen, wollen wir die Bestandteile der literarischen Charakteristik noch einmal ausführlich zusammenfassen.

2.3 Zusammenfassung oder: „... ein Mensch, wie er uns oft begegnet ..."

Regel

Die literarische Charakteristik

- beschreibt das Wesen einer Person aus einem literarischen Werk (Roman, Novelle, Kurzgeschichte, Drama)
- versucht, ein Gesamtbild dieser Person zu geben, das sich sowohl aus äußeren Eindrücken als auch aus Verhaltensweisen, Charakterzügen, typischen oder bezeichnenden Gesten, Handlungen und Äußerungen zusammensetzt und entweder vom Autor direkt bezeichnet wird oder aus dem Geschehen in dem literarischen Werk erschlossen werden muss.

Und so sollte deine literarische Charakteristik aufgebaut sein:

Regel

Gliederung einer literarischen Charakteristik

Die **Einleitung** soll auf die eigentliche Charakterisierung hinführen.

Dazu kann man
- die Bedeutung der Person für das Gesamtwerk erwähnen,
- die Bedeutung der Person vor dem historischen Hintergrund beschreiben,
- eine Besonderheit der Person andeuten.

Im **Hauptteil** folgt die eingehende Schilderung von Charakter, Eigenheiten, Gewohnheiten, Ansichten und Hintergrund der Person.

Dazu sollte man
- die stärksten Eindrücke zuerst schildern,
- die Zusammenhänge zwischen Äußerem und den Wesenszügen darstellen,
- alle Einzelmerkmale in einen Gesamtzusammenhang einordnen (z. B. Bertha, die „Irre").

Im **Schlussteil** wird der Text zusammengefasst.

Dazu könnte man
- eine persönliche Wertung abgeben, (die aber begründet werden muss),
- auf das Allgemeingültige der Person verweisen („ein Mensch, wie er uns oft begegnet"),
- auf die Zeitbezogenheit der Person Bezug nehmen („heute scheint ein solches Verhalten nicht mehr möglich").

Für die Gestaltung des Hauptteils wollen wir dir noch einige wichtige Hinweise geben. Folgende Fragen können dir helfen, das Wesen der literarischen Person zu erschließen, die du charakterisieren sollst.

- Weisen äußere Merkmale der Person auf bestimmte Verhaltensweisen und Eigenschaften hin?
- Welche Entwicklung erfährt die Person im Verlauf des Textes? Wie entfaltet sich ihr Charakter?
- Welche Aufschlüsse kann man aus der Sprache der Person gewinnen?
- In welchen Situationen zeigen sich Interessen, Gefühle, Wertvorstellungen der Person?
- Wie handelt die Person in Krisensituationen? Eher verstandesgemäß oder gefühlsbetont?

- Wie sieht die Person sich selbst?
- Was sagen andere über die Person? Wie ist deren Verhältnis zu ihr?
- Wie verhält sie sich gegenüber Gleich-, Höher- oder Tiefergestellten?
- Handelt es sich um einen Außenseiter oder ist die Person typisch für eine bestimmte Gruppe, Schicht etc.?

Zum Schluss noch einige praktische Tipps:

TIPP

- Nicht das Geschehen, sondern der Charakter einer Person steht im Zentrum des Interesses.
- Es müssen nicht alle im Text genannten Einzelmerkmale aufgegriffen werden.
- Im Gegensatz zur Personenbeschreibung gibt es keine festgelegte Reihenfolge der Merkmale.
- Vermeide ein bloßes Aufzählen von Fakten.
- Wichtige Aussagen musst du mit Textstellen belegen.
- Achte auf die Wahl treffender Wörter (vgl. die Wortlisten in diesem Buch).
- Die literarische Charakteristik steht wie die Personenbeschreibung im Präsens.

Hier nun, wie versprochen, ein ganz ordentlicher Schüleraufsatz: die Charakteristik von Gregor, einer weiteren Figur aus **„Sansibar oder Der letzte Grund"**.

Beispiel Literarische Charakteristik

Charakteristik von Gregor

In Alfred Anderschs Roman „Sansibar oder Der letzte Grund" spielt der KPD-Funktionär Gregor eine entscheidende Rolle: Er ist derjenige, der die Flucht nach Schweden organisiert. Dabei vollzieht sich in seinen Motiven eine entscheidende Wandlung: Hatte er zunächst nur selbst fliehen wollen, so bringt ihn jetzt das der Jüdin Judith drohende Schicksal dazu, ihr und dem „Klosterschüler" zur Flucht zu verhelfen. Er, so denkt er, wird andere Wege finden, das Land zu verlassen.

Im Jahre 1937 kommt ein junger, mittelgroßer Mann mit glattem, schwarzem Haar über einem mageren Gesicht nach Rerik. Er scheint unauffällig, fährt ein Fahrrad, trägt einen grauen Anzug und Fahrradklammern an der Hose (vgl. S. 45). Diese Fahrradklammer wird öfter

erwähnt – sie steht wohl als Symbol für sein Gefangensein in der Partei-Ideologie, für die Verklammerung mit einer Partei, die er verlassen möchte, er will desertieren. Er hat sich das einfach vorgestellt: Er würde seinen letzten Instrukteurauftrag ausführen und dabei den Verbindungsmann über Transportmöglichkeiten ausforschen (vgl. S. 22f.). Es scheint, dass er nicht besonders mutig ist („Gregor hatte Angst" S. 40) und dass er sogar zum Verrat fähig ist.
Anscheinend macht es ihm nichts aus, einen anderen, noch dazu einen Parteigenossen, für seine Pläne auszunutzen, selbst wenn dieser sogar in Gefahr gerät.
Dieser Parteigenosse, der Fischer Knudsen, schätzt ihn von Anfang an nicht besonders positiv ein: Er kennt die „Typen" – „keine Arbeiter, (...) aber auch keine richtigen Intellektuellen" (S. 45), nur „harte, trainierte Burschen". (S. 45) In seinen Augen ist Gregor einer, der denkt, aber auch zuschlägt, wenn er sich durchsetzen will. Freilich tut er das nur im äußersten Fall (vgl. S. 139) – im Allgemeinen ist er in der Lage, andere mit Worten zu überzeugen. Er ist redegewandt, das muss der eher wortkarge Knudsen natürlich anerkennen (S. 54), er scheint der typische Parteifunktionär zu sein.
Aber gerade im Verhältnis zur Partei zeigt sich, dass Gregor eine Krise erlebt: Er ahnt, dass er die Partei gebraucht hat, weil man „ohne einen Auftrag" nicht leben kann (S. 41), aber jetzt will er nicht mehr mitspielen. Knudsen gegenüber spielt er zwar den harten Funktionär (vgl. das erste Kapitel „Knudsen – Gregor"), aber in Wirklichkeit ist er gar nicht hart. Er ist sensibel für Schönheit (Farben!) und menschliche Gefühle (vgl. die Episode mit Franziska), und diese Sensibilität bringt auch seine Wandlung. Entscheidend dafür sind seine Begegnungen mit dem „Klosterschüler" und mit Judith. Der „Klosterschüler" als einer, der „ohne Auftrag" lebt, der lesen kann und dennoch aufstehen und fortgehen, denken und handeln, zeigt ihm, dass es ohne Partei, also ohne Fremdbestimmung geht. Wer wie der „Klosterschüler" liest, selbst entscheidet, was und wie lange, der setzt sich ohne Parteibefehl mit der Welt auseinander. So möchte Gregor auch werden und darum wird die Parteiaktion zu seiner Aktion, einer „eiskalte(n) Aktion gegen die Anderen." (S. 84).
Mit der Autorität der Partei im Hintergrund fordert er Knudsen auf, die Figur wegzubringen: „mich kannst du aus dem Spiel lassen" (S. 57), und diese Handlung beschert ihm mehr und mehr „ein wunderbare(s) Gefühl" (S. 84) – eine eiskalte Aktion, und doch „Romantik" (S. 84). Romantiker ist er geblieben, ein „kalter Romantiker" (S. 84).
Die Begegnung mit Judith, das ihr drohende Schicksal, weckt endgültig die in ihm verschütteten Gefühle, und so ist er fähig, das Wunder des verlöschenden Lichtstrahls anzuerkennen, auf seine eigene Rettung zu verzichten und Judith und dem „Klosterschüler" die Flucht zu ermöglichen. Durch diese Tat befreit er sich endgültig von „der Partei", von den Zwängen, es gelingt ihm, selbst zu entscheiden, selbst Verantwortung zu übernehmen, zu handeln, ohne seine Gefühle deshalb zu unterdrücken.

Meiner Meinung nach hat der „Klosterschüler" Gregor sein eigenes Ich zurückgegeben, das er in der Partei verloren hatte. Gregor ist jetzt frei, er kann offen für äußere Einflüsse handeln, er kann denken, wie er will, er ist wieder er selbst. Der „Klosterschüler" hat in ihm einen neuen, den „alten" Gregor erweckt.

Es war in diesem Aufsatz viel von dem „Klosterschüler" die Rede – das ist eine Holzplastik, die es wirklich gibt, der **„Lesende Klosterschüler"** von **Ernst Barlach**, einem Bildhauer, dessen Werke unter den Nationalsozialisten als „entartet" galten und deshalb verboten waren. Wie Alfred Andersch diese Figur selbst beschrieben hat, wollen wir dir zum Abschluß zeigen – als ein Beispiel für eine künstlerische Personenbeschreibung und Charakteristik.

Originaltext

Abbildung: Ernst Barlach: Lesender Klosterschüler

Dann wurde er *[Gregor]* sich der Anwesenheit der Figur bewußt. Sie saß, klein, auf einem niedrigen Sockel aus Metall, zu Füßen des Pfeilers schräg gegenüber. Sie war aus Holz geschnitzt, das nicht hell und nicht dunkel war, sondern einfach braun. Gregor näherte sich ihr. Die Figur stellte einen jungen Mann dar, der in einem Buch las, das auf seinen Knien lag. Der junge Mann trug ein langes Gewand, ein Mönchsgewand, nein, ein Gewand, das noch einfacher war als das eines Mönchs: einen langen Kittel. Unter dem Kittel kamen seine nackten Füße hervor. Seine beiden Arme hingen herab. Auch seine Haare hingen herab, glatt, zu beiden Seiten der Stirn, die Ohren und Schläfen verdeckend. Seine Augenbrauen mündeten wie Blätter in den Stamm der geraden Nase, die einen tiefen Schatten auf seine rechte Gesichtshälfte warf. Sein Mund war nicht zu klein und nicht zu groß; er war genau richtig, und ohne Anstrengung geschlossen. Auch die Augen schienen auf den ersten Blick geschlossen, aber sie waren es nicht, der junge Mann schlief nicht, er hatte nur die Angewohnheit, die Augendeckel fast zu schließen, während er las. Die Spalten, die seine sehr großen Augendeckel gerade noch frei ließen, waren geschwungen, zwei großzügige und ernste Kurven, in den Augenwinkeln so unmerklich gekrümmt, daß auch Witz in ihnen nistete. Sein Gesicht war ein fast reines Oval, in ein Kinn ausmündend, das fein, aber nicht schwach, sondern gelassen den Mund trug. Sein Körper unter dem Kittel mußte mager sein, mager und zart; er durfte offenbar den jungen Mann beim Lesen nicht stören.
Das sind ja wir, dachte Gregor (...) Genauso sind wir in der Lenin-Akademie gesessen und genauso haben wir gelesen, gelesen, gelesen (...), so versunken

waren wir. So versunken wie er. Er ist wie wir. Wie alt ist er? So alt wie wir waren, als wir genauso lasen. Achtzehn, höchstens achtzehn. Gregor bückte sich tiefer, um dem jungen Mann gänzlich ins Gesicht sehen zu können. Er trägt unser Gesicht, dachte er, das Gesicht unserer Jugend, das Gesicht der Jugend, die ausgewählt ist, die Texte zu lesen, auf die es ankommt. Aber dann bemerkte er auf einmal, daß der junge Mann ganz anders war. Er war gar nicht versunken. Er war nicht einmal an die Lektüre hingegeben. Was tat er eigentlich? Er las ganz einfach. Er las aufmerksam. Er las genau. Er las sogar in höchster Konzentration. Aber er las kritisch. Er sah aus, als wisse er in jedem Moment, was er da lese. Seine Arme hingen herab, aber sie schienen bereit, jeden Augenblick einen Finger auf den Text zu führen, der zeigen würde: das ist nicht wahr. Das glaube ich nicht. Er ist anders, dachte Gregor, er ist ganz anders. Er ist leichter, als wir waren, vogelgleicher. Er sieht aus wie einer, der jederzeit das Buch zuklappen kann und aufstehen, um etwas ganz anderes zu tun. *(S. 42f.)*

Das Referat
oder: **Dem Reinen ist alles Un-Rhein ...**

Gunnar ist einige Tage wie vom Erdboden verschwunden gewesen.
Stefan hatte schon – typisch für ihn – die wildesten Vermutungen geäußert: „Entführt, von einem tollwütigen Kater gebissen ...“ – da taucht der Vermisste auf einmal am altbekannten Treffpunkt wieder auf ...
„Mensch, Gunnar!“, ruft Kirsten, „wo hast du denn die ganze Zeit gesteckt? Wir haben uns ja schon alles Mögliche ausgemalt! Warst du etwa verreist, so mitten in der Schulzeit?“
„Quatsch!“, brummt Gunnar, „von wegen verreist! Gearbeitet hab ich – ich musste ein Referat halten über die Vergiftung des Rheins.“
Stefan grunzt etwas Unverständliches und fängt an zu singen: „Wenn das Wasser im Rhein goldner Wein wär ...“
„Ich hab“, fährt Claudia dazwischen, „das auch in der Zeitung gelesen, und ich glaub, im Fernsehen haben sie auch was darüber gebracht – aber du, Stefan, du liest ja höchstens die Sportseite oder die Bilderwitze, sonst wär dir das Singen doch schon längst vergangen!“ (Claudia kann wirklich ungemütlich werden, wenn jemand meint, Umweltschutz sei nur etwas für Spinner ...)
„Is' ja gut“, lenkt Stefan ein, „is' ja o.k. Aber Referat – das ist für mich einfach ein Reizwort – ehrlich! Unser Erdkundepauker hat mich schon dreimal gefragt, ob ich nicht mal 'n Referat schreiben wollte, da könnte ich doch meine Note verbessern und so. Hab ich natürlich nicht gemacht – ich weiß doch gar nicht richtig, was das eigentlich ist, so'n Referat, und wie man das macht ...“
Fürsorglich mischt sich da André ein. „Wir können ja alle mal bei Gunnar ein gutes Wort für dich einlegen – vielleicht zeigt er dir dann, wie er's gemacht hat.“
„Klar“, meint Gunnar, „aber nur dann, wenn du hier vor Zeugen versprichst, dass du nie mehr so bescheuerte Lieder singst ...“

Vielleicht geht es dir so ähnlich wie Stefan: Du hast zwar das Wort „Referat“ sicherlich schon öfter gehört, aber eine genaue Vorstellung davon, was das eigentlich ist, hast du noch nicht. Wenn das so ist, wollen wir in diesem Kapitel einiges daran ändern, und wenn du dir die Zeit nimmst, uns zu folgen, solltest du bald in der Lage sein, ein ordentliches Referat anzufertigen –

eines, mit dem du tatsächlich die Note verbessern kannst. Das kann die Deutschnote sein, aber auch die Erdkundenote oder die in Biologie; denn in fast allen Schulfächern kann es sinnvoll sein, Referate zu halten.

Das Wort **„Referat"** kommt aus dem Lateinischen. „Referre" heißt – ganz wörtlich – „zurücktragen"; im weiteren Sinne bedeutet es „berichten". Die Verbform „referat" muss dann mit „er/sie soll berichten" übersetzt werden – und damit ist auch klar, was es bedeutet, wenn jemand zu irgendeinem beliebigen Thema ein Referat anfertigen soll: Man erwartet von ihm, dass er vorhandenes Material zu seinem Thema sammelt und es „zurückträgt".

Das heißt:

! Wer ein Referat über ein bestimmtes Thema hält, berichtet anderen, die an diesem Thema interessiert sind, was dazu bisher schon gesagt und geschrieben worden ist, welche Tatsachen, Gedanken und Meinungen darüber bekannt sind.

Im „Großen Wörterbuch der deutschen Sprache" wird der Begriff „Referat" so erklärt:

Originaltext Wörterbuch-Artikel

Referat, (...) (vor Fachleuten vorgetragene) sorgfältig ausgearbeitete (und Untersuchungsergebnisse zusammenfassende) Abhandlung über ein bestimmtes Thema.

In dieser Definition ist eigentlich alles enthalten, worauf es beim Referat ankommt – das wirst du bald feststellen können!

(Gelegentlich wirst du vielleicht noch auf eine andere Bedeutung des Wortes „Referat" stoßen: Man bezeichnet damit in einer großen Verwaltung, z. B. in einer Stadtverwaltung, einzelne Fachgebiete, z. B. das Referat „Öffentlichkeitsarbeit", das Referat „Finanzen" usw. Der für ein Fachgebiet verantwortliche Referent muss dem Chef der Verwaltung berichten, also referieren, was in seiner Abteilung abläuft.)

1. Die Arbeitsschritte oder: Eins nach dem anderen

F

Was für jeden etwas komplizierteren Arbeitsvorgang zu beachten ist, gilt natürlich auch für das Referat: Es muss von Anfang bis Ende geplant werden, und die einzelnen Arbeitsschritte müssen eingehalten werden.
Vielleicht fallen dir selbst die wichtigsten Schritte schon ein? Versuch doch einmal, ohne gleich auf die Lösung zu schauen, ob du sie hinschreiben kannst:

Welches sind die wichtigsten Arbeitsschritte beim Abfassen eines Referats?

Übung F1

1. ______________________________
2. ______________________________
3. ______________________________
4. ______________________________
5. ______________________________
6. ______________________________

Bist du auf alle sechs gekommen? Oder ist dir gar keiner eingefallen? Das wäre auch nicht schlimm, denn hier wirst du mit den einzelnen Arbeitsschritten ganz schnell vertraut werden.

Was ist wohl das erste, was zu tun ist, wenn man sein Thema formuliert hat (also z. B.: „Die Verschmutzung des Rheins" oder „Vergangenheit und Zukunft der Olympischen Spiele" oder „Australische Beuteltiere" oder „Formen der Schiffsicherung" oder „Die Dinosaurier und andere Haustiere"?) Klar – man muss sich erst einmal das Material dafür beschaffen; denn wer hat schon alles im Kopf?
Dann muss das Material geordnet und Unpassendes oder Doppeltes aussortiert werden. Im nächsten Schritt wird das nun geordnet vorliegende Material bearbeitet und gekürzt. Es folgt eine Gliederung des Ganzen, schließlich die schriftliche Festlegung und dann der Vortrag selbst.

Fassen wir einmal in einem „Spickzettel" zusammen:

TIPP

Arbeitsschritte beim Abfassen eines Referats

- Wie heißt das Thema?
  - Was will ich genau erfahren und berichten?
- Wie beschaffe ich Material?
  - Gibt es Bücher und Zeitschriften in der Schule oder zu Hause?
  - Wo bekomme ich Material außerhalb der Schule her?
  - Wie finde ich mich in Bibliotheken und Archiven zurecht?
- Wie kann ich mein Material bearbeiten?
  - Wie gehe ich mit Fachbüchern um?
  - Was mache ich mit Kopien?
  - Wie bearbeite ich lange Texte (exzerpieren, konspektieren)?
- Wie kann ich mein Referat gliedern?
  - Folgt aus meinem Material eine bestimmte Gliederung?
  - Habe ich Material zu allen wichtigen Punkten gefunden?
  - Ist mein Referat logisch aufgebaut?
- Wie kann das schriftliche Referat aussehen?
  - Wie muss die äußere Form meines Referats aussehen (Handschrift oder Schreibmaschine/Computer; Zeilenabstand, Ränder)
  - Wie zitiert man aus Originaltexten?
  - Wie fertigt man ein Inhaltsverzeichnis und ein Literaturverzeichnis an?
- Was muss ich beim Vortrag des Referats beachten?
  - Wie kann ich den Vortrag vorher üben?
  - Wie kann ich einen Notizzettel anfertigen?
  - Welche Informationen soll ich meinen Zuhörern schriftlich geben?
  - Wie kann ich für meinen Vortrag verschiedene Medien einsetzen?

Wahrscheinlich bist du beim Lesen über einige Begriffe gestolpert, die dir sehr fremd vorkommen. Keine Angst – wir gehen im Laufe dieses Kapitels darauf ein, und am Schluss wird dir das alles – hoffentlich – wie selbstverständlich vorkommen! Aber jetzt fangen wir mit der konkreten Arbeit an.

F 2. Material sammeln oder: Falsch spielen gilt nicht!

Als erstes musst du also das Material, das in deinem Referat aufgearbeitet werden soll, sammeln.
Nun können wir dir im Rahmen dieses Buches sicher nicht genau angeben, wie man am besten Material für ein Referat sammelt – das würde allein ein ganzes Buch füllen. Eines ist aber sicher klar: Die Informationen, die man suchen und weitergeben will, kann man nicht aus dem „hohlen Bauch" schöpfen, sondern muss sie vor allem aus dem Wissen beziehen, das andere Men-

schen schon vorher erworben haben und das in Büchern, Zeitschriften, Lexika oder sonstigen Texten gespeichert ist.
Nun gibt es ja eine Fülle von sehr verschiedenartigen Themen, über die man in der Schule Referate schreiben soll – die Möglichkeiten reichen von aktuellen umweltpolitischen Themen (z. B. „Die Kernenergie nach Tschernobyl") über geschichtliche Fragestellungen wie z. B. „Was war das Gute an der ‚guten alten Zeit'?" bis hin zu literarischen Themen wie „Das Leben des Schriftstellers Max Frisch" oder „Schiller und Goethe in Weimar".
Wahrscheinlich ist dir sofort klar geworden, dass es für so unterschiedliche Themen natürlich auch ganz unterschiedliche Wege der Materialbeschaffung gibt. Im einen Fall wirst du dich z. B. wohl ganz auf die aktuelle Berichterstattung in den Tages- und Wochenzeitungen konzentrieren müssen; für ein anderes Thema dagegen brauchst du wahrscheinlich zunächst einmal Nachschlagewerke und andere Bücher, die du dir in der Stadt- oder Schülerbücherei oder vielleicht sogar aus dem häuslichen Bücherschrank besorgen kannst; und manchmal kann es auch einmal notwendig sein, Gespräche mit bestimmten Menschen zu führen, etwa, wenn du für den Religionsunterricht ein Referat über die Heilsarmee halten willst. Auf jeden Fall solltest du zuallererst deinen Lehrer nach Tipps fragen!

Welche „Quellen" du aber auch immer benutzt: Die folgenden Hinweise gelten für die Bearbeitung aller Materialien, die du für dein Referat ausschlachten willst:

Falsch spielen gilt nicht!

Was das heißt? Nun, wie im Wilden Westen beim Pokern spielt wohl auch manch einer beim Referat gelegentlich mit falschen Karten und holt ein As aus dem Ärmel, das ihm gar nicht gehört – er tut so, als sei alles, was er zu seinem Thema geschrieben hat, auf „seinem eigenen Mist gewachsen". Aber gerade das ist nicht der Sinn eines Referats!

!

In einem Referat geht es nicht in erster Linie darum, eigene Gedanken zu formulieren, sondern der eigentliche Sinn eines Referates liegt darin, bestehende Meinungen oder bereits vorhandenes Wissen zusammenzutragen und für die Zuhörer verständlich darzustellen.

Aber Vorsicht!
So einfach, wie einige sich das jetzt vielleicht denken („... prima, da schreib ich einfach irgendwo ein paar Seiten ab, und schon ist mein Referat fertig!"), ist die Sache nun auch wieder nicht.

!

Wenn du aus deinen Quellen Sätze oder längere Passagen wörtlich oder auch nur sinngemäß wiedergibst, musst du das auf jeden Fall kenntlich machen. Im schriftlichen Text geschieht das mit einer sogenannten Fußnote[1]; wenn man das Referat vorträgt, sagt man immer dann, wenn man die Quelle wörtlich zitiert: „Ich zitiere S. ..."

[1] Das ist eine! (Auch wenn sie hier am Rand steht.)

Wörtliche Zitate sollten aber die Ausnahme sein: Die Kunst des Referenten besteht ja gerade darin, längere Passagen in wenigen Sätzen zusammenzufassen – da bleibt nicht viel Platz für wörtliche Zitate!
Verfolgen wir nun aber gemeinsam, wie Gunnar bei seinem Referat im Einzelnen vorgegangen ist: Zuerst macht er sich selbst noch einmal ganz klar, was ein Referat eigentlich ist bzw. was ein Referat leisten soll; weißt du's auch noch?

Übung F2

Das Wort „Referat" kommt vom lateinischen Verb „referre", und das

heißt ____

Die Definition des Begriffs „Referat":

Ein Referat ist ____

____

Gunnar macht sich also, nachdem ihm das grundsätzliche Problem klar geworden ist, auf die Suche nach Material, das er für sein Referatthema „Vergiftung des Rheins – Ursachen und Folgen" verwerten kann.
Das Problem ergibt sich aus dem aktuellen Tagesgeschehen, und so bemüht sich Gunnar darum, alles zu sammeln, was in den Tages- und Wochenzeitungen, die er sich beschaffen kann, zu diesem Problembereich abgedruckt ist.

Für andere Themen aber wird es notwendig sein, sich Fachliteratur, Lexika und Nachschlagewerke zu beschaffen. In manchen Familien gibt es das im eigenen Bücherschrank, einiges findest du sicher in der Schulbibliothek, oft aber wirst du an anderer Stelle suchen müssen. Da kommen in erster Linie natürlich die Stadt- und Kreisbüchereien in Frage – sicher habt ihr im Deutschunterricht schon einmal eine solche Bibliothek besucht und du weißt deshalb, wie man sich da zurechtfindet. Und wenn du das Glück hast, in einer Universitätsstadt zu wohnen, stehen dir natürlich auch die viel umfangreicheren Uni-Bibliotheken zur Verfügung. Aber auch Kirchengemeinden, Museen, öffentliche Dienststellen, Goethe-Institute, englische oder französische Institute, sogar größere Firmen haben oft Bibliotheken, die der Öffentlichkeit zur Verfügung stehen. So wird dir beispielsweise ein Gasversorger (wie die „Ruhrgas") sicher helfen können, wenn du für ein Referat zum Thema „Energieversorgung" Material brauchst! Du solltest aber immer beachten, welchen Standpunkt der Verfasser eines Textes einnimmt. Es ist wichtig, ein Thema von verschiedenen Seiten zu beleuchten – deshalb sollte man z. B. ein Referat zum Thema „Tempolimit" nicht nur auf die Veröffentlichungen von Automobilkonzernen stützen.

In den Büchereien findest du vor allem Enzyklopädien (das sind umfangreiche Lexika, oft pro Buchstabe ein ganzer Band!), andere Lexika, die wichtigsten Werke zu einzelnen Sachgebieten, neue Zeitschriften – und Kataloge,

in denen alles steht, was die Bibliothek besitzt, und zwar einmal nach den Namen der Verfasser und einmal nach Sachgebieten geordnet. Ganz besonders hilfreich ist der **Schlagwortkatalog** – darin findest du in alphabetischer Reihenfolge eine Fülle von Begriffen, zu denen es in der Bücherei eine Veröffentlichung gibt – ein ganzes Buch oder Teile eines Buchs. Das Buch, das du gerade in der Hand hast, würdest du in einer Bücherei z. B. unter den Stichworten „Aufsatz" und „Aufsatzschreiben" finden, vielleicht sogar unter den Stichworten „Inhaltsangabe", „Charakteristik", „Referat" ...
Wenn du dich aber in diesem großen Angebot nicht zurechtfindest – keine Angst: Die Mitarbeiter(innen) freuen sich, wenn sie dir helfen können.

Und wo findet man alte Zeitungsausschnitte?
Nun, wenn man sich noch daran erinnert, dass vor einiger Zeit ein Artikel zu einem bestimmten Thema in der Zeitung stand, braucht man nicht auf die Müllhalde zu wandern und dort nach alten Zeitungen zu suchen. Es geht viel einfacher und sicherer: Jede Zeitung verfügt über eine Informationsstelle, in der die alten Nummern gesammelt werden und für jedermann zugänglich sind. Nur die Zeit fürs Suchen, die muss man halt aufbringen. (Natürlich gibt es heutzutage noch ganz andere Möglichkeiten, z. B. elektronische Datenbanken im Internet; aber diese gehen in der Regel ziemlich ins Geld – also Vorsicht!)

3. Material bearbeiten oder: Nicht abschreiben!

F

Für sein (aktuelles) Referatthema sammelt Gunnar einen ganzen Berg von Zeitungsausschnitten.
Wir wollen daran jetzt beispielhaft zeigen, wie man nach dem Sammeln damit umgeht, denn du weißt ja: Einfaches wahlloses Abschreiben der vorhandenen Texte geht auf keinen Fall!

Zunächst überprüft Gunnar, ob in den gesammelten Ausschnitten Überflüssiges oder Doppeltes vorkommt – das wirft er gleich einmal weg. Oft bekommen Zeitungen ihre Berichte ja nicht von ihren eigenen Reportern, sondern zentral von einer Presseagentur, wie z. B. dpa (Deutsche Presse-Agentur) oder AP (Associated Press), und formulieren nur eine eigene Überschrift für den Artikel. Da kann es dann durchaus vorkommen, dass man in verschiedenen Zeitungen den gleichen Artikel unter den verschiedensten Überschriften findet – für das Referat reicht dann natürlich einer davon!

Was macht Gunnar nun mit seinem Material? Nachdem er alles nicht Verwertbare ausgesondert hat (wir kommen gleich ausführlich darauf zu sprechen, wie man das macht) und nur noch brauchbare Texte auf dem Tisch sind, **nummeriert** er die vielen Textausschnitte. Und weil er doch eine ganze Menge Texte hat, macht er sich gleich ein **Materialverzeichnis**:

Beispiel Materialverzeichnis

Nr.	Titel	Quelle	Stichwort
1	*Skandal! 5 Tonnen Gift im Rhein!*	*BILD 16.8.*	*Unfall Basel*
2	*Sandoz weist jede Schuld von sich*	*SZ 17.8.*	"
3	*Der Rhein am Ende?*	*WAZ 23.5.*	*Entwicklung*
4	*Rheinverschmutzung nimmt zu*	*NRZ 4.6.*	"
5	*Dem Reinen ist alles Unrhein ...*	*DIE ZEIT 11.7.*	*Kommentar*
6	*Rheines Gift*	*taz 22.8.*	*Chemie-Unfälle*
7	*Gibt es ein Leben nach dem Gifttod?*	*Greenpeace-Magazin 8/91*	*Folgen für Fische, Pflanzen*
8	*Gewässergüte heute*	*Informationen der Chem. Industrie, H. 7*	*Kläranlagen, Filter, bessere Wasserqualität*
9	*Jawohl, Herr Minister! Rhein durchschwommen*	*BILD 29.8.*	*Presse-Aktion des Umweltministers*
10	*Wieder Aale im Rhein!*	*Frankfurter Rundschau 23.9.*	*Besserung?*

Nun ist die Anlage eines solchen Materialverzeichnisses sicher schon eine beachtliche Leistung, denn wenn es wirklich nützlich sein soll, muss es bereits geordnet sein – und dafür muss man wissen, was in den Texten drinsteht. Klar, oder? Aber wie bringt man Ordnung in einen Haufen von Zeitungsartikeln und anderen Texten?
Wenn man, wie Gunnar, von Anfang an ziemlich genau weiß, wie das Referat aufgebaut sein soll, ist es nicht so schwierig, den einzelnen Punkten die entsprechenden Texte zuzuordnen.

Übung F3

Nach welchen Punkten ordnet Gunnar wohl die Texte für sein Referat? (Tipp: vgl. seine „Stichwörter" in der letzten Spalte des Materialverzeichnisses oben)

1. Einleitung: der Chemie-Unfall (als Ausgangspunkt, „Aufhänger")
2. ______________________
3. ______________________
4. Schluss: ______________________

Aber wie kommt Gunnar überhaupt zur Auswahl der Texte? Drei Schritte sind notwendig, ehe die Tabelle steht:
- Sichten
- Aussondern
- Speichern

Das Sichten ist nicht so schwierig, wenn es sich nur um ein paar Zeitungsartikel handelt – die sind relativ schnell gelesen, zumindest so weit, dass du weißt, ob du den Artikel brauchen kannst.
Bei Fachbüchern ist es schon schwieriger – unmöglich kann man ja zur Vorbereitung eines Referats mehrere Fachbücher von vorne bis hinten lesen! Hier gibt es eine Reihe von Tricks, um ziemlich schnell herauszufinden, ob ein Buch verwertbar ist oder nicht:

- Du siehst dir das Inhaltsverzeichnis an.
- Du liest das Vorwort.
- Du achtest auf Kapitelüberschriften.
- Du suchst Zusammenfassungen.
- Du siehst im Sachregister nach (wenn in einem Buch z. B. im Register das Wort „Gewässerverschmutzung" nur einmal vorkommt, kannst du das Buch getrost ins Regal zurückstellen ...).

So, und jetzt geht es an den letzten Schritt: das Speichern. (Und das ist, im Gegensatz zu dem, was ein Computer macht, leider immer noch Handarbeit ...): Du musst, um das ganze Material überblicken zu können, die **Texte exzerpieren oder konspektieren**. Haaaalt! Es wäre schade, wenn du jetzt wegen dieser schwierigen Wörter das ganze Buch wegwerfen würdest – denn so kompliziert ist das gar nicht, was sich so anspruchsvoll anhört:

Exzerpieren heißt,
Auszüge aus einem Text (Exzerpte) anzufertigen.
Konspektieren heißt,
eine Textzusammenfassung (Konspekt) oder Inhaltsübersicht anzufertigen.

Die Auszüge („Exzerpte") sind **entweder wörtliche Zitate** (Achtung! Immer genau zitieren, Auslassungen oder Veränderungen kennzeichnen!) **oder sinngemäße Zitate** (d. h. du gibst den Gedanken des Textautors mit eigenen Worten wieder).

Diese Textauszüge solltest du am besten
- jeweils auf ein eigenes DIN-A4-Blatt schreiben oder kopieren
  (Du kannst dafür ohne weiteres die Rückseite von schon beschriebenen Blättern nehmen, aber du solltest auf jeden Fall für jedes Stichwort ein eigenes Blatt nehmen – das erleichtert die Arbeit sehr,
- nummerieren,
- in der Kopfzeile immer mit Titel, Schlagwort und Quelle versehen,
- und am besten nach dem hier abgebildeten Muster anordnen:

Beispiel Exzerpt

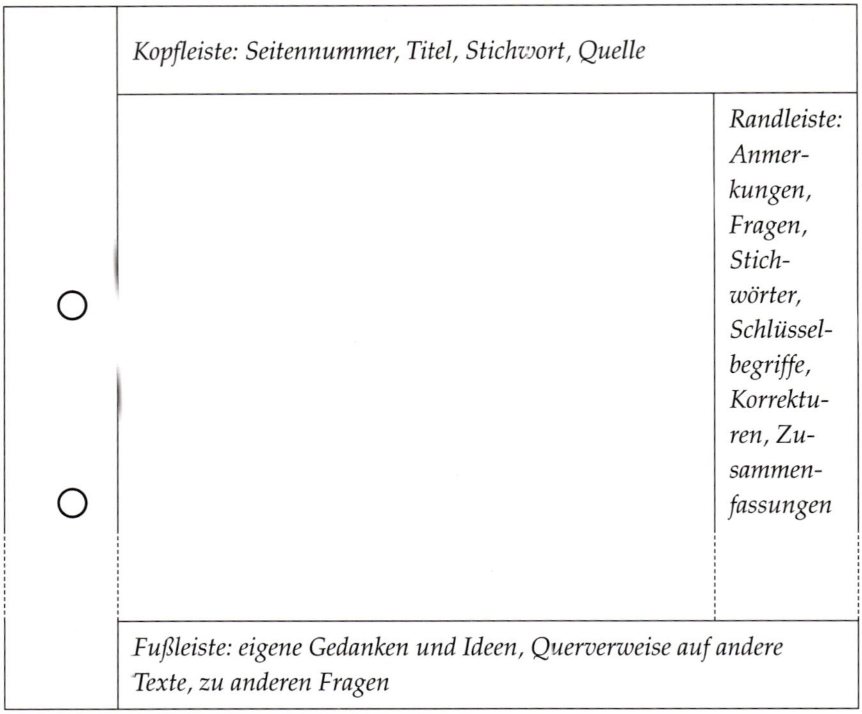

Und wie geht es jetzt weiter?

Schauen wir Gunnar wieder ein bisschen über die Schulter: Er nummeriert seine Exzerpte und legt sie in einem Schnellhefter ab.
Jetzt macht er sich an die **Bearbeitung** der anderen Texte, aus denen er nicht wörtlich oder sinngemäß zitieren, sondern die er nur zusammenfassen will. Wie geht er dabei vor?

- Er kopiert sich den Text oder schneidet ihn so zusammen, dass er genügend Platz bekommt, um seine eigenen handschriftlichen Vermerke einarbeiten zu können.
- Er schreibt dann – und das kann auch der beste Computer nicht leisten – die wichtigsten Aussagen des Textes in knapper, stichwortartiger Weise heraus und kann jetzt jederzeit von jedem Text sagen, was drinsteht – das ist sicher die anspruchvollste Aufgabe bei der Textbearbeitung.

Und weil diese Aufgabe so wichtig ist, sollst du jetzt gleich einmal eine Übung dazu machen.

Bearbeite jetzt die beiden folgenden Texte, indem du die wichtigsten Informationen stichwortartig herausschreibst. Es sind, wie du feststellen wirst, zwei Texte, die in der Machart und der Zielrichtung ganz unterschiedlich sind – aber das ist sinnvoll, denn nur, wenn du in deinem Referat auch gegensätzliche Positionen verarbeitet hast, wird man annehmen, dass du objektiv berichtest.

Wir zeigen dir kurz, wie die Aufgabe gemeint ist:

Übung F4

Bearbeite den Text „Gewässergüte heute", indem du die wichtigsten Informationen stichwortartig herausschreibst (Exzerpt).

Lösungsbeispiel

Gewässergüte heute (Inform. Chem. Industrie, H. 7)
Kläranlagen, Überwachung, Rhein und andere Flüsse

Verbesserung der Gewässergüte durch Abwasser-Reinigungsanlagen; Güteklasse I nur selten (sommerkalte, schnell fließende Gewässer)
Güteklasse II heute für viele Gewässer verwirklicht oder . . .

Originaltext

Sachtext

Gewässergüte heute

Der Bau von biologischen Abwasserreinigungsanlagen und die ergänzenden Maßnahmen haben zu einer wesentlichen Verbesserung der Gewässergüte geführt. Dies gilt sowohl für den Sauerstoffgehalt als auch für die meisten Verunreinigungen.

Erstmals im Jahr 1975 und auch dieses Jahr wieder legte die Länderarbeitsgemeinschaft Wasser (LAWA) eine Gewässergütekarte der gesamten Bundesrepublik Deutschland vor. Die Fließgewässer sind darin nach dem Saprobiensystem[1] in sieben, die Seen in vier Güteklassen eingeteilt. Eine augenfällige Farbgebung macht die Einteilung leicht erkennbar. Die Breite der Farbstreifen ist bei den Fließgewässern ein Maß für die mittlere Wasserführung.

Die Güteklasse I und damit die Farbe Dunkelblau kann auch bei Fehlen von Einflüssen durch den Menschen nur für raschfließende sommerkalte Bäche und Flüsse erwartet werden.

Als ersten Gesamteindruck vermittelt die Gütekarte die Farbe Grün. Das bedeutet, daß die Zielvorstellung des Bundes und der Länder, die Güteklasse II (dunkelgrün), für viele Gewässer verwirklicht oder doch in greifbare Nähe gerückt ist. Dies ist die Folge der verringerten Belastung und des somit wesentlich verbesserten Sauerstoffgehalts. Das Interesse gilt nur vorrangig den Gewässern, bei denen noch weitere Verbesserungsmaßnahmen erforderlich sind. Offensichtlich treten die Farbtöne Gelb (Güteklasse III) und Rot (Güteklasse IV) dort auf, wo Flüsse durch dichtbesiedelte Industriegebiete fließen oder wo es sich um Gewässer mit geringer Wasserführung handelt.

Das größte Interesse finden selbstverständlich die Verhältnisse im Rhein, Deutschlands wasserreichstem Fluß. Sein Einzugsgebiet umfaßt immerhin 40 Prozent der Fläche mit 60 Prozent der Einwohner der Bundesrepublik Deutschland. Auch das Schwergewicht der chemischen Produktion liegt hier. Nur für diesen Fluß werden getrennte Untersuchungsergebnisse für die linke und die rechte Stromhälfte kartiert. Das hängt mit der Grenzziehung zwischen den Bundesländern zusammen, entspricht aber auch den tatsächlichen Verhältnissen im Fluß. Sein Bett ist so außerordentlich breit, daß sich darin lange Abwasserfahnen ausbilden können.

[1] Saprobiensystem Zusammenstellung von Kleinstlebewesen, Pflanzen und Tiere, die durch Menge und Kombination ihres Auftretens den Zustand eines Gewässers anzeigen.

Der Vergleich zwischen 1975 und diesem Jahr macht deutlich, wie sich die Gewässergüte des Rheins in vielen Abschnitten gebessert hat. Dies ist vor allem auf den Betrieb neuer und den Ausbau bestehender Kläranlagen zurückzuführen; allerdings dürfte die hohe Wasserführung der letzten Jahre das Bild weiter verbessert haben. Weite Strecken des Rheins können heute in die Güteklasse II oder II–III eingestuft werden. Dort gibt es bereits wieder einen normalen Besatz der Ufersteine mit Süßwasserschwämmen, Strudelwürmern, Egeln, niederen Krebsen, Insektenlarven, Schnecken und Muscheln. Der Fischbestand entspricht in Zahl und Arten den Erwartungen für ein sommerwarmes Fließgewässer. Weißfische, Barsche, Schleie, Aale, Hechte und Zander werden gefangen; ihr Gesundheitszustand ist gut.
Allgemein ist der Zustand des Rheins besser als der seiner abflußärmeren Nebenflüsse.
Bemerkenswert ist die Besserung am Neckar, der noch vor wenigen Jahren von Tübingen an fast nur gelbe und rote Farbmarkierungen hatte. Weniger gut ist es nach wie vor um den Oberlauf der Saar und um einige kleinere Nebenflüsse bestellt. Am Unterlauf des Mains sind umfangreiche Baumaßnahmen bei kommunalen und industriellen Einleitern im Gange, die auch hier zu einer grundlegenden Besserung des noch unbefriedigenden Zustands dieses Flußabschnittes führen. Soweit die chemische Industrie betroffen ist, wird die Sanierung im wesentlichen in den nächsten Jahren abgeschlossen sein. In diesem dichtbesiedelten Raum gestaltete sich die Abwassersanierung schon deshalb besonders schwierig, weil kaum mehr geeignetes Gelände für den Kläranlagenbau zu finden war.
Am Unterlauf der Wupper sind inzwischen die Maßnahmen weiter gediehen, so dass auch dort die nächste Gütekarte eine wesentliche Besserung ausweisen wird. In der Lippe ist eine solche schon jetzt deutlich sichtbar. Bei der Emscher handelt es sich nicht mehr um ein natürliches Gewässer, sondern um einen Abwassersammler, dessen Reinigung in einer Kläranlage vor Einmündung in den Rhein erfolgt. Die Inbetriebnahme dieser Emschermündungskläranlage hat wesentlichen Anteil an der seit 1975 feststellbaren Verbesserung des Gütezustandes am Niederrhein.
Kann man mit Hilfe des Saprobiensystems den Zustand eines Gewässers gewissermaßen auf einen Blick erfassen, so muß man für Aussagen über Einzelheiten die Ergebnisse chemischer Untersuchungen heranziehen.
Der Rhein gehört auch in dieser Hinsicht zu den am sorgfältigsten überwachten Flüssen der Erde. Langjährig eingearbeitete Spezialisten führen regelmäßig offizielle Reihenuntersuchungen an ortsfesten Probenahmestellen durch. Hieraus liegt bereits ein außerordentlich umfangreiches Datenmaterial vor. Geringe Aussagefähigkeit kommt demgegenüber einmaligen Stichproben zu. Weder der Ort der Probenahme noch der Zustand des Gewässers zu diesem Zeitpunkt lassen sich bei Zufallsproben so genau definieren, wie es erforderlich wäre, um die Ergebnisse solcher Untersuchungen untereinander und mit den Werten anderer Untersuchungen vergleichen zu können.

Bearbeite den Zeitungsausschnitt „Umweltminister uneins", indem du einen Konspekt anfertigst.

Übung F5

Originaltext Zeitungsartikel

Umweltminister uneins über Chemie-Vorsorge

Matthiesen: Große Meinungsunterschiede zu CDU/CSU

Berichte unserer Nachrichtendienste **BONN**

Die Sonderkonferenz der Umweltminister der Länder und des Bundes über Konsequenzen der jüngsten Chemieunfälle ging am Mittwoch ohne Beschlüsse zu Ende. Die Minister konnten sich nicht auf zusätzliche Maßnahmen zur Verhütung weiterer Unfälle einigen. Die Beratungen wurden auf Februar vertagt.

Keine Einigung erzielten die Minister über die Forderung der SPD-regierten Länder nach einem erweiterten Verbot hochgiftiger Stoffe. Auch über die von den SPD-geführten Ländern verlangte Änderung des Haftungsrechts und die zu Lasten der Chemiebetriebe geforderte Beweislastumkehr bei Umweltdelikten wurden sich die Minister nicht einig.

Bundesumweltminister Walter Wallmann (CDU) sagte, er habe die Konferenz ungeachtet ihres Ausgangs für erforderlich gehalten. Die Runde habe verdeutlicht, daß weitere Anstrengungen nötig seien.

Zugleich teilte Wallmann mit, daß er dem Bundeskabinett einen Referentenentwurf zur Neufassung der Störfallverordnung zugeleitet habe. Die Verordnung sieht insbesondere eine Erweiterung der Meldepflicht bei Störfällen und die Ausweitung der in der Verordnung erfaßten chemischen Stoffe von 145 auf 325 vor.

Nach Ansicht von NRW-Umweltminister Matthiesen gibt es zwischen SPD- und unionsgeführten Ländern noch einige grundlegende Meinungsunterschiede.

Zu den Forderungen der SPD-regierten Länder zählte Matthiesen das Verbot solcher hochgiftigen Stoffe, die durch ungefährlichere ersetzt werden könnten, und das Exportverbot der in der Bundesrepublik bereits verbotenen Chemikalien.

4. Material ordnen oder: Heute – gestern – morgen

F

Wenn du nun also auf diese Weise dein Material gesichtet und mengenmäßig eingeschränkt hast – an dem Beispiel und den Übungen hast du ja gesehen, dass die Exzerpt-Spalte viel weniger umfangreich ist als der Original-Text – geht's ans **Ordnen:** Du musst überlegen, welcher in dem Text oder Textabschnitt angesprochene Gesichtspunkt zu welchem Gliederungspunkt des Referats gehört; das heißt, spätestens jetzt musst du dir über die **Grobgliederung** des Referats klar werden.

- Was nimmst du als Einleitung? (z. B. eine aktuelle Meldung, eine Karikatur, ein Zitat?)
- Wie baust du den Hauptteil auf? (z. B. chronologisch, d. h. Geschichte – Gegenwart – Zukunft?) Stehen die einzelnen Gliederungspunkte in einem logischen Verhältnis zueinander?
- Wie soll der Schluss aussehen? (Ausblick, Zusammenfassung, persönliches Urteil?)

Wir können dir hier für die unzähligen möglichen Referatthemen natürlich keine allgemein gültigen Gliederungsvorschläge machen, aber in vielen Fällen wird das folgende Schema anwendbar sein:

Regel

Einleitung (aktueller Anlass) – **geschichtliche Entwicklung – gegenwärtige Situation – Folgen für die Zukunft – Lösungsmöglichkeiten**

Wenn du eine Grobgliederung hast, musst du also nun das Material, das du bearbeitet hast, ordnen. Hier hat es sich bewährt, **Karteikarten** zu verwenden, auf denen man die einzelnen Punkte geordnet festhalten kann. Die Karteikarten sollten dabei den jeweiligen Gliederungspunkt und die Nummern der dafür geeigneten Quellen enthalten. Das kann z. B. so aussehen:

Beispiel Karteikarte

Folgen (1) Quellen (2), (4), (17)
Rheinvergiftung

- „Die Giftwelle der Schweizer Firma Sandoz hat Deutschlands meistbesungenem Fluß ökologisch fast den Garaus gemacht." (Quelle [2], S. 17)
- vergiftete Brunnen
- ungeahnte Alltagsprobleme bei Hygiene und Ernährung
- wirtschaftliche Einbußen bei

...

Jetzt sind also die Karteikarten geschrieben, das Material geordnet, die Texte exzerpiert und/oder konspektiert – die Bausteine für das Referat sind alle da, und jetzt geht es „nur" noch darum, diese Bausteine zu einem schönen und tragfähigen Gebäude zusammenzusetzen.

Sehen wir noch einmal, wie Gunnar das macht. Er will nicht einfach irgendwelche Argumente oder Tatsachen zu seinem Thema wahllos aneinanderreihen – das hatte einer seiner Klassenkameraden ein paar Tage vorher so gemacht, und die Folgen waren traurig: Während der arme Tropf vorne am Pult seine schlecht aufgebaute Ausarbeitung eintönig, einschläfernd und einfallslos vorlas, langweilten sich die „Zuhörer" hinten in der Klasse erbärmlich, dösten vor sich hin, versenkten Schiffchen oder machten ihre Mathe-Hausaufgaben ...

Gunnar weiß also:
Von entscheidender Bedeutung ist bereits die **Gestaltung der Einleitung:** Wenn man von Beginn an das Interesse und die Neugier seiner Zuhörer wecken kann, ist schon viel gewonnen!

Für sein Thema kopiert Gunnar eine Karikatur aus der Wochenzeitung „Die Zeit" auf Overhead-Folie. Er erläutert seinen Zuhörern mit ein paar kurzen Erklärungen, welche Gesichtspunkte er in seinem Referat in welcher Reihenfolge behandelt (Vergiftung des Rheins durch die chemische Industrie, Auswirkungen auf die Umwelt, Maßnahmen gegen diese Missstände); außerdem erklärt er seinen Mitschülern, welche Hilfsmittel und Quellen er hauptsächlich benutzt hat.

Danach nimmt sich Gunnar den **Aufbau des Hauptteils** seines Referats vor.

Hier geht es ihm vor allem darum, die Fülle von Einzelinformationen, die sich angesammelt haben, so anzuordnen, dass sie
- zu seinen drei Hauptgliederungspunkten passen
- und dass die einzelnen Teilschritte logisch miteinander verbunden sind.

Wenn nämlich die Zuhörer den roten Faden eines Vortrags mitverfolgen können, sind sie mit viel mehr Interesse bei der Sache.

TIPP

Eine klare, gut durchschaubare Gliederung des Referats ist nicht nur für dich, sondern auch für deine Zuhörer sehr wichtig. Deshalb:

- Gliederung auf Folie schreiben und immer dann wieder auflegen, wenn ein neuer Gliederungspunkt bearbeitet wird.
- Kommentar: „Wir haben also jetzt gehört, woher die Verschmutzung des Rheins kommt. Im Folgenden will ich zeigen, welche Folgen die Rheinverschmutzung haben kann..."

5. Das Referat vortragen oder: Stichworte!

Wie du dich vielleicht erinnerst, hat Gunnar vor einigen Tagen miterlebt, wie das Referat eines Mitschülers „den Bach runter“ gegangen ist.
Als Gunnar noch einmal darüber nachdenkt, woran es wohl gelegen haben könnte, dass sein Klassenkamerad so „baden“ gegangen ist, stellt er fest, dass neben dem wenig durchdachten Aufbau des Referats vor allem die Vortragsweise selbst dazu geführt hatte, dass die Zuhörer das Interesse daran verloren. Der Referent hatte nämlich sein gesamtes schriftlich ausgeführtes Referat Wort für Wort abgelesen – nein, heruntergeleiert, und dies ohne Punkt und Komma. Unsicher, wie er war, hatte der Arme wohl gedacht: „Mach ja keine Pause zwischendurch, sonst meinen die Zuhörer sofort, du weißt nicht mehr weiter…“
Je lauter die Klasse wurde, desto mehr schrie auch der Referent; das ging natürlich nur so lange, bis ihn die Kräfte verließen und seine Stimme versagte. Beim wörtlichen Ablesen gelang es dem Vortragenden natürlich fast nie, den Blick in sein Publikum zu richten und so Kontakt zu seinen Zuhörern aufzunehmen.
Gunnar weiß, dass man aus Fehlern (auch von anderen!) lernen kann; deshalb nimmt er sich für seinen eigenen Vortrag fest vor, Folgendes zu beachten und zu tun:

! Ein Referat soll man nicht ablesen, sondern frei vortragen.

Übung F6

Leite aus den Fehlern von Gunnars Mitschüler ab, was man beim Vortragen eines Referats beachten muss. Schreibe die Regeln in dein Heft.

Du wirst wahrscheinlich bei deinem ersten Referatvortrag ziemlich nervös sein, aber die Gründe für deine innere Unruhe, deine Unsicherheit bildest du dir in der Regel nur ein! Frag dich doch einmal selbst: Sitzt du, wenn ein anderer einen Vortrag hält, da wie ein Aasgeier, der mit gierigen Augen nur darauf wartet, dass der Redner einen Fehler macht, um dann auf ihm herumhacken zu können? – Doch wohl nicht!
Warum sollte es dann aber im umgekehrten Fall anders sein? Wenn du dir einen Vortrag anhörst, bist du dann nicht froh, wenn der Referent viele Pausen macht, um selbst Atem zu holen und so seinen Zuhörern Gelegenheit gibt, das gerade Gehörte zu verdauen? Na also!

Versetze dich einfach immer wieder in die Rolle des Zuhörers, wenn du selbst der Referent bist; dann wird dein Vortrag auch gelingen, und zwar hundertprozentig! In diesem Zusammenhang noch ein ganz wichtiger Hinweis:

TIPP

Wenn du die oben beschriebenen Fehler (und deren Folgen) vermeiden willst, dann versuche nicht, dein fertig ausgearbeitetes Referat als Grundlage für deinen Vortrag zu benutzen (denn dann „verfängst" du dich sehr schnell darin), sondern bereite dir ein stichwortartiges Konzeptpapier (**„Verlaufsskizze"**) vor, auf dem nur die wichtigsten Punkte deines Referats festgehalten sind.

Übung F7

Wenn du bis hierhin aufmerksam gelesen hast (sieh dir notfalls noch einmal den Abschnitt „Material ordnen" an!), müsstest du in der Lage sein, das Konzeptpapier für Gunnars Referatvortrag zumindest in den wesentlichen Punkten zu entwerfen ... (Die Auswahl der Medien überlassen wir deiner Phantasie. Unsere Vorschläge dazu findest du im Lösungsteil.)

Lösungsbeispiel

Referat: Die Vergiftung des Rheins

(Verlaufsskizze für den Vortrag des Referats)

Gliederungspunkte	Inhalt	Medien
1.) Einleitung	– Thema umreißen	Folie „Szene am Rhein"
.	.	.
.	.	.
.	.	.

Gunnar hat sein Referat gehalten.
Der Lehrer war sehr zufrieden, und die Mitschüler haben fast alle aufmerksam zugehört (bis auf Martin, der sich zur Zeit nur mit der Frage beschäftigt, warum Nicoles Vater nicht will, dass er mit ihr geht – da ist ihm die Verschmutzung des Rheins ziemlich egal ...).

André und Claudia überlegen zur Zeit, ob sie lieber in einen Taekwondo-Verein gehen oder doch einen Computer-Kurs belegen sollen: Beides ist ja nützlich, allerdings in unterschiedlichen Situationen!

Kirsten ist vor allem damit beschäftigt, ihre ausgeflippte Freundin Tina wieder zu beruhigen, und hat außerdem beschlossen, für Greenpeace zu arbeiten, weil man einfach nicht mehr tatenlos zusehen kann, wie die Welt vor die Hunde geht ...

Und Stefan?
Stefan ist sauer. Einer seiner Bekannten, der vor einiger Zeit achtzehn geworden ist, hat jetzt ein Auto bekommen und will deshalb Stefan sein Mofa verkaufen – zu einem unglaublich günstigen Preis. Stefan hat auch genügend Geld gespart – das wäre kein Problem, aber sein Vater! Der sagt einfach „nein!", und damit ist die Diskussion erledigt.

„Du musst ihn eben überzeugen!", meint Kirsten, die ihm ja gerne helfen würde, „du musst eben die besseren Argumente bringen!"
„Wie denn?", knurrt Stefan, „der sagt einfach nur: Solange du die Beine unter meinem Tisch hast, bestimme ich, und damit Schluss der Debatte! Was soll man denn da noch machen?"
„Weißt du was", meint Kirsten, „wir stellen jetzt mal alle Argumente zusammen, die uns einfallen, und dann werden wir die Sache zusammen mit deinem Vater erörtern. Du weißt ja – mich hält er für so unglaublich vernünftig, da wird er sich doch wenigstens meine Argumente anhören ..."

Ja, Kirsten weiß schon, wie man argumentiert, wie man einen Sachverhalt erörtert. Weißt du's auch? Nein?

Nun, im nächsten Band (Band 520: „Aufsatz 2") werden wir darauf besonders eingehen und auch auf ein paar Sachen mehr, vor allem auf die so „beliebte" Gedichtinterpretation. Bis dahin aber verlassen wir unsere fünf Freunde ... und dieses Buch. Es wäre schön, wenn es dir ein bisschen Spaß gemacht hat, und natürlich noch viel schöner, wenn es dir etwas genützt hat und du jetzt am Ende überzeugt sagen kannst: Man kann auch das Schreiben von Aufsätzen lernen!

Tschüs! Servus! Ade! Moin, moin!

Welche Vorteile haben (deine) Vorurteile?

Vorurteile gehören leider zum Alltag des menschlichen Lebens. Was, du hast keine? Na, wir werden sehen ...

- **Vorurteil 1:** Der eine hat's, der andere nicht!

Für Deutsch kann man praktisch nichts lernen und Klassenarbeiten in Deutsch kann man eigentlich nicht vorbereiten.

Der Vorteil eines solchen Vorurteils liegt auf der Hand: Man braucht nichts zu tun, kann das Schicksal walten lassen. Entweder hat man's, oder man hat's nicht!

- **Vorurteil 2**: Ist doch egal, was man schreibt ...

Schon mal davon gehört? Deutsch ist doch nur ein Blubberfach und man kann eigentlich schreiben, was man will. Also sind Deutschnoten von vornherein ungerecht. Und so richtig viele schlechte Noten gibt's ja auch nicht.

Auch dieses Vorurteil hat Vorteile: Man denkt, man brauche für Deutsch nichts zu arbeiten; man kann sich, wenn die Note schlechter ausfällt oder der Lehrer etwas anders beurteilt als man selbst denkt, so richtig als Opfer und Märtyrer fühlen. Als solcher sieht man den Fehler natürlich nicht mehr als Fehler, und darum muss man auch nichts daraus lernen - oder gar üben und arbeiten. Selbst wenn man etwas für Deutsch tun will – man weiß ja gar nicht, wo man anfangen soll. Und bald lässt man resigniert den Stift fallen und gibt's auf.

Solche Vorurteile hattest und hast du vielleicht auch. Doch immerhin hast du dir dieses Buch besorgt – und das zeigt ja schon, dass du auf dem Weg der Besserung bist!

Deutsch als Geheimwissenschaft – dieses Bild ist weitverbreitet. Wir wollen auch nicht die Schwierigkeiten bei der Beurteilung von Aufsätzen leugnen – alle Deutschlehrer machen sich da viele Gedanken. In Wirklichkeit aber ist das, was du im Fach Deutsch lernst, zu einem erheblichen Teil Handwerk.

Deutsch =

30 % Begabung und 70 % Handwerk

Und jedes Handwerk ist trainierbar und übbar. Sicher hat es jemand leichter, der eine ausgeprägte sprachliche Begabung hat oder aus einem Elternhaus kommt, in dem ein sehr gepflegtes Deutsch gesprochen wird. Aber wenn das bei dir - wie bei der Mehrheit - nicht der Fall ist, braucht du nicht zu verzweifeln.

Wie aber baust du nun ein Training für das "Handwerk Deutsch" auf? In Fremdsprachen kann man Vokabeln pauken, Grammatik lernen, Diktate üben, Übersetzungen trainieren. In Mathe übt man systematisch gewisse Aufgabentypen. Aber in Deutsch? Da schreibt man ja vor allem Aufsätze, und man kann doch nicht zwanzig ganze Aufsätze schreiben, um besser zu werden.

Aufsatz

Auch ein Aufsatz setzt sich aus vielen kleinen Teilfertigkeiten zusammen!

Will man sich im Deutschen verbessern, muss man an diesen Teilfertigkeiten ansetzen. Beim Verfassen eines Textes spielen zunächst mal drei Grundfähigkeiten eine Rolle, die man wieder untergliedern kann:

- die Fähigkeit, sich **sprachlich korrekt** auszudrücken (Rechtschreibung, Zeichensetzung, Grammatik, Satzbau),
- die Fähigkeit, sich **stilistisch gewandt** auszudrücken (flüssige, wiederholungsfreie Ausdrucksweise; übersichtlicher Satzbau; spezielle Anforderungen der Aufsatzart: lebendige, packende Formulierungen in Erzählungen, sachlicher, aber nicht trockener Ton in Berichten, Erörterungen und Interpretationsaufsätzen),
- die Fähigkeit, das **Thema inhaltlich in den Griff zu bekommen** (u. a. passender Aufbau, klare Gedankenführung, bei Erzählungen außerdem die Beschränkung auf eine Handlung usw.).

Es macht einen großen Unterschied aus, in welchem dieser Bereiche du deine Schwierigkeiten hast. Wer nur ganze Aufsätze zur Übung schreibt, kann wirklich nichts dazulernen, denn er setzt ja nicht an den Teilfertigkeiten an, die bei ihm unzureichend ausgebildet sind. Darum:

Erkenntnis führt zur Besserung

Stärken und Schwächen kennen

Schau erst mal deine Aufsätze durch und stelle deine persönlichen Schwachstellen fest – und deine Stärken. Letzteres ist notwendig, damit du dir Mut machst und Selbstbewusstsein aufbauen kannst. Wer überall Schwächen sieht, verzweifelt und wirft bald die Flinte ins Korn. Wer auch seine Stärken sieht, schöpft daraus Kraft für das Beseitigen der Schwächen.

Wie sieht's der Lehrer/die Lehrerin?

Ein Hilfsmittel für deine Diagnose sind die Rand- und Abschlussbemerkungen des Lehrers/der Lehrerin.

Wenn du dabei nicht recht durchblickst, dann frage nach. Sicher gibt der Lehrer/ die Lehrerin dir oder auch deinen Eltern gerne Auskunft.

Was ist noch zu tun?

Diese grundlegende Fehlerdiagnose kannst und musst du noch verfeinern. Wie das im stilistischen Bereich geht und was du gegen diese Probleme tun kannst, erklären wir dir anschließend.

Tipps zur Rechtschreibung usw. gibt es dann im Band 2, Aufsatz 8. - 10. Klasse.

Im inhaltlichen Bereich hängt die Sache von der jeweiligen Aufsatzart ab. Nehmen wir als Beispiel die Erlebniserzählung: Es macht einen Unterschied, wo man Probleme hat:

- bei der Einleitung,
- bei der Hinführung zum Höhepunkt (Gestaltung der Erzählschritte),
- beim Vermeiden von Nebenhandlungen bzw. bei der Konzentration auf einen Haupthandlungsstrang,
- bei der Ausgestaltung des Höhepunktes oder
- bei der zügigen Abrundung.

Wenn du z.B. oft den Höhepunkt verdirbst, dann solltest du deine Übungsarbeit auf das Schreiben von Höhepunkten konzentrieren - den Rest der Geschichte skizzierst du nur stichpunktartig. Diese Mentor Lernhilfe bietet dir viel Übungsmaterial. Du kannst Arbeiten aus der Schule nehmen und gezielt nur die Stellen verbessern, die für dich schwierig waren.

Auf der Grundlage der Fehlerdiagnose stellst du fest, wo du beim Training ansetzen musst. Du bist nicht mehr dem Schicksal ausgeliefert, wenn es um Deutschaufsätze geht, denn du weißt jetzt, wie du dich verbessern kannst. Deutsch ist eben (auch) Handwerk!

Auch Stil ist trainierbar!

"Inhaltlich gut, aber im Ausdruck sehr ungeschickt." - Derartige Urteile lassen viele Schüler verzweifeln. Da hat man so eine schöne Geschichte erzählt oder so gute Gedanken niedergeschrieben, und die Note ist wieder nicht gut. Da könnte man jede Lust an Deutsch verlieren.

Sicher ist "Stil" nicht so gezielt übbar wie beispielsweise das Rechnen von Aufgaben in Mathematik. Für einen guten Stil gibt es nur wenige allgemein gültige Regeln: Man muss eine große Zahl einzelner wohlklingender Formulierungen speichern. Schließlich sind die Stilregeln abhängig von der jeweiligen Aufsatzart; eine dramatische Ausdrucksweise gilt in Erzählungen als gut, in Berichten als schlecht. Trotzdem - auch stilistische Fähigkeiten sind trainierbar, der Weg ist nur etwas mühsamer. Der Rat, mehr zu lesen, ist sicher nicht schlecht, hilft aber für ein gezieltes Training nicht viel.

Wissen, was man falsch macht

Am Anfang muss eine Fehlerdiagnose stehen, das hatten wir besprochen. Zu jeder Fehlerquelle kann man gezielt üben. Sieh dir dazu die Seiten 170f an!

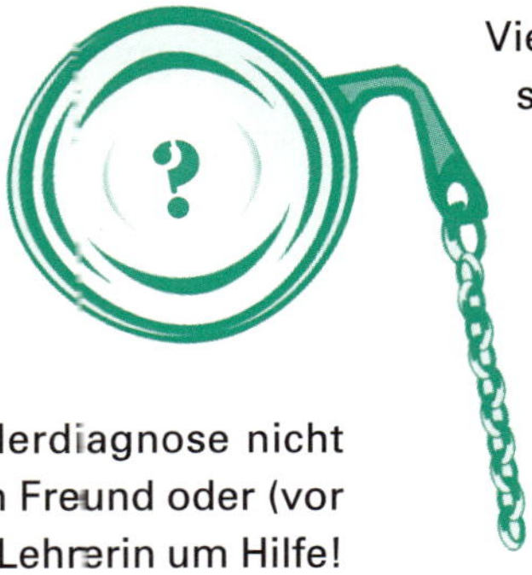

Kommst du bei deiner Fehlerdiagnose nicht klar, bitte deine Eltern, einen Freund oder (vor allem!) deinen Lehrer/deine Lehrerin um Hilfe!

Viele Schüler tun sich bei Fehlerdiagnose schwer, Fragen ist also keine Schande.

Gehe nun möglichst viele deiner Aufsätze durch (je mehr, um so besser) und lege eine Strichliste an.

Ordne jeden Fehler (siehe Randbemerkungen) einem Fehlertyp zu und mache dort einen Strich.

Mach dir's leicht!

Bei deinem Training konzentrierst du dich zunächst auf die Hauptfehlerquelle, die dir am leichtesten behebbar erscheint. Nimm nicht gleich die schwersten Fehler ins Visier - damit würdest du sehr schnell deine Arbeitsmoral zerstören.

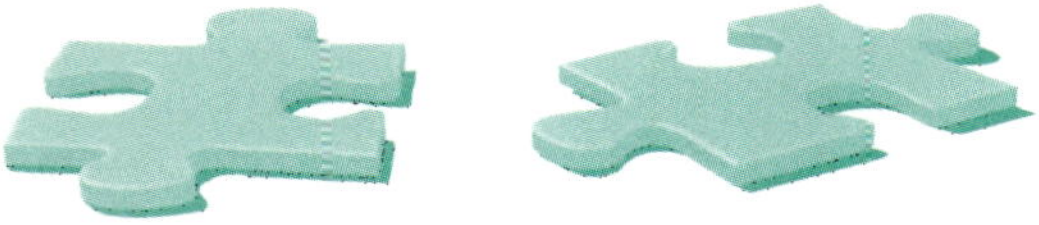

Plane mit Geduld!

Mach dir einen Arbeitsplan, welche Übungen du wann durchführst. Du brauchst freilich Geduld und einen langen Atem!

Um z.B. Satzbaufehler zu verringern, genügt es nicht, ein- oder zweimal eine halbe Stunde zu trainieren. Wenn du aber zehn- oder fünfzehnmal zwanzig Minuten übst, wirst du sicher schon bald gewisse Leistungssteigerungen in diesem Fehlerbereich spüren. Sprachliche Schwächen sind ziemlich hartnäckig - entsprechend hartnäckig muss man sie bekämpfen.

Allzu viel ist ungesund ...

Übe keinesfalls zu viel auf einmal! Zwölfmal zwanzig Minuten zu trainieren ist besser als zweimal zwei Stunden, auch wenn beide Male unter dem Strich vier Stunden Arbeitszeit herauskommen. Kurze Übungen erhalten die Arbeitsmoral, und sie erlauben dem Gehirn, das Wissen zu verarbeiten. Bei zu langen Trainingszeiten schaltet dein Gehirn ab.

Neben den speziellen Übungsmöglichkeiten (siehe S. 170f.) gibt es zwei weitere Quellen:

- Verwende deine eigenen, früher verfassten Aufsätze. Trainiere auf der Basis einzelner Sätze oder eines Absatzes gezielt eine sprachliche Fähigkeit. Verfasse erst anschließend Aufsätze zu neuen Themen.
  Wer gleich ganze Aufsätze neu schreibt, zerstört seine Arbeitsmoral hundertprozentig.
- Musteraufsätze (Quellen: Lehrer/in, Lernhilfebücher) sind gutes Übungsmaterial.

Bei erzählenden Aufsatzarten:
Lies dir den Musteraufsatz zweimal durch, merke dir den ungefähren Handlungsverlauf und schreibe dann den ganzen Aufsatz (oder auch nur Teile davon) eigenständig. Vergleiche deine Formulierungen zu einem Handlungsabschnitt mit denen im Muster. Wenn du den Eindruck hast, dass du deine Lösung eigentlich nicht richtig beurteilen kannst, besprich sie mit deinen Eltern oder deinem Lehrer/deiner Lehrerin.

Bei sachlichen Aufsatzarten (Bericht, Protokoll, Textanalyse, Erörterung) kommt es darauf an, ob du selber zu dem Thema schon einen Aufsatz verfasst hast, zu dem du dann vielleicht von deinem Lehrer/deiner Lehrerin eine Musterlösung bekommen hast, oder ob du die Musterlösung zu einem von dir noch nicht bearbeiteten Thema einem Buch (z.B. dieser Mentor Lernhilfe) entnimmst.

Im ersten Fall vergleichst du am besten abschnittweise, wie du einen Sachverhalt ausgedrückt hast, mit der Musterlösung. Achte dabei gezielt auf die Formulierungen, nicht auf den Inhalt.

Im zweiten Fall liest du dir die Musterlösung durch, wählst einen Abschnitt, merkst dir den Inhalt und versuchst, den Abschnitt selber zu verfassen.
Abschließend wieder Lösung und Vorgabe vergleichen!

Damit du bei der Arbeit mit Musterlösungen nicht einfach auswendig hinschreibst, was du dort gelesen hast (das würde nicht viel bringen), solltest du dir den Inhalt nach dem Lesen stichpunktartig notieren und die Formulierungsübung erst ein oder zwei Tage später machen.

Wenn du keine Musteraufsätze zur Hand hast: In Aufsatzbüchern sind oft welche abgedruckt. Außerdem hast du ja vielleicht eine/n Mitschüler/in, der/die dich seinen/ihren gelungenen Aufsatz zu Übungszwecken kopieren lässt.

Du siehst, man kann zur Verbesserung seines Stils schon einiges unternehmen. Abschließend noch Hinweise zu drei wichtigen Punkten:

Lies mal wieder!

Lesen ist etwas sehr Schönes, und es hilft tatsächlich etwas dabei, zu einem größeren Wortschatz, besserem Satzbau und geschliffeneren Formulierungen zu kommen. Die Wirkung stellt sich jedoch nur langfristig ein, und auch nur dann, wenn man beim Lesen gezielt auf die Sprache achtet. Man muss natürlich entsprechend gute Bücher lesen. Comics helfen da nichts! Sachbücher helfen nur, wenn es um sachliche Aufsatzarten geht, Romane nur, wenn man seine Erzählkunst verbessern will.

Expertenhilfe

Manche Schüler tun sich wirklich rundherum mit dem Formulieren schwer. Im Alleingang schaffen sie keine spürbare Verbesserung ihrer Fähigkeiten. Dann sollte man doch Nachhilfe erwägen, und zwar - wenn möglich - bei einem Deutschlehrer/einer Deutschlehrerin.

Klappern statt pinseln

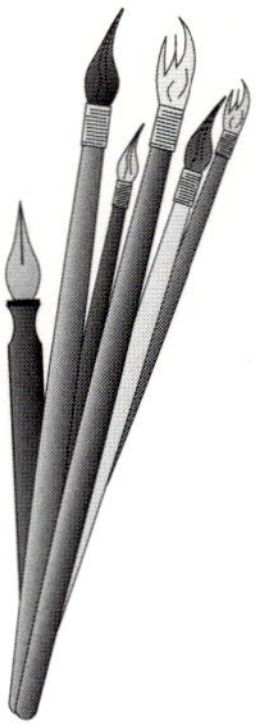

Die Formulierungsübungen sollte man vor allem schriftlich durchführen, weil man dann gezwungen ist, genau zu arbeiten. Wem die Schreiberei mit der Hand auf die Nerven geht, sollte es ruhig einmal mit der Schreibmaschine oder dem Computer probieren. Das kann die Arbeitsmoral wesentlich heben!

Stilprobleme gezielt angehen!

Stilproblem: Zu eintöniger Wortschatz (Allerweltswörter, Wiederholungsfehler)

1 Wortfeldübungen:

➪ als Familienspiel: Alle suchen reihum zu einem Wortfeld (z.B. "sagen") Wörter, die einer möglichst schnell aufschreibt. Wenn jemand innerhalb einer gewissen Zeit kein Wort mehr weiß, bekommt er eine schwarze Karte. Verloren hat, wer nach einer ausgemachten Spielzeit die meisten schwarzen Karten besitzt.

➪ als Theater- oder Malspiel im Familienkreis: Nur für Wörter, die man schauspielerisch oder zeichnerisch darstellen kann. Jeder überlegt zu einem Wortfeld möglichst viele Begriffe und notiert sie. Dann zeigt man einem Mitspieler den Begriff, der ihn nun spielen oder zeichnerisch umsetzen muss ("Montagsmaler"). Der Rest der Familie versucht den Begriff zu erraten.

➪ Man kann diese Spiele auch im Freundeskreis spielen - ist doch mal was anderes!

2 Wortfeldlisten können selber erstellt werden (auf spielerischem Weg oder durch Nachdenken), sie werden oft aber schon im Unterricht angefertigt. Lerne diese Listen bzw. eine Auswahl der Begriffe wie eine Vokabelliste. Dann kannst du im Geiste die Liste durchgehen, wenn du einen Aufsatz schreibst und merkst, dass deine Formulierungen zu allgemein sind oder sich wiederholen.

3 Stilwörterbücher enthalten zu einem Begriff viele verwandte Begriffe. Schau doch mal rein und probiere aus, welcher Begriff in deinem Übungsaufsatz und zu deinem Wortschatz bzw. Stil am besten passt. Auch manche PC-Textverarbeitungsprogramme enthalten solche Wörterlisten.

4 Natürlich kann man zu jedem Fehler eine Verbesserung formulieren. Manchmal ist es nicht möglich, einfach ein Wort durch ein anderes zu ersetzen; unter Umständen muss die ganze Formulierung bzw. der ganze Satz umgebaut werden.

Stilproblem: unpassende Formulierungen

Diese Fehlerquelle kann leider nicht spielerisch angegangen werden, und "Trockenübungen" sind auch nicht möglich. Man muss von Wendungen ausgehen, die schon misslungen sind und diese verbessern. Man sollte die entsprechenden Stellen im Aufsatz (bei Klassenarbeiten: auf einer Fotokopie!) farblich markieren, durchnummerieren und dann zu jeder Stelle eine neue Formulierung finden, die man sich in einer Liste unter der entsprechenden Nummer notiert. Hin und wieder solltest du auch deinen Lehrer/deine Lehrerin bitten, dir deine korrigierten Formulierungen durchzuschauen.

Stilproblem: unverständliche Stellen

Hier bleibt nichts anderes übrig, als die ganze Stelle nochmals zu schreiben. Sollte dieser Fehler öfter vorkommen, kann man eine Formulierung zunächst auf Tonband sprechen und dann abschreiben. Der Fehler passiert nämlich oft gerade den Schülern, die sich um besonders anspruchsvolle Formulierungen bemühen - sie schießen dabei übers Ziel hinaus und drücken sich zu geschwollen aus. Im Mündlichen passiert ihnen das meistens nicht.

Diesen Schülern rate ich für Klassenarbeiten: Schreibt einfach drauflos, ohne über die Formulierungen groß nachzudenken - euer Ausdruck ist dann meistens viel besser. (Über die Inhalte muss man natürlich schon nachdenken!)

Stilproblem: zu kurze, abgehackte Sätze

Ausgangspunkt sind auch hier frühere Aufsätze. Suche Stellen mit aufeinander folgenden, zu kurzen, abgehackten Sätzen heraus und verknüpfe immer zwei davon. Mit der Zeit kannst du auch drei zu einem Satzgefüge verbinden. Natürlich darfst du nicht übers Ziel hinausschießen und überlange Sätze bilden. Am besten lässt du deine Verbesserungen gelegentlich überprüfen (Eltern, Lehrer). Hilfreich ist gerade bei diesem Fehlertyp die Betrachtung von Musteraufsätzen. Du kannst dort sehen, wie man Sätze verbindet.

Stilproblem: zu lange, unübersichtliche Sätze

Du mußt genau den umgekehrten Weg gehen: Nimm eines deiner Satzungetüme und teile es in zwei oder drei korrekte Sätze auf. Vorsicht: nicht zu kleine, abgehackte Sätze bilden!

Stilproblem: grammatikalisch fehlerhafte Sätze

Gehe deine Satzbaufehler durch: Machst du einen bestimmten Fehlertyp immer wieder? Beispielsweise lassen Schüler oft einen Nebensatz alleine stehen, d.h. ohne Hauptsatz; der steht im vorherigen oder folgenden Satz. Wenn dir nicht klar ist, worin der Satzbaufehler besteht bzw. ob deine Fehler sich wiederholen, frage deinen Lehrer/deine Lehrerin.

Nach dieser Fehlerdiagnose verbesserst du jeden Satzbaufehler aus deinen Aufsätzen. So schleifst du die Fähigkeit ein, korrekte Sätze zu bilden. Zeige deine Verbesserungen sicherheitshalber deinem Lehrer/deiner Lehrerin!

Quellenhinweise

Seite	Fundstelle
12	Wörterbuchauszüge zum Stichwort „Text" aus: Gero von Wilpert, Sachwörterbuch der Literatur, Kröner Verlag, Stuttgart; Fischer-Taschenbuchlexikon, Frankfurt a. M. 1975; Brockhaus-Enzyklopädie, Mannheim 1898
14	Darstellung nach Anregungen von: Telekolleg II – Deutsch 2, TR Verlagsunion, München 1972
16	Friedrich Dürrenmatt: Der Richter und sein Henker, Diogenes Verlag, Zürich 1952 (verändert, vgl. auch S. 179)
19f.	Einige Beispiele nach einer Idee aus: Telekolleg II – Deutsch 2, TR Verlagsunion, München 1972
28f.	Bildergeschichte aus: Méthode orange 1, Langenscheidt-Hachette, München 1980
31	Klappentext zu: Astrid Lindgren: Mio, mein Mio, F. Oetinger Verlag, Hamburg 1955
32	Buchbesprechung aus: Stuttgarter Zeitung
37f.	Hans Peter Richter: Im Schwimmbad. Aus: Damals war es Friedrich. Sebaldus Verlag Nürnberg 1961, S. 81–85
39f.	Max Frisch: Biedermann und die Brandstifter, edition suhrkamp 41, Frankfurt a. M. 1963, S. 40 (Satz 1), S. 36 (Satz 2), S. 37 (Satz 3), S. 24 (Satz 4), S. 25 (Satz 5 und 6), S. 46f. (Satz 7)
40	Reginald Rose/Horst Budjuhn: Die zwölf Geschworenen, Reclams Universal-Bibliothek 7821, Stuttgart 1982, S. 71
44ff.	Sigismund von Radecki: Mein Zeuge ist Don Gasparro. Aus: Rückblick auf meine Zukunft, Reclam, Stuttgart 1953 (zitiert nach: Wort und Sinn. Lesebuch für den Deutschunterricht, Band 4, Schöningh, Paderborn 1966, S. 48–51)
55ff.	Heinrich Böll: Mein trauriges Gesicht. Aus: Wanderer, kommst du nach Spa ..., List Verlag, München 1957
64f.	Zeitungsartikel nach: Eva Brand/Peter Brand/Volker Schulze (Hg.): Medienkundliches Handbuch. Die Zeitung im Unterricht. Hahner Verlagsgesellschaft, Aachen 41994, S. 59 (Schülerarbeit leicht verändert)
67	Zeitungsartikel nach: ebd., S. 60
68ff.	Erich von Däniken: Spuren und Pläne außerirdischer Intelligenzen. Aus: Aussaat und Kosmos, Spuren und Pläne außerirdischer Intelligenzen, Econ Verlag, Düsseldorf 1972 (leicht vereinfacht und gekürzt)
71	Klappentext zu: Aldous Huxley: Schöne neue Welt, Fischer-Taschenbuch Nr. 1, Frankfurt a. M. 1953
72	Klappentexte zu: Aldous Huxley: Schöne neue Welt, Fischer-Taschenbuch Nr. 1, Frankfurt a. M. 1953; Heinrich Mann: Professor Unrat, rororo Nr. 35, Reinbek bei Hamburg; Ernest Hemingway: Fiesta, rororo Nr. 5, Reinbek bei Hamburg
73f.	Hans Peter Richter: Im Schwimmbad. Aus: Damals war es Friedrich. Sebaldus Verlag, Nürnberg 1961, S. 84
76ff.	Kanthak, Dietmar: Die Eltern haben als Vorbild abgedankt. Aus: Hannoversche Allgemeine Zeitung vom 30. 09. 1985 (leicht verändert und gekürzt)
83f.	Thomas Mann: Buddenbrooks, S. Fischer Verlag, Frankfurt a. M.

85	Abbildung: Süddeutscher Verlag · Bilderdienst, München
89ff.	Erich Ballinger: Personenbeschreibung. Aus: ABC für Mini-Detektive, Carl Ueberreuther Verlag, Wien 1987, S. 94–96
93	Zeitungsartikel aus: Neue Ruhr Zeitung vom 03. 02. 1996
97	Zeitungsartikel aus: Neue Ruhr Zeitung
98	Günter Grass: Ein weites Feld, Steidl Verlag, Göttingen 1995, S. 45–47
99	Abbildungen aus: Oxford Duden. Bildwörterbuch. Deutsch und Englisch, Dudenverlag, Mannheim 1980, S. 80f.
100	Günter Grass: Katz und Maus. Luchterhand Verlag, Darmstadt 1987, S. 24, 36, 41
101f.	Karl May: Das Vermächtnis des Inka, Joachim Schmid Verlag, Bamberg 1951
102	Hermann Hesse: Der Steppenwolf, suhrkamp taschenbuch 175, Frankfurt a. M.
103ff.	Detlev Mahnert, frei nach literarischen Vorlagen
109f.	Thomas Mann: Mario und der Zauberer, S. Fischer Verlag, Frankfurt a. M. 1959, S. 19ff.
114f.	Günter Grass: Katz und Maus. Luchterhand Verlag, Darmstadt 1987, S. 24f.
119	Abbildungen: privat
123ff.	Wolfdietrich Schnurre: Jenö war mein Freund. Aus: Als Vaters Bart noch rot war, Verlag der Arche, Zürich 1958
129ff.	Susanne Kilian: Eigentlich geht Jürgen gern in die Schule. Aus: Na und? Beltz und Gelberg Verlag, Weinheim 1974, S. 45–52
135	Polaritätsprofil aus: Bernd Kast: Jugendliteratur im kommunikativen Deutschunterricht, Langenscheidt Verlag, München 1985, S. 108 (leicht verändert)
136ff.	Einige Passagen zu „Sansibar" sind angelehnt an: Dieter Lorenz: Unterrichtseinheiten für die 10. Jahrgangsstufe, pb-Verlag Puchheim 1984, S. 79f.
136	Inhaltsangabe nach: ARD-Magazin 6/87, S. 39 (leicht verändert)
137 u. 145f.	Alfred Andersch: Sansibar oder Der letzte Grund, Diogenes Verlag, Zürich 1970, S. 13f., 64, 85, 42f,
148	Stichwort „Referat" aus: Großes Wörterbuch der deutschen Sprache
157ff.	Gewässergüte heute. Aus: Chemie und Umwelt. Wasser. Hg. vom Verband der Chemischen Industrie e.V. (leicht verändert und gekürzt)
159	Zeitungsartikel aus: Westdeutsche Allgemeine Zeitung vom 18. 12. 1986
179	Friedrich Dürrenmatt: Der Richter und sein Henker, Diogenes Verlag, Zürich 1952
183	Urtext zu Schillers „Bürgschaft" nach: Hyginus, Exempla, 257. Kapitel (geringfügig verändert)
194	Plautus: Goldtopfkomödie. Übersetzt und ergänzt von Ernst R. Lehmann. In: Griechisch-römische Komödien, Vollmer, Wiesbaden – Berlin o. J., S. 285f.

In einigen wenigen Fällen ist es uns trotz intensiver Bemühungen nicht gelungen, die Rechteinhaber zu ermitteln. Für entsprechende Hinweise sind wir dankbar.

Stichwortverzeichnis

Das folgende Verzeichnis von Stichwörtern soll dir helfen, wenn du dich vielleicht nur einmal ganz schnell über einen bestimmten Begriff, eine bestimmte Arbeitsform informieren möchtest, ohne ein ganzes Kapitel durcharbeiten zu müssen. In den Fällen, wo du zu dem betreffenden Stichwort ein ganzes **Kapitel** oder **Teilkapitel** findest, ist die Seitenangabe fett gedruckt.
Ein f. hinter einer Seitenangabe (z. B. 24f.) bedeutet, dass du Angaben zu dem betreffenden Stichwort auf der angegebenen und der folgenden Seite findest; ff. bedeutet, dass der Text zu dem betreffenden Stichwort mehrere Seiten umfasst.

A

abschnittweise zusammenfassen
(Inhaltsangabe) **43ff.**
Adjektive
(Personenbeschreibung) 85ff.
sachliche 85ff.
wertende 85ff., 102f.
Altersangaben
(Personenbeschreibung) 100f.
Arbeitsschritte (Charakteristik) 128, 138
(Inhaltsangabe) 42f.
(Referat) **149ff.**
Arbeitstechniken (Referat) **150ff.**
Argumentation 25
Artikel, bestimmt und
unbestimmt 18f.
Aufsatz als Text **10ff.**
Aufsatzformen **7ff.**
Augen, Beschreibung 90, 94f., 189f.

B

Bärte, Beschreibung 90ff., 99
Balladen (Inhaltsangabe) 48ff.
Belegmöglichkeiten mit Zitaten 140f.
Beziehungen zwischen Sätzen **17f.**, 49ff.
Bildergeschichte
(Inhaltsangabe) 28ff., 61
Bücherei 152f.

C

Charakterbild, positiv/negativ 117ff.
Charakteristik, literarische 123ff.
Arbeitsschritte 128f., 138
Definition 123, 141
Fragenkatalog 138, 142f.
Gliederung 138, 142
Merkmale (Tabelle) 129, 134
Muster (Schüleraufsatz) 143ff.
Regeln 136, 141, 143
Techniken 136ff.
Charakteristik, sachliche **113ff.**
Definition 108
Eigenschaften 117ff., 194f.
Regeln 112, 122, 136
(durch) typische Handlungs-
weisen 113ff.
vergleichende 129
wesentliche Elemente 111ff.

D

Direkte Rede (Inhaltsangabe) 37ff.

E

Eigenschaften, unveränderliche
(Personenbeschreibung) **82ff.**
Bewertung von
(Charakteristik) 133ff.
Einleitung (Inhaltsangabe) **30ff., 61ff.**
Empfänger (eines Textes) 25
Erörterung 8, 164
erzählender Text 41
Erzählperspektive 47, 181f.
Exzerpieren, Exzerpt (Referat) 150, 155ff.

F

Fragenkatalog (Charakteristik) 138, 142 f.

G

Gesicht, Beschreibung
(Personenbeschreibung) 89 f.
Gestalt, Beschreibung
(Personenbeschreibung) 101 ff.
Gliederung (Charakteristik) 138, 142
(Referat) 154, 160 f.

H

Haare, Beschreibung 90, 98 f.
Haltung, Beschreibung 101 ff.

I

indirekte Rede (Inhaltsangabe) **37 ff.**
Inhaltsangabe **26 ff.**
Arbeitsschritte 42 ff., 61
Ballade 48 ff.
Bildergeschichte 28 ff., 61
Bücher 33 ff., 72
Einleitung **30 ff., 61 ff.**
Kurzgeschichten 37, 54
logische Beziehungen **48 ff.**
Muster – Kurzgeschichte 184 f.
Muster – Zeitungstext 185 f., 187 f.
Muster – Sachtext 186
Regeln 36, 41, 61
Sachtexte **63 ff.**
Schluss **71 ff.**
wörtliche Rede **37 ff.**
Zeitform 28
zeitliche Abfolge 31
Zeitungstext 64 ff.
Zusammenfassung
(abschnittweise) **43 ff.**
Interpretation 8, 164

K

Kennzeichen
(Personenbeschreibung) 82 ff.
Klappentext (Inhaltsangabe) 31 ff., 71 f.
Kleidung, Beschreibung 101 ff.
Kommunikation, Aufsatz als **22 f.**
mündliche 23 f.
schriftliche 23 ff.
-spartner 24 f.
-ssituation 15
Konspektieren, Konspekt
(Referat) 155
Kontext, außersprachlicher 15
Kurzgeschichte
(Inhaltsangabe) 37 ff.
(lit. Charakteristik) 123 ff.

L

Lerntipps 165 ff.
Lesen eines Textes, Techniken 42
literarische Charakteristik **123 ff.**
Muster (Schüleraufsatz) 143 ff.
logische Beziehungen
(Inhaltsangabe) **48 ff.**
logische Reihenfolge
(Personenbeschreibung) 88

M

Material bearbeiten (Referat) 153 ff.
ordnen 159 ff.
sammeln 150 ff.
Medien (Referat) 200
Merkmale
(Personenbeschreibung) 90 f., 92 f.

N

Nasen, Beschreibung
(Personenbeschreibung) 90, 95 f.

O

Ordnen von Material (Referat) **159 ff.**

P

Personenbeschreibung 8, **81 ff.**
- Adjektive 85 ff., 103
- Augen 90, 94 f.
- Gesicht 89 ff.
- Gestalt 101
- Haare 90, 98 f.
- Haltung 101 ff.
- Kennzeichen, unveränderliche 82 ff.
- Merkmale 90 f., 92 f.
- Muster 191
- Nase 90, 95
- Regeln 88
- Sprache, Stimme 96 f.
- Verben 97

Polaritätsprofil (Charakteristik) 116 ff., 134 f.
Pro-Formen 20

Q

Quellenhinweise (Referat) 151

R

Referat **147 ff.**
- Arbeitsschritte **149 ff.**
- Bearbeiten von Material **153 ff.**
- Definition 148
- Exzerpieren, Exzerpt 155 ff.
- Gliederung 154, 160 f.
- Hilfsmittel u. Quellen 151
- Konspektieren, Konspekt 155
- Ordnen von Material 159 ff.
- Quellen 151
- Regeln 150
- Roman (lit. Charakteristik) 136 ff.
- Vortrag 160 f., 162 ff.

S

Sachtexte (Inhaltsangabe) **63 ff.**
Sachliche Charakteristik **113 ff.**
„sagen“, Verben für 39
Satz, sprachliche Umgebung 14
Satzverknüpfung 18 ff.
Schluss (Inhaltsangabe) **71 ff.**
Sprache, Stimme (Personenbeschreibung) 96 f.
sprachliche Umgebung des Satzes 14

T

Text 10 ff.
- -bildung 17 ff., 52
- Definition 17, 21
- Regeln 52
- -sorten 33, 37
- Lesetechniken 42
- -zitate 140 f.

Thema (Inhaltsangabe) 35, **61 ff.**

V

Verben für die Personenbeschreibung 97
Verknüpfung von Sätzen 18 ff.
Vortragen eines Referats 160 f., **162 ff.**

W

Wertungen von Eigenschaften (Charakteristik) 133 ff.

Z

Zeitungstexte (Inhaltsangabe) 64 ff., 76 ff.
- (Referat) 151 f., 159

Zitieren 140 f., 150

mentor Lernhilfe

Deutsch

8.–10. Klasse

Aufsatz 1:
Inhaltsangabe, Personenbeschreibung, Charakteristik, Referat

Detlev Mahnert

Nach dem Heraustrennen bitte hier klammern

Lösungsteil

(an der Perforation heraustrennen)

mentor
Eine Klasse besser.

Lösungen Teil A

Die verschiedenen Aufsatzformen

Übung A 1
S. 8

1. Personenbeschreibung
2. Inhaltsangabe
3. Erörterung
4. Interpretation

Lösungen Teil B

A + B

Aufsätze sind Texte

Übung B 1
S. 14

1 b) … dabei haben wir hier schon vier Großbanken und die Sparkasse!
2 a) … du singst sowieso mit Playback. Nur tanzen musst du können!
2 b) … – wir haben auch ohne dich eine klare Mehrheit.

Übung B 2
S. 16

Originaltext (in richtiger Reihenfolge)

Clenin wußte nicht recht, was er tun sollte. Als Dorfpolizist war ihm so ein blutiger Fall noch nie vorgekommen. Er lief am Straßenrande hin und her. Als die aufgehende Sonne durch den Nebel brach und den Toten beschien, war ihm das unangenehm. Er kehrte zum Wagen zurück, hob den grauen Filzhut auf, der zu Füßen der Leiche lag, und drückte ihr den Hut über den Kopf, so tief, daß er die Wunden an den Schläfen nicht mehr sehen konnte, dann war ihm wohler.
Der Polizist ging wieder zum (…) Straßenrand (…) und wischte sich den Schweiß von der Stirne. Dann faßte er einen Entschluß. Er schob den Toten auf den zweiten Vordersitz, setzte ihn sorgfältig aufrecht, befestigte den leblosen Körper mit einem Lederriemen, den er im Wageninnern gefunden hatte, und rückte selbst ans Steuer. Der Motor lief nicht mehr, doch brachte Clenin den Wagen ohne Mühe die steile Straße nach Twann hinunter vor den Bären.
Dort ließ er tanken, ohne daß jemand in der vornehmen und unbeweglichen Gestalt einen Toten erkannt hätte. Das war Clenin, der Skandale haßte, nur recht, und so schwieg er.

Der zweite Satz scheint zunächst zum ersten zu passen – erst später hast du wahrscheinlich gemerkt, dass der Tote, der hier schon im Auto sitzt, ja noch auf der Straße liegt. Also gehört ein anderer Satz hin! Wenn jemand nicht weiß, was er tun soll, unschlüssig oder aufgeregt ist, läuft er oft hin und her. Also passt hier wohl der Satz „… Er lief am Straßenrande …"
Die Erläuterung dafür – „ihm war ein solcher Fall noch nicht vorgekommen" – könnte allerdings auch dahinter stehen, etwa so: „Er lief am Straßenrande hin und her, (denn) als Dorfpolizist war ihm ein so blutiger Fall …"
Dass die Reihenfolge „… selbst ans Steuer. Er lief …" nicht stimmen kann, ist wohl sofort einzusehen: Wenn er am Steuer sitzt, kann er nicht gleichzeitig am Straßenrand hin- und herlaufen! Auch die Reihenfolge „… war ihm das unangenehm. Dann war ihm wohler …" ergibt kaum einen Sinn.
„Dann faßte er einen Entschluß. Dort ließ er tanken …" – klar, nicht? So kann es nicht stimmen: „Dort" muss sich auf eine vorausgehende Ortsangabe beziehen, und „Entschluß" ist ja nun wohl keine! Die einzige Ortsangabe im Text, die am Ende eines Satzes steht, ist „… vor den Bären." An diesen Satz musstest du deshalb den Satz „Dort ließ er tanken …" anschließen.

Du hast an diesen Beispielen sicher gesehen, welcher Art die Überlegungen sind, die man anstellen muss, um einen sinnvollen Text herzustellen.

B + C

Übung B 3
S. 18

1. Ihr fällt ein Lied ein. Das Lied hat einen interessanten Text. Der Text ist leicht zu verstehen.
2. In einem fernen Land lebte ein König, der hatte nur eine Tochter. Die war aber so hässlich, dass selbst die Vögel zu singen aufhörten, wenn sie in den Schlosspark kam. Der Vater aber hatte sein Kind trotzdem gern und überlegte, wie er einen Mann für das Mädchen finden könnte.
3. Mit quietschenden Reifen raste der weiße Porsche um die Ecke und kam vor dem Restaurant zum Stehen. Drei unheimlich aussehende Männer parkten den Wagen und stiegen aus. Als der Wirt des Lokals diese Männer sah, rief er erschrocken aus: „Da kommen sie!“
4. Sie haben mir zwei Texte gegeben. Welchen Text soll ich denn jetzt übersetzen?

Übung B 4
S. 20

1. Ihr fällt ein Lied ein. Das Lied hat einen interessanten Text. Der Text ist leicht zu verstehen.
2. Mit quietschenden Reifen raste der weiße Porsche um die Ecke und kam vor dem Restaurant zum Stehen. Drei unheimlich aussehende Männer parkten den Wagen und stiegen aus. Als der Wirt des Lokals diese Männer sah, rief er erschrocken aus: „Da kommen sie!“
3. Sie haben mir zwei Texte gegeben. Welchen Text soll ich denn jetzt übersetzen?
4. Sprich nicht! – Ich habe doch gar nichts gesagt!

5. In einem fernen Land lebte ein König, der hatte nur eine Tochter. Die war aber so hässlich, dass selbst die Vögel zu singen aufhörten, wenn sie in den Schlosspark kam. Der Vater aber hatte sein Kind trotzdem gern und überlegte, wie er einen Mann für das Mädchen finden könnte.
6. John Lennon wurde vor seinem Haus von einem offenbar geistesgestörten Fan erschossen. Der britische Popstar war sofort tot.
7. Adenauer nahm in den Urlaub am liebsten Kriminalromane mit, denn bei dieser Lektüre konnte er sich am besten entspannen.
8. Überglücklich fielen sich die Spieler des 1. FC Kaiserslautern in die Arme: Das Tor in der vorletzten Minute hatte die Roten Teufel von allen Abstiegssorgen befreit.

9. Kirsten fragte einen Polizisten um Rat, aber auch der konnte ihr nicht weiterhelfen.
10. Gunnar wechselte aufs Gymnasium, aber auch dort vergaß er weiterhin, welche Aufgabe im Mathebuch er lösen sollte.
11. Stefan erzählt gern davon, wie er das Feuchtbiotop erforschte. Damals war er ja erst acht.
12. Meinst du, der fragt dich? Ich glaube kaum, dass er das tut.

Lösungen Teil C

Die Inhaltsangabe

Übung C 1
S. 30

4. Der Dieb springt in ein wartendes Auto, das sein Komplize lenkt. Die entwendete Schachtel wirft er auf den Rücksitz.
5. Ein blondes junges Mädchen hat den Vorfall beobachtet und teilt alles einem jungen Motorradfahrer mit.
6. Zur gleichen Zeit vernimmt ein Polizist den zu Boden gestürzten Mann und notiert sich, was zwei Zeugen zu dem Vorfall aussagen.
7. Der Motorradfahrer fährt, zusammen mit dem Mädchen, hinter dem schwarzen Auto her.
8. Dieses biegt nach links in ein bebautes Grundstück ab.

9. Währenddessen hat die Polizei eine Straßensperre errichtet und stoppt den Motorradfahrer und das Mädchen.
10. Diese erklären einem Polizisten, wohin das schwarze Auto gefahren ist.
11. Zwei Polizisten, der Motorradfahrer und das Mädchen stehen vor dem Haus und sehen gerade noch, wie das schwarze Auto wegfährt.
12. Im Haus zeigt der junge Motorradfahrer auf die Schachtel, die geöffnet auf einem Tisch steht.

Übung C 2
S. 31

Eine Inhaltsangabe steht immer in der Gegenwart (im Präsens).
Sie berichtet nur das Wesentliche einer Geschichte.

Übung C 3
S. 31

Zeile 1: Eine Inhaltsangabe berichtet nur Wesentliches.
(Die Angabe der Adresse ist völlig unwichtig!)

Zeile 2–3: Eine Inhaltsangabe muss in ihrem zeitlichen Ablauf geordnet sein.
(Hier hätte man so anfangen müssen: Bo Vilhelm Olsson, genannt Mio, dessen Mutter gestorben ist und dessen Vater niemand kennt, wohnt in Stockholm bei bösen Verwandten.)

Zeile 4: Die Inhaltsangabe steht immer in der Gegenwart (im Präsens).
(Gegen diese Regel verstößt Kais Inhaltsangabe an vielen Stellen!)

Zeile 4–19: Eine Inhaltsangabe berichtet nur Wesentliches.
(Der Text enthält zu viele Einzelheiten, die für das Verständnis der Handlung nicht wichtig sind.)

Zeile 24–Ende: Eine Inhaltsangabe muss in ihrem zeitlichen Ablauf geordnet sein.
(Zuerst muss erwähnt werden, dass Ritter Kato Menschen geraubt hat, dann sollte man erfahren, dass Mio ein Pferd bekommt und einen Freund findet, und schließlich muss natürlich über den Kampf gegen Kato und über das Ende des Kampfes berichtet werden.)

C

Übung C 4
S. 31

Zeile 1–3: Der Waisenjunge Bo Vilhelm Olsson, der bei Pflegeeltern in liebloser Umgebung aufwächst ...
Zeile 4–20: ... findet auf geheimnisvolle Weise das „Land der Ferne" ...
Zeile 21–23: ... in dem sein Vater, den er noch nie gesehen hat, König ist ...
Zeile 24–Ende: ... ein vom Kampf gegen das Böse erfülltes Leben ...

Übung C 5
S. 32

Zeile 4–23: Wie Mio ins „Land der Ferne" kommt, macht einen großen Teil des Buches aus und muss deshalb auch in der Inhaltsangabe auftauchen. Der wichtigste Gegner – Ritter Kato – muss in einer Inhaltsangabe natürlich genannt werden: Die Hauptfiguren gehören sicher zu den wesentlichen Elementen.

Zeile 26: Es ist auch nicht unwichtig, neben dem Gegner Kato den Freund Mios zu benennen – auch er gehört zu den Hauptfiguren.

Zeile 26–27: Natürlich muss in der Inhaltsangabe auch berichtet werden, wie der Kampf ausgegangen ist, und zum Verständnis des Ganzen gehört auch, dass man weiß, was dieser Ritter Kato überhaupt Böses getan hat.

Übung C 6
S. 33

Der Leser erfährt aus der Buchbesprechung den **Titel** des Werks, den **Namen** der Autorin und die **Textsorte** (Märchen). Außerdem enthält die Besprechung eine Bewertung des Buchs *(kleines literarisches Kunstwerk, erweckt Spannung und Mitgefühl)* und einen Hinweis auf die möglichen Adressaten *(Leser – nicht nur Kinder)*.
Jeder, der den Klappentext liest, sieht selbst, was für ein Buch er in der Hand hat.

Übung C 7
S. 34

In Zeile 4, nach *zeigen* ist die Einleitung zu Ende. Die Einleitung enthält: Name des Autors, Textsorte, Titel, (eine der) Hauptfigur(en) (Ich-Erzähler), den ungefähren Ort (auf dem Weg nach Dresden) und die ungefähre Zeit (19. Jh. – da in Deutschland

Fortsetzung Übung C 7 S. 34

die erste Eisenbahn 1835 fuhr). Darüber hinaus erfahren wir etwas über Entstehungsjahr und Erzählperspektive. Die **Erzählperspektive** in diesem Text ist die eines **Ich-Erzählers**. Andere Erzählperspektiven sind die Perspektive des **allwissenden Er-Erzählers** (auch **auktorialer Erzähler** genannt) – das ist der Fall, wenn der Erzähler alles über alle seine Figuren weiß, also auch ihre Gedanken und Gefühle kennt – und der **personale Erzähler**: Dabei handelt es sich um eine Erzählung in der 3. Person („er" oder „sie"), aber es wird nur das berichtet, was die Person, aus deren Perspektive erzählt wird, sehen und wissen kann; in einer personalen Perspektive können also z. B. Gedanken und Gefühle anderer Personen nicht geschildert werden.

Übung C 9 S. 39

2. Eisenring wirft Schmitz wieder (→ *ich hab's dir ja gesagt*) sein schlechtes Benehmen vor.
3. Biedermann betont, wie ernst er es meine, und weist empört auf die Krankheit seiner Frau hin.
4. Frau Biedermann hält ihrem Mann seine Gutmütigkeit vor/macht ihrem Mann Vorhaltungen/Vorwürfe wegen seiner Gutmütigkeit und fordert ihn auf, den Hausierer am nächsten Tag wegzuschicken.
5. Biedermann weist spöttisch/ironisch/zynisch (→ *Lächerlich! Die guten Leute, die unser Haarwasser auf die Glatze streichen, könnten ebensogut ihren eigenen Harn ...*) auf die Wertlosigkeit seines Haarwassers hin.
6. Schmitz bittet Biedermann/bietet Biedermann an/fordert Biedermann auf/schlägt Biedermann vor, einfach „Sepp" zu ihm zu sagen/ihn mit „Sepp" anzureden.
7. Biedermann weist auf seine Rechte als freier Bürger und Hausbesitzer hin und verlangt/fordert mehr Vertrauen in die Menschen.

Übung C 10 S. 44

2. (...) In seiner Not klammert er sich an eine Bahnschwelle, und während er hoch über dem Fluss baumelt, fährt die Bahn über ihn hinweg.
3. Vergeblich versucht er anschließend, sich wieder hochzuziehen – sein schwerer Rucksack macht es ihm unmöglich, und so kann er nur noch um Hilfe rufen.
4. Der Pferdedieb Ramon Guijarro, der von der anderen Seite her die Brücke betreten hat, hört die Hilferufe und eilt auf den Erzähler zu. Er erklärt sich bereit zu helfen, verlangt dafür aber das ganze Geld des Erzählers.
5. Gerade als Guijarro den Erzähler hochziehen will, kommt wieder eine Lokomotive, und auch Guijarro muss sich an die Bahnschwelle hängen. Beide hängen nun Auge in Auge über dem Abgrund.
6. Der Erzähler erleidet einen Schwächeanfall und hält sich, um nicht abzustürzen, mit Armen und Beinen an Guijarro fest, der sich vergeblich dagegen wehrt, ihn aber nicht abschütteln kann, weil er sonst selbst fallen würde.
7. Der Fahrer der Lokomotive, der die beiden Männer gesehen hat, hält sein Gefährt vor der Unglücksstelle an, klettert auf das Gleis, packt die Hand des Erzählers, die als einzige frei ist, und zieht ihn hoch. Im gleichen Moment stürzt Guijarro ab.
8. Don Gasparro, der Lokomotivführer, trägt den hilflos zitternden Erzähler auf die Lokomotive, wo sich dieser erholt und den Hergang der Geschichte erzählt. Don Gasparro gibt ihm Recht.
9. Als sie auf der Weiterfahrt am Fluss entlang kommen, sehen sie, dass Guijarro den Sturz überlebt hat.
10. Zum Schluss betont der Erzähler noch einmal, dass er sich richtig verhalten habe und kein Grund zur Aufregung bestehe.

Du hast sicher gemerkt, dass die ganze Spannung und auch der Witz der Geschichte in der Inhaltsangabe verlorengegangen sind. Das ist kein Fehler – die Inhaltsangabe gibt eben nur die wichtigsten Tatsachen wieder, auf Spannung und Humor muss sie verzichten.

Vers	1–3:	Die Entdeckung des Anschlags
Vers	4–7:	Verhör, Geständnis und Todesurteil
Vers	8–12:	Damons Bitte um Aufschub aus familiären Gründen
Vers	13–14:	Angebot einer Bürgschaft
Vers	15–21:	Annahme durch den Tyrannen und Angebot der Straffreiheit
Vers	22–30:	Absprache mit dem Freund
Vers	31–35:	Erledigung der familiären Angelegenheit
Vers	36–63:	Die erste Bewährungsprobe: das Unwetter
Vers	64–77:	Die zweite Bewährungsprobe: die Räuber
Vers	78–91:	Die dritte Bewährungsprobe: der Durst
Vers	92–100:	Verstärktes Bemühen um Einhaltung des Termins
Vers	101–112:	Begegnung mit Philostratus
Vers	113–119:	Bekenntnis zur Treue
Vers	120–130:	Die Rettung des Freundes
Vers	131–140:	Die Bekehrung des Königs

Übung C 11
S. 48

Schiller ist übrigens beim Verfassen dieser Ballade umgekehrt vorgegangen: Er hatte einen kurzen Bericht aus einer römischen Anekdotensammlung vorliegen und machte daraus sein berühmtes Gedicht. Es könnte aufschlussreich sein, sich diesen Urtext einmal anzusehen – wir haben ihn nur geringfügig verändert. Du wirst natürlich sofort die inhaltlichen Unterschiede merken, aber du wirst auch feststellen, dass Teile dieses Urtextes durchaus auch so etwas wie eine Inhaltsangabe sind:

Originaltext

In Sizilien herrscht Dionysius als äußerst grausamer Tyrann, der seine Untertanen durch Folterungen und Hinrichtungen in Schrecken hält. Diesen Tyrannen will Moerus *(= Damon)* töten. Leibwächter ertappen ihn und führen ihn mit seiner Waffe vor den König. Beim Verhör gesteht er, er habe den König töten wollen. Der König befiehlt, ihn zu kreuzigen. Da erbittet sich Moerus eine Frist von drei Tagen, um seine Schwester zur Hochzeit führen zu können. Er bietet dem König seinen Freund Selinuntius an, der für ihn bis zu seiner Rückkehr am dritten Tag bürgen soll. Der König gewährt ihm die erbetene Frist und kündet Selinuntius an, daß er die gleiche Strafe erleiden werde, wenn Moerus bis zum dritten Tag nicht zurück sei. Dann entläßt er Moerus. Als dieser nach der Vermählung seiner Schwester sich auf dem Rückweg befindet, schwillt ein Fluß durch plötzliches Unwetter und durch Regen so sehr an, daß er weder durchschritten noch durchschwommen werden kann. Moerus setzt sich am Ufer nieder und beginnt zu weinen, aus Angst, daß sein Freund nun für ihn sterben müsse.
Als der Tyrann befiehlt, Selinuntius hinzurichten, weil schon die sechste Stunde des Tages herangenaht und Moerus nicht gekommen sei, erwidert Selinuntius, der Tag sei noch nicht vorüber. Aber nachdem bereits die neunte Stunde angebrochen ist, befiehlt der König, Selinuntius zur Hinrichtung zu führen. Als dieser weggebracht wird, folgt im letzten Augenblick Moerus, dem der Fluß den Weg wieder freigegeben hat, dem Henker und ruft von weitem aus: „Halte ein, Henker, da bin ich, für den er gebürgt hat!" Dieses Ereignis wird dem König gemeldet, der die beiden zu sich bringen läßt und sie bittet, ihn in ihren Freundschaftsdienst aufzunehmen. Moerus aber schenkt er das Leben.

Übung C 12
S. 51

2. Das Bild verschwimmt immer wieder, weil eine Diode kaputt ist.
   Der zweite Satz gibt eine Begründung für den ersten. Thema: das Fernsehgerät.
3. Der Geist ist willig, aber das Fleisch ist schwach.
   Der zweite Satz stellt einen Gegensatz zum ersten dar. Thema: das Wesen des Menschen.
4. Der Tyrann unterdrückte das Volk, so dass Damon beschloss, die Freiheit zu retten.
   Der zweite Satz gibt eine Folge aus dem ersten an. Thema: die politische Situation.
5. Ist das Wirklichkeit oder träume ich?
   Der zweite Satz stellt eine Alternative zum ersten dar, also eine andere Möglichkeit. Thema: Frage nach der Bewusstseinsebene.

Übung C 13
S. 52

Damon, ein sizilianischer Revolutionär, wird beim Versuch eines Attentats auf den Gewaltherrscher Dionys gefangen genommen und, *[Aneinanderreihung von zwei Ereignissen, die hintereinander stattfinden]*, nachdem *[zeitliches Verhältnis zwischen den beiden Handlungen]* er den Attentatsversuch gestanden hat, zum Tode am Kreuz verurteilt. Er erkennt das Urteil zwar an, *[Aufbau eines Gegensatzpaares zwar … aber]*, bittet aber um einen Aufschub von drei Tagen, um die Trauung seiner Schwester vollziehen zu können *[Ausdruck des Zwecks einer Handlung]*. Der König stimmt zu, verlangt aber *[Ausdruck eines Gegensatzes]* für die Zeit seiner Abwesenheit einen Bürgen …

Übung C 14
S. 53

1. Dionys will Damon eine Falle stellen: *[Auch der Doppelpunkt kann zwei Sätze logisch miteinander verbinden; er kann z. B. eine Einleitung mit „nämlich" ersetzen, oder einen Satz mit „denn"; meistens bringt der Satz, der hinter dem Doppelpunkt steht, eine Erläuterung des vorausgehenden Satzes.]* Wenn Damon nicht in drei Tagen zurück ist, wird der Bürge hingerichtet, während Damon selbst dann frei wäre.
2. Damon vollzieht die Trauung seiner Schwester, und da er die Frist nicht versäumen möchte, tritt er in großer Eile den Rückweg an.
3. Ein Fluss wird zum scheinbar unüberwindlichen Hindernis, nachdem (eventuell: weil) die Flutwellen nach einem Unwetter die Brücke zerstört haben. Da Damon kein Boot findet, schwimmt er durch den Fluss.
4. Er wird von Räubern angegriffen, aber der Gedanke an den Freund gibt ihm Kraft, sodass er die Räuber besiegt. / … solche Kraft, dass er …
5. Als er fast zusammenbricht, weil er entsetzlichen Durst hat, betet er und hört dann eine Quelle rauschen.
6. Während er auf die Stadt zuläuft, hört er von zwei Wanderern, dass sein Freund gerade gekreuzigt werden soll. Gegen Abend erreicht er endlich den Stadtrand.
7. Sein Hausverwalter Philostrat, der ihm entgegenkommt, fordert ihn auf zurückzubleiben: Da er den Freund doch nicht mehr retten könne, solle er wenigstens sein eigenes Leben retten.
8. Damon aber will Dionys den Triumph nicht gönnen und seinen Freund nicht im Stich lassen, und so erreicht er bei Sonnenuntergang das Stadttor.
9. Gerade als man den Freund am Seil emporzieht, ruft Damon, dass er zurück sei. Das Volk ist dadurch tief bewegt.
10. Dionys lässt die beiden Freunde vor seinen Thron bringen und ist so überrascht über die Stärke ihrer Freundschaft, dass er an ihrer Freundschaft teilhaben will.

Übung C 15
S. 60

Heinrich Böll schildert in dieser Ich-Erzählung eine Begebenheit aus einem erfundenen Staat. Ein Polizist verhaftet den Erzähler, weil dieser ein trauriges Gesicht gemacht hat: Er hat am Hafen dem Flug der Möwen zugesehen und möchte sie füttern. Zwar ist er selbst hungrig, dabei aber glücklich in seiner Trauer.

Ein Polizist also verhaftet ihn, wobei er auf das traurige Gesicht des Erzählers hinweist. Als dieser merkt, dass es der Polizist ernst meint, versucht er, ins Wasser zu springen; denn er möchte nicht mehr eingesperrt oder gar erdrosselt werden. Der Polizist hat ihn aber gefesselt. Als der Erzähler nun nach dem Grund seiner Verhaftung fragt, weist der Polizist auf das neue Gesetz hin, das seit zwölf Stunden gültig sei und das besagt, dass jeder glücklich zu sein habe.

Der Erzähler allerdings kennt dieses Gesetz nicht, obwohl es auf jede denkbare Art und Weise veröffentlicht worden ist.

Sie gehen nun zum Polizeirevier, wobei der Erzähler an den Stätten seiner Kindheit vorbeikommt. Dort aber ist jetzt alles geordnet und planiert, sogar Liebe und Alkohol sind gesetzlich so geregelt, dass für jeden Bürger ein bestimmter Wochentag vorgeschrieben ist. Auf ihrem Weg begegnen der Erzähler und der Polizist Leuten, die sich bemühen, eifrig und glücklich auszusehen, aber den Kontakt mit den beiden vermeiden. Ein Schulmeister allerdings, der nicht ausweichen kann, spuckt dem Erzähler dreimal ins Gesicht: Eine Vorschrift verlangt nämlich, dass man Verhafteten ins Gesicht spuckt. Danach geht er schnell weiter. Dagegen wirft eine Dame

C

vor einer „Liebeskaserne" dem Erzähler eine Kusshand zu, wofür dieser dankbar ist. Der Polizist schaut dabei weg – die käuflichen Damen haben nämlich Vorrechte, die die Arbeitsmoral heben sollen. Freilich sind nicht alle im Staat für diese Maßnahme.
Als sie an der Polizeiwache ankommen, ertönen die Sirenen, die ankündigen, dass in zehn Minuten Feierabend ist. Jetzt müssen die Arbeiter sich waschen und jeder muss dabei ein Pfund Seife am Tag verbrauchen. Der Wahlspruch des Staatschefs nämlich ist „Glück und Seife".
Die Posten vor der Polizeiwache schlagen den Erzähler und gehorchen damit dem Staatsgesetz Nr. 1, das besagt, dass jeder Polizist jeden Bürger bestrafen darf und dass jedes Vergehen bestraft werden muss.
Zuerst wird der Erzähler von einem jungen „Vorvernehmer" verhört. Dabei erfährt man, dass er aus dem Gefängnis kommt, wo er fünf Jahre verbracht hat. Damals ist er wegen seines glücklichen Gesichts verurteilt worden, denn es war Trauer angeordnet. Da er deshalb als rückfällig angesehen wird, schlägt ihm der Vorvernehmer drei Zähne aus. Auch alle anderen schlagen ihn und schließlich wird er zu zehn Jahren verurteilt. Nun will er sich bemühen, gar kein Gesicht mehr zu haben.

C

Übung C 16
S. 63

(Zur Erinnerung: Die folgenden Lösungen sind natürlich nur Vorschläge! Es gibt noch viele andere „richtige" Möglichkeiten.)

1. Mio, mein Mio
Astrid Lindgrens Jugendbuch „Mio, mein Mio" erzählt die bewegende Geschichte eines kleinen schwedischen Halbwaisen, der auf geheimnisvolle Weise nach gefährlichen Abenteuern seinen Vater wiederfindet.

2. Im Schwimmbad
In Hans Peter Richters Kurzgeschichte „Im Schwimmbad", die 1961 entstanden ist, geht es um ein bitteres Alltagserlebnis eines jüdischen Jungen im Deutschland der Nazizeit.

3. Mein Zeuge ist Don Gasparro
Die Kurzgeschichte „Mein Zeuge ist Don Gasparro", vom Autor Sigismund von Radecki selbst eine „Groteske" genannt, beschreibt in der Form einer Ich-Erzählung das komisch-spannende Abenteuer eines wackeren südamerikanischen Goldsuchers, der zu Unrecht in einen bösen Verdacht geraten ist.

4. Die Bürgschaft
Friedrich Schillers berühmte Ballade „Die Bürgschaft", die vermutlich auf einer wahren Begebenheit beruht, gibt in 20 eindrucksvollen Strophen ein Beispiel für eine ungewöhnliche Freundschaft und für menschliche Treue.

5. Mein trauriges Gesicht
In seiner satirischen Kurzgeschichte „Mein trauriges Gesicht" schildert Heinrich Böll eine erschreckende Episode aus einem erfundenen Polizeistaat, in dem den Menschen sogar gesetzlich vorgeschrieben wird, welches Gesicht sie zu machen haben.

Übung C 17
S. 66

Ein Team aus ägyptischen und französischen Forschern ist seit einiger Zeit mit Unterstützung der ägyptischen Behörden dabei, in der berühmten, 4500 Jahre alten Cheopspyramide bei Gizeh Bohrungen vorzunehmen, um möglicherweise das Geheimnis der bisher nicht erklärbaren Hohlräume in der Pyramide zu ergründen. Die Forscher vermuten, dass sich hinter einer drei Meter dicken Steinplatte eine Grabkammer des Pharaos Cheops (26. Jahrhundert vor Christus) befindet. Mit Spezialbohrern wird nun ein Loch in die Steinplatte gebohrt, durch das eine Kamera in den Hohlraum eingeführt wird.

Fortsetzung Übung C 17 S. 66

Die Meinungen über das, was die Kamera entdecken wird, sind geteilt: Die einen glauben, man werde überhaupt nichts finden, andere träumen von einem Schatz, wie er 1922 in der Grabkammer Tut-ench-Amuns gefunden worden ist. Man hat zwar schon eine Grabkammer in der Cheopspyramide gefunden, doch war diese völlig leer – wahrscheinlich schon vor Jahrtausenden von Räubern geplündert. Dennoch gibt es bis heute Spekulationen, dass eine bisher unentdeckte Grabkammer existiert, die einen riesigen Schatz enthält.

Wahrscheinlich hast du festgestellt, dass der Verfasser der Inhaltsangabe einiges umgestellt hat. Wir haben diese Stellen unterstrichen. Sinn der Umstellung ist es, die Angaben über die Pyramide möglichst schon im ersten Teil des Textes zusammenzufassen, damit der Leser genau weiß, um was es geht. Der Ausdruck „seit einiger Zeit" ist eingeführt worden, um auszudrücken, dass die Arbeiten schon begonnen haben. „Mit Unterstützung der ägyptischen Behörden" ist eine Wiedergabe des ganzen 4. Absatzes.
Bei der Wiedergabe der eigentlichen „Handlung" (Verfahren bei der Bohrung und vermutetes Ergebnis) hat der Verfasser sich dagegen an die Reihenfolge im Text gehalten.

C

Übung C 18 S. 71

In dem hier vorliegenden Auszug aus seinem Sachbuch „Aussaat und Kosmos. Spuren und Pläne außerirdischer Intelligenzen" beschreibt der Schweizer Schriftsteller Erich von Däniken die sensationelle Entdeckung eines Tunnelsystems in Südamerika, das seiner Meinung nach nicht von Menschen errichtet worden sein kann.

Nach Däniken hat der Argentinier Juan Moricz 1969 in Peru und Ecuador unter der Erde ein mehrere tausend Kilometer umfassendes Tunnelsystem entdeckt, von dem erst wenige hundert Kilometer vermessen worden sind. Der Eingang dazu liegt in der Provinz Morona-Santjago. Über Seilzüge gelangt man in eine Tiefe von 240 m, wo man zunächst eine Halle in der Größe eines Hangars für Jumbo-Jets betritt. Von dieser Halle aus gehen Stollen in verschiedene Richtungen. Die Orientierung fällt schwer, weil der Kompass nicht funktioniert – Juan Moricz vermutet unbekannte Strahlungen als Grund. Ein wie mit Goldstaub besprühtes Skelett liegt am Eingang zu einem Seitenstollen, an dessen Ende eine riesige Halle sich öffnet. Sie ist möbliert; bei den Möbeln handelt es sich vermutlich um einen Tisch mit sieben Stühlen aus einem unbekannten Material. Dahinter stehen Abbildungen zahlreicher, z. T. merkwürdiger Tiere aus reinem Gold. Gegenüber befindet sich eine Art Bibliothek aus vermutlich mehreren tausend dünnen, regelmäßig beschrifteten Platten und Folien aus einem unbekannten Metall, dessen Festigkeit es ihnen ermöglicht aufrecht zu stehen. Die Schriftzeichen sind unbekannt, die große Menge an Platten müsste es aber interessierten Wissenschaftlern ermöglichen, die Zeichen zu entschlüsseln.
Besonders sensationell findet Däniken – der allerdings zweifelt, ob die Wissenschaft überhaupt an der Auswertung dieses Fundes interessiert ist – das Bild eines Tieres auf einer Steinplatte. Er vermutet, dass es sich um die Darstellung eines Dinosauriers handelt und fragt sich deshalb, welches denkende Wesen je einen Dinosaurier gesehen haben kann, da diese Tiere vor 135 Millionen Jahren ausgestorben sind.

Übung C 19 S. 73

Text 2: … mehr als eine realistische Schilderung (…)/wurde zu einer gelungenen Karikatur …
Text 3: … schonungslosen Erzählweise (…)/Meisterwerk …

Übung C 20 S. 73

Däniken legt uns hier einen weiteren „Beweis" für seine Theorie vor, dass die Erde vor langer Zeit von fremden Astronauten besucht worden sei. Seine anschaulich geschilderten Erfahrungen scheinen ihn zu bestätigen, doch bleibt offen, ob sie einer wissenschaftlichen Überprüfung standhalten würden. Spannend zu lesen aber sind sie auf jeden Fall.

1. Text:

Übung C 21
S. 76

1. Der Text steht in der Vergangenheit statt im Präsens, und die Zeiten gehen dabei auch noch dauernd durcheinander.
2. Der Text enthält nicht alle wesentlichen Aussagen, dafür aber viele nebensächliche und ausschmückende Formulierungen (blitzblank geputzt, blitzte in der Sonne)
3. Der Text ist in seiner zeitlichen Abfolge nicht geordnet.
4. Der Text hat keine Einleitung.
5. Verfasser und Erzähler der Geschichte werden verwechselt (statt: „An einem schönen Sommertag hat sich der Erzähler ..." heißt es: „An einem schönen Sommertag hatte sich Hans Peter Richter ...")
6. Der Text hat keinen Schluss.
7. Vor allem im zweiten Teil wird die Handlung nicht zusammenhängend dargestellt, sondern als Folge von Einzelsätzen, die logisch nicht miteinander verbunden sind.

C

2. Text:

1. Der Text beginnt zwar im Präsens, wechselt aber rasch in die Vergangenheit.
2. Der Text enthält nicht alle wesentlichen Aussagen; insbesondere die Auseinandersetzung mit dem Bademeister wird nicht klar.
3. Der Text ist in seiner zeitlichen Abfolge nicht geordnet.
4. Der Text hat keine Einleitung und keinen Schluss.
5. Die Sätze stehen fast unverbunden nebeneinander, ihre logische Beziehung bleibt unklar (fehlende Darstellung von Ursache und Wirkung).
6. Es wird an vielen Stellen nicht klar, von wem oder von was die Rede ist. Das gilt vor allem für den letzten Abschnitt.

Übung C 22
S. 76

Im Folgenden eine Schülerarbeit:
Der hier vorliegende Artikel „Die Eltern haben als Vorbilder abgedankt" aus der „Hannoverschen Allgemeinen Zeitung" befasst sich mit einer Studie, die von der Firma Shell in Auftrag gegeben wurde und in der die Einstellung von deutschen Jugendlichen zur Welt der Erwachsenen untersucht wurde.
Die Verfasser der Studie über Jugendliche und Erwachsene, Mitarbeiter eines Frankfurter Marktforschungs-Instituts, beginnen mit der Feststellung, dass sich das Verhältnis zwischen Jugendlichen und Erwachsenen heute erheblich von dem unterscheide, was seit etwa hundert Jahren zu beobachten gewesen sei. Die Erwachsenen, so sagt die Studie, lernen von den Jugendlichen, ja, sie sind sogar auf ihre Hilfe angewiesen, und in dieser veränderten Situation sind sie selbst toleranter, aber auch kritischer geworden. Einerseits führt diese Situation stellenweise zu krampfhaft-lächerlichen Versuchen, durch Nachahmung der jungen Leute selbst jung zu erscheinen, andererseits ist zu beobachten, dass die Jugendlichen (15- bis 24-jährige) der fünfziger Jahre nach mehreren vergleichenden Untersuchungen heute als Erwachsene sich positiv verändert haben, liberaler und demokratischer geworden sind.
Gleichzeitig sind die Erwachsenen aber erheblich verunsichert: Sie haben ihre Rolle als Vorbilder, als Leitfiguren an die Medien oder den Freundeskreis der Jugendlichen abgeben müssen und klammern sich nun an die älter werdenden, meist besser ausgebildeten Kinder, die auf diese Weise ein Gefühl der Überlegenheit bekommen – etwas, was vor allem die Nachkriegs-Elterngeneration nur schwer verkraften kann.
Die gängigen Pauschal-Vorurteile gegen Jugendliche – sie seien Protestler, drogensüchtig und medienabhängig einerseits, gleichgültig, verwöhnt und undankbar andererseits – treffen nach Meinung der Autoren der Studie überhaupt nicht zu. Die Jugendlichen heute seien keine „Null-Bock-Generation" mehr, sähen die Zukunft allerdings immer noch pessimistischer als die Erwachsenen, wobei vor allem Arbeitslosigkeit, Drogensucht und Leistungsdruck als bedrückende Probleme emp-

Fortsetzung Übung C 22 S. 76

funden würden. In Streitfällen mit den Eltern gehe es heute vor allem um die Kaufgewohnheiten der jungen Leute, um ihren deutlichen Hang zu Luxusartikeln.
Die Jugendlichen ihrerseits leiden vor allem an den gesellschaftlichen Zwängen, denen sie bewusst eine eigene Kultur entgegensetzen und sich damit nach Meinung der Autoren deutlich von Halbstarkenprotesten der fünfziger Jahre und Studentenrevolten der sechziger Jahre unterscheiden. Politisch engagierte Jugendliche wollen mitbestimmen, nicht nur mitreden, und die pessimistischen unter ihnen sind politisch am engagiertesten. Dabei üben die großen Parteien allerdings keine große Anziehungskraft aus.
Die Autoren schmücken ihre Untersuchung mit einer zwar amüsanten, aber doch sehr fragwürdigen Feststellung: Die politische Grundeinstellung der Jugendlichen sei an ihrer Art zu tanzen zu erkennen. So sei der traditionelle „Gesellschaftstänzer" zumeist CDU-Wähler, der „Freistiltänzer" als Nachfolger der Hippie-Bewegung politisch alternativ usw. Hier zeigt sich nach Meinung der Autoren deutlich die Schwachstelle einer solchen Studie, die den Einzelnen zu schnell einer Gruppe zuschlage und damit seiner Individualität beraube.
Schließlich weist die Studie nach, dass die jungen Menschen heute erheblich früher intime Beziehungen aufnehmen als etwa in den fünfziger Jahren, dass aber die Bedeutung der Religion weiter zurückgeht.
Mit diesem Artikel hat die Zeitung dem Leser einen guten Überblick über die genannte Studie gegeben und ihn möglicherweise angeregt, sich das Werk selbst zu besorgen. Die Diskussion über „die Jugend von heute" aber wird sicher auch in den nächsten Generationen weitergehen.

C + D

Lösungen Teil D

Die Personenbeschreibung

Übung D 1 S. 84

Vorbemerkung: Als unveränderlich bezeichnen wir hier auch solche Eigenschaften, die man zwar verändern könnte (durch Färben, Operationen etc.), die aber eigentlich zu den naturgegebenen Eigenschaften eines Menschen zählen. Das heißt: Haar- und Bartfarbe sind unveränderlich, nicht aber die Frisur oder die Barttracht.
einen merkwürdig gebuckelten Schädel; das blonde Haar; graue Augen; lange braune Hände
von sympathischem Embonpoint *(das würde sich erst nach einer langen Diät ändern; Herr Oberlehrer Ballerstedt ist aber viel zu bequem, um eine Diät zu machen, deshalb ist sein Bauch unveränderlich …)*
mit großer Glatze; rötlich-gelbem Vollbart; rosigem Teint; schwache und weiße Faust
(mit) aufgestülpter Nase, abstehenden Ohren, weichlicher Quetschstimme
kleines, schwaches und ausgemergeltes Männchen; mit dünnem weißem Bart *(„dünn" bezeichnet hier keine Bartmode, sondern gibt Auskunft über den Bartwuchs – mehr wächst ihm eben nicht im Gesicht …)*; rotes Hälschen; weißbehaarte Händchen
mit blondem (Spitz)bart; seine großmächtigen Füße; seine plumpen und roten Hände

Übung D 2 S. 84

Adolf Todtenhaupt: Kopfform, Haarfarbe, Frisur, Augen, Hände, Kleidung
Oberlehrer Ballerstedt: Alter, Körperbau, Haarform, Bartfarbe und Barttracht, Hautfarbe, Gesichtsausdruck, Hände
Wasservogel: Augen, Nase, Ohren, Fingernägel, Stimme, Gesamteindruck
das „Männchen": Körperhaltung, Größe, Körperbau, Bartform und -farbe, Hals, Kleidung, Hände
der feine Oberlehrer: Alter, Bartfarbe und -form, Gewohnheiten, Kleidung, Füße, Hände, Gesichtsausdruck

runzelig, alt, faltig, schmal; *vielleicht auch noch:* knöcherig, müde, abgespannt, abgearbeitet. Aber diese Bezeichnungen sind schon mit einer Wertung verbunden.
Alle anderen Bezeichnungen sind eindeutig wertend oder enthalten eine ganz persönliche Ansicht von der dargestellten Person (z. B. sanft, gleichgültig, mitleiderregend).
längliches Gesicht, schmale Lippen, dünner Hals, eingefallene Wangen, hervorstehende Backenknochen, vorstehende Unterlippe, buschige Augenbrauen, tief heruntergezogene Mundwinkel, spitze Nase, verdeckte Frisur, faltige Stirn; *vielleicht auch noch:* nachdenklicher Blick – *aber das ist eigentlich schon eine persönliche Auffassung; man könnte den Blick ja auch als* „stumpfsinnig" *ansehen …*

Übung D 3
S. 85

knöcheriger, [stein]alter Mann; klein und dick; kurze, krumme Beine, die (…) sich deutlich zur Seite gekrümmt haben; schwammiger massiger Körper; (enormes Gewicht?); trägt meistens weite, [gammelige] Hosen; [schicke, geschmackvolle] Hemden; grüne, glatte Lederjacke; (seine) [hässlichen] hellbraunen Schuhe haben schiefe Absätze, abgewetzte Spitzen [und wirken ganz ausgelatscht]; kugelrunder Kopf; fast halslos; klobiger Oberkörper; volles, blondes, lockiges Haar, das wellig auf die runden Schultern fällt; die [affenartig] niedrige Stirn, (von den nach vorne fallenden [zotteligen] Haaren fast völlig verdeckt); [unsymphatisches Gesicht]; dunkle, [scharf stechende] Augen; buschige Augenbrauen, über der Nase zusammengewachsen; tief in den Höhlen; [streng und unsympathisch]; breite Nase wie platt gedrückt; [etwas Affenartiges]; der Mund ist breit; Mundwinkel nach unten gezogen; wulstige Lippen; [kläglicher] roter Schnurrbart; abstehende Ohren
Deinen Deutschlehrer kennen wir nicht – aber sicher ist er viel sympathischer als dieser merkwürdige Herr Rumpelsohn!

Übung D 4
S. 86

D

Alter, Körperbau, Beine, Kleidung, Schuhe, Kopfform, Oberkörper, Haarfarbe und Frisur, Gesicht (Stirn, Augen, Nase, Mund, Schnurrbart, Ohren)

Übung D 5
S. 86

Man könnte noch die Körperhaltung beschreiben, den Gang, die Art der Bewegungen, die Hautfarbe, den Zustand der Haut, die Arme und Hände, die Stimme und Sprechweise, die Zähne – in Todesfällen sind die Zähne manchmal das einzige sichere Merkmal, um eine Leiche zu identifizieren! – und natürlich besondere Kennzeichen (Narben, Warzen, überzählige oder fehlende Finger usw.)

Übung D 6
S. 86

vgl. die Gesamtbeschreibung von Tina am Schluss des Kapitels! (S. 105f.)

Übung D 7
S. 94

Anmerkung: Du wirst feststellen, dass nicht alle Elemente der Beschreibung, die wir dir hier geben, aus der Zeichnung zu entnehmen sind: Die Farben z. B. haben wir uns einfach ausgedacht, und über die Deutung des Gesichtsausdrucks lässt sich sicher auch streiten. Denke daran: Unsere Lösung ist <u>nur ein Vorschlag!</u>

Übung D 8
S. 95

1. Seine Augen haben etwas Heimtückisches: Als zwei enge Schlitze stehen sie unter dünnen, leicht gekrümmten Augenbrauen und blicken immer lauernd in die Welt. Ihre Farbe ist nicht zu erkennen – manchmal lässt sich eine undefinierbare Mischung aus Braun, Grün und Grau erahnen, wenn die Schlitze sich einmal für einen Moment öffnen. Zwei senkrechte scharfe Furchen stehen dazwischen und verstärken den Eindruck des Bedrohlichen und Tückischen.
2. Ihre großen, runden, himmelblauen Augen blicken stets erstaunt in die Gegend. Sie wirken besonders groß, weil sie von sehr feinen, schmalen Augenbrauen überwölbt werden. Die blonden Wimpern sind lang und seidig, aber so fein und hell, dass die Augen fast wimpernlos erscheinen, was den Ausdruck von ständigem Staunen noch verstärkt. Überraschend, ja störend wirkt dagegen der breite Nasenflügel zwischen diesen beiden staunenden Kinderaugen …
3. In dicken Tränensäcken liegen mandelförmige dunkle, fast schwarze Augen unter buschigen schwarzen Augenbrauen, die sich über der schmalen Nasen-

Fortsetzung Übung D 8 S. 95

wurzel stark verdicken und als eine fast gerade Linie die Stirn abschließen. Darunter läuft eine scharfe Hautfalte über den Nasenrücken.
Feine rote Äderchen ziehen sich durch die gelblich angelaufenen Augäpfel, so als bereite sich ein wütender Stier auf einen Angriff vor. Als dunkle Wülste hängen die Tränensäcke unter den Augen und lassen sie müde und kraftlos wirken.

Übung D 9 S. 95

Eine Nase, die aussieht wie eine Kartoffelknolle, ist eine Knollennase. – Man nennt sie auch Kartoffelnase.
Eine Nase, die aussieht, als würde sie sich gleich in den Himmel erheben, ist eine Himmelfahrtsnase. – Eine solche Nase nennt man auch Stupsnase oder Stülpnase.
Eine Nase, die scharf gekrümmt ist wie ein Haken, ist eine Hakennase.
Eine Nase, die an den Schnabel eines Habichts erinnert, ist eine Habichtsnase.
Eine Nase, die nach innen gebogen ist wie ein Sattel, ist eine Sattelnase. – Man nennt sie auch manchmal Stumpfnase.
Eine Nase, die einen Höcker hat, ist eine Höckernase.

Geläufig ist auch noch eine Zusammensetzung, die allerdings nicht aus einem Vergleich entstanden ist: die Schnapsnase. Man versteht darunter eine unförmig verdickte, meist rote Nase, wie sie nach ständigem Alkoholmissbrauch oft zu beobachten ist.
Schließlich könnten wir auch noch die Rotznase erwähnen – bei kleinen Kindern dient der Ausdruck auch zur Beschreibung einer Nase, die eben unentwegt geputzt werden müsste. Häufig wird der Ausdruck aber zur abwertenden Bezeichnung eines jungen Menschen benutzt – etwa so: „Was? Die Rotznase will auch schon mitreden?“

Übung D 10 S. 96

1. Diese Nase wirkt bedrohlich. Sie beginnt unter einem dichtbewachsenen Augenwulst, der höckerartig vorsteht, fällt dann in einem leicht nach innen gewölbten Bogen ziemlich steil ab und endet in einer gewaltigen Knolle, auf der eine kleine Warze thront. Die Nasenflügel sind dick und fleischig. Man könnte sich vorstellen, dass ein Mensch, der eine solche Nase trägt, zur Gewalttätigkeit neigt.
2. Die Nase dieses Menschen ist außergewöhnlich. Sie wächst aus einer sehr flachen Stirn, die durch eine leichte Kerbe abgeschlossen wird, in der die schmalen Augenschlitze lauern – Augen sind gar nicht zu erkennen. Nach dieser Kerbe setzt sich die Stirnlinie noch etwas flacher in der Nase fort, die den Betrachter sogleich an einen Hühnerschnabel erinnert, allerdings einen ziemlich dicken... Weit stößt die Nase nach vorne, bildet eine ziemlich scharfe Spitze und kehrt zunächst ziemlich gerade zum Mund zurück, ehe sie sich etwas nach unten in leicht geschwungene Nasenflügel verbreitert. Ein wirklich beeindruckendes Exemplar!
3. Eine Nase ist im Gesicht dieses struppigen Mädchens kaum zu erkennen. Aus einer fast senkrecht abfallenden Stirn- und Augenpartie stösst dieses Näschen unvermittelt fast waagerecht nach vorne – aber nur für ein ganz kurzes Stück, ehe es sich mutwillig nach oben hebt – die klassische Stups- und Himmelfahrtsnase: sehr kurzer, ganz leicht nach unten gewölbter Nasenrücken, kleine nach oben weisende Spitze, von der aus dann ein kläglicher Rest schräg nach unten in Richtung des skeptisch zusammengezogenen Mundes abfällt. Aus den Nasenlöchern wachsen deutlich sichtbare lange Härchen.

Übung D 11 S. 97

dröhnend, klangvoll, klingend, gellend, dumpf, schrill, rau, krächzend, heiser, belegt, samten, klanglos, tonlos, verschnupft, näselnd, metallisch, scharf, blechern, mit erstickter Stimme, dialektgefärbt, mit rollendem R, schleppend, schwerfällig, stammelnd, stockend, zitternd, undeutlich, nuschelnd, abgehackt, genau betonend, akzentuiert, flüssig, atemlos

D

Herr X. ist eine auffallende Erscheinung. Der Kopf ist oben ziemlich schmal, wird aber nach unten ständig breiter, bis er etwa in Höhe der Ohrläppchen die breiteste Stelle erreicht – da, wo der Oberkieferknochen deutlich nach außen tritt. Bis zur Höhe der Nasenspitze etwa wird das Gesicht wieder schmaler, so dass der Kopf im Ganzen bis zu dieser Stelle wie ein nach unten offenes Oval wirkt. Das auffällig schmale untere Gesichtsdrittel, das aus diesem Oval herauszuwachsen scheint, fällt dann aber, sich nur leicht zum Kinn hin verengend, fast senkrecht nach unten ab und endet in einem ungewöhnlich breiten Kinn. Die Kinnlinie ist fast waagerecht, nur leicht nach unten gewölbt, und der Kopf erinnert im Ganzen, vor allem wegen des schmalen Unterkiefers, an einen Totenschädel.

Übung D 12
S. 97

Der Mann hat eine sehr hohe Stirn, das Kopfhaar ist dünn, nur eine dicke Locke in der Form der unteren Hälfte eines Fragezeichens fällt in die hohe, glatte Stirn. Der Mann trägt das dunkle, strähnige Haar lang – es ist oben und an den Schläfen sehr spärlich und wird dann nach unten immer dichter, endet vier bis fünf Zentimeter unterhalb der Ohren und steht an beiden Seiten deutlich über, etwa wie ein besonders breiter Pagenkopf.

Die kleinen dunklen Augen, die eine einfache runde Brille bedeckt, liegen unter dichten, buschigen, stark gewölbten Augenbrauen, die fast bis an die Schläfen reichen und in der Mitte beinahe zusammengewachsen sind. Sie gehen in den breiten Rücken einer geraden, unten fleischigen Nase über, die da endet, wo das schmale untere Gesichtsdrittel beginnt. Im Verhältnis zur Nase wirkt der meistens leicht geöffnete Mund eher klein, wenn auch die Lippen ziemlich dick erscheinen. Das faltenlose Gesicht trägt den leichten Ausdruck des Staunens.

Der Mann hat gewaltige, eng anliegende Ohren, von denen das linke größer zu sein scheint als das rechte. Sie sind deutlich zu sehen, da die Haare hinter die Ohren gekämmt sind.

Besonders auffällig ist der breite, buschige Schnurrbart des Mannes. Er lässt zwar unter der Nasenspitze eine kleine Lücke frei, geht aber, nach unten gebogen, seitlich weit über das Gesicht hinaus, wobei er nach außen hin ständig breiter wird.

Herr X., dessen offensichtlich sehr kurzer Hals nicht zu erkennen ist, weil der Kopf fast unmittelbar auf den Schultern sitzt, wobei Mund und Schultern fast eine Linie bilden, wirkt sorgfältig gekleidet. Zum gestreiften Jackett trägt er eine Krawatte mit großen dunklen Punkten und ein dazu passendes Brusttuch.

Übung D 13
S. 101

1. Text

von kleiner, schmächtiger Gestalt; weiße, weite Hose, die ihm nur bis an die Knie reichte; eine rote, baumwollene Chiripa; die Ärmel des Hemdes … bis über die Ellbogen aufgewickelt; des Hemdes, das … rein und weiß war; über dem Gürtel … eine rote Schärpe, deren Enden an der Seite herunter hingen; ein … roter Poncho bedeckte den Oberkörper; die Unterschenkel waren mit echten Gauchostiefeln bekleidet …; die Zehen (…) sehen vorn heraus und auch die Fußsohle bleibt nackt; ein paar Räder angeschnallt, die die Größe eines silbernen Fünfmarkstücks besaßen; ein graues Filzhütchen, von dem eine Troddel hing; unter diesem Hut (…) ein rotseidenes Tuch, dessen hinten herabgehenden Zipfel er vorn am Hals festgebunden hatte.

2. Text

… nicht sehr groß …, Gang und Kopfhaltung von großgewachsenen Menschen …, … anständig aber unsorgfältig gekleidet …, … sein Gang … hatte … etwas Mühsames und Unentschlossenes …, … daß das Gehen ihm Mühe machte …

Übung D 14
S. 105

Gestalt:

die schmalen Hüften und muskulösen Oberschenkel;
den so unendlich langen und schlaksigen Torschützenkönig;
die dünne Magdalene;
seine fetten Hüften

D

Fortsetzung
Übung D 14
S. 105

Haltung:
aufrecht, als habe er ein Lineal verschluckt; zu seinem forschen, modisch-männlichen Auftreten; seiner straffen Körperhaltung; den Kopf eine Spur zu hoch tragend; geduckt, die Schultern hochgezogen, den Kopf leicht nach links geneigt; das Übermaß seiner Korrektheit und Sicherheit;
stand, in der Hüfte etwas abgeknickt, wie abwesend herum; die Arme hingen schlaff vor dem Unterkörper, wobei die Hände leicht verschränkt waren

Kleidung:
seine etwas zu hochhackigen, vorne spitz zulaufenden Westernstiefel; hautenge Edeljeans. . . aus der Nobel-Boutique; sportlicher Rollkragenpullover aus reiner Schafswolle... taupe auf naturfarben;
der seidig-schwarze Smoking; in weichen Falten fiel die... tiefschwarze Hose auf seine Lackschuhe herab;
die gleichen verwaschenen Jeans

D

Gesten/Gewohnheiten:
seine betont zackigen, selbstbewußten Gesten;
zog er nach jedem zweiten Satz die Luft geräuschvoll (...) ein und schob dabei die Oberlippe ganz nach oben; ruderte (...) mit seinen langen Armen in der Luft, ballte die Faust, wobei der Unterarm senkrecht stand und die Innenfläche der Hand zum Gesicht zeigte; stieß (...) den Zeigefinger der rechten Hand seinem Gegenüber entgegen;
mit ständig zwinkernden Augen; die immer verlegen lächelten;
von Zeit zu Zeit zuckte die linke Hand zur Seite, während die Augenbrauen sich (...) nach oben schoben und ein paar tiefe Falten in die Stirn gruben; manchmal strich er sich mit fahrigen Bewegungen das fettige Haar aus der Stirn; seinem immer leicht ironischen Lächeln; der (...) immer die linke Hand in die Hüfte stemmte, sein Gegenüber fest ansah und nur manchmal ein wenig mit den Mundwinkeln zuckte

Gang:
seine (...) Westernstiefel (...) trommelten einen knackigen Wildwest-Sound auf das Parkett; sportlichen Schrittes eilte er durch den Saal; dem sicheren energischen Schritt; er schritt elastisch, wiegend, wogend, königlich; trat (...) mit federndem Schritt zurück, wandte sich auf dem linken Fuße um, schnellte den rechten (...) seitwärts vom Boden ab; schritt mit bebenden Hüften davon; setzte (...) zögernd einen Fuß vor den anderen und stapfte zur Bar

Stimme:
seine butterweiche, leicht belegte Stimme; mit seiner tiefen, voll tönenden Stimme
mit leiser, samtener Stimme;
mit seiner lauten, immer ein wenig schneidenden Stimme, seiner klaren, beherrschten Aussprache

Gesicht:
seine stahlblauen Augen;
seine Nase (...) in der Mitte plötzlich breiter werdend, in eine kleine Mulde übergehend und sich dann zu zwei weiten Nüstern öffnend;
mit ständig zwinkernden Augen, die (...) dunkel gerändert waren; ihr sanfter, weich geschwungener Mund mit den etwas zu schmalen und zu blassen Lippen zog sich, ohne sich zu öffnen, etwas auseinander, während die schmalen, fast geraden dunklen Augenbrauen sich fragend hoben; ihre dunklen blanken Augen voll Ernst und Schwärmerei;
seine glasigen Augen; während die Augenbrauen sich wie staunend nach oben schoben und ein paar tiefe Falten in die Stirn gruben

Charakteristik

Übung E 1
S. 109

a)
Stefan ist cool*, Gunnar hat ziemlich viel auf den Kasten, Kirsten interessiert sich für vieles, vernünftig; Claudia und André sind zurückhaltend

** Ob man in ein paar Jahren wohl noch weiß, was eigentlich mit der Bezeichnung „cool" gemeint ist? Du weißt es genau, oder?*

b)
Gunnar ist vergesslich (Mathebuch!), träge, ein Stubenhocker, intelligent, hilfsbereit

Stefan ist schlampig (Arbeitsblätter!), etwas verspielt (Papierflieger!), arbeitsscheu und großmäulig, lebensfroh (Musik, Mädchen, Kino!)

Kirsten ist zuverlässig, selbstbewusst, kritisch (diskutiert gerne!), hilfsbereit (Matheaufgaben!)

Claudia und André sind ruhig, friedfertig (bei Streitereien), schlagfertig (wenn's ganz heiß hergeht)

Übung E 2
S. 111

2. Die **Kleidung** wird ebenfalls genau und an mehreren Stellen beschrieben.
3. Im Zusammenhang mit der Beschreibung der Kleidung werden ausführlich **Körperhaltung** und **Gestalt** beschrieben, wobei vor allem die körperliche Behinderung des Zauberers eine wichtige Rolle spielt, weil sie im Zusammenhang mit seinem Verhalten gesehen werden muss.
4. Einen besonders guten Eindruck gewinnt der Leser durch die genaue Schilderung von Cipollas **Gesten** und seinem **Verhalten** dem Publikum gegenüber.
5. Schließlich beschreibt Thomas Mann noch die **Stimme** und das **Haar** Cipollas.

Zusammenfassend lässt sich also feststellen, dass der Autor das **Äußere** und das **Verhalten** seiner Hauptfigur sehr genau schildert.

Übung E 3
S. 115

2. weinerlich, wehleidig, überempfindlich
3. albern
4. frech, unverschämt
5. unordentlich, schlampig, vergesslich
6. unbeherrscht, jähzornig

Übung E 4
S. 116

Anmerkung: Unsere Lösung ist natürlich nur eine von vielen möglichen Lösungen!

1. Es war schon spät, als er durch den Park ging, aber noch nicht ganz dunkel. Trotzdem aber zuckte er bei jedem Geräusch zusammen, vermutete hinter jedem Busch einen Mörder und schaute sich ständig um, weil er meinte, hinter sich Schritte zu hören ...
2. Einen solchen Zuschauer wünscht sich jeder Verein: Jedes Spiel besuchte er, ob zu Hause oder auswärts, bei gutem wie bei schlechtem Wetter, und als die Mannschaft jetzt abstieg und die meisten Fans schon lange zur Konkurrenz gewechselt waren, blieb er und kam wie bisher zu den Spielen.
3. Seine Bleistifte liegen immer in der gleichen Reihenfolge auf seinem Schreibtisch: Der rote neben dem blauen, dann kommt der grüne, zuletzt der schwarze. Als neulich der schwarze neben dem blauen lag, bekam er fast einen Wutanfall und schrie das ganze Büro zusammen: „Welcher Chaot hat meine Bleistifte vertauscht?"

E

Fortsetzung Übung E 4 S. 116

4. Am liebsten zeigt er sich im offenen Sportwagen, mit weißen Lederhandschuhen, schwarzer Sonnenbrille und nicht zu übersehender Rolex, fährt mit quietschenden Bremsen vor und brüstet sich damit, wie viele Frauen er haben könnte …
5. Es ist nicht zu glauben! Da steht er in der übelsten Kneipe im Nordviertel an der Theke, umgeben von lauter schrägen Typen, bezahlt sein Bier mit einem Tausender und sagt noch: „Tut mir leid, ich hab's nicht kleiner, ich hab gerade meine Rente von der Bank geholt …"
6. Sie war noch nicht ganz in der Tür, da fing sie schon an zu reden, und nach wenigen Minuten waren wir alle über die Geheimnisse der Nachbarschaft – unglückliche Liebe, Ehekräche, Lottogewinne usw. – informiert, ohne dass einer von uns auch nur einmal zu Wort gekommen wäre.
7. *Anmerkung: Wir könnten dir hier natürlich einen Schottenwitz erzählen, aber davon kennst du selbst wahrscheinlich genug. Statt dessen drucken wir hier einen Ausschnitt aus einer alten römischen Komödie ab – der* **„Goldtopfkomödie"** *von* **Plautus**, *nach der der berühmte französische Komödiendichter* **Molière** *etwa 1800 Jahre später seine bitterböse Komödie* **„Der Geizige" („L'Avare")** *geschrieben hat. Es geht darin um einen alten Geizkragen, der einen Schatz besitzt, den er mehr liebt als alles andere.*

Originaltext

A: – Ein ausgedörrter Bimsstein
ist nicht so trocken wie der Alte hier!
B: – Wirklich?
A: – Da kannst du Gift drauf nehmen!
C: – Ja:
Er glaubt sich um sein Hab und Gut betrogen,
sobald er einen Pfennig zahlen soll.
Die Götter und die Menschen klagt er an,
wenn aus dem Schornstein etwas Rauch entweicht!
Und legt er sich zu Bett, setzt er 'nen Schlauch
Sich an den Mund.
B: – Weshalb?
A: – Damit im Schlaf
Ihm nicht ein Atemhauch verlorengeht!
B: – Schnürt er sich auch das Loch im Hintern zu,
damit ihm auch von dort kein Hauch entweicht?
C: – Das denk ich wohl, und du kannst es mir glauben.
B: – Ich glaub's dir gern!
A: – Um jeden Tropfen Wasser,
Der aus der Badewanne schwappt, heult er.
Und wenn er sich die Fingernägel schneidet,
Dann sammelt er die Schnipsel sorgsam ein …

Übung E 5 S. 117

Anmerkung: Es kann durchaus sein, dass du zu den einzelnen Begriffen noch andere „Gegensätze" gefunden hast – sieh unsere Liste also auch nur als Anregung an! Sie kann dir auf jeden Fall helfen, deinen Wortschatz zu erweitern oder zu festigen.

weich	– hart
heiter	– mürrisch, verdrießlich, missmutig
verschwommen	– klar, eindeutig
stark	– schwach
großzügig	– kleinlich, geizig, streng, knauserig
passiv	– aktiv
verschlossen	– offen, aufgeschlossen
hilfsbereit	– hartherzig, egoistisch
triebhaft	– beherrscht
kühl	– warm(herzig)

redselig	–	schweigsam, verschlossen, wortkarg
aggressiv	–	friedfertig
zerfahren	–	klar, konzentriert, geordnet
verträumt	–	realistisch, nüchtern
streng	–	milde, großmütig, großzügig
gesellig	–	ungesellig, eigenbrötlerisch
ekelhaft	–	anziehend
vergnügt	–	missvergnügt, traurig
wild	–	sanft, schüchtern
frisch	–	verbraucht, müde, abgespannt, welk
treu	–	untreu, flatterhaft
gefräßig	–	bescheiden, zurückhaltend
unterwürfig	–	selbstsicher, hochmütig, überheblich
gesund	–	krank, ungesund
modern	–	altmodisch
gehemmt	–	frei(zügig), hemmungslos
langweilig	–	unterhaltsam
furchtlos	–	furchtsam, ängstlich, feige
leichtsinnig	–	vorsichtig, abwägend, überlegend
ausgeglichen	–	unausgeglichen, wankelmütig, flatterhaft, launisch
entschlossen	–	unentschlossen, zögerlich
albern	–	ernsthaft
gleichgültig	–	interessiert, aufmerksam, mitfühlend, engagiert
missmutig	–	fröhlich, heiter, wohlgelaunt
belastbar	–	anfällig
unternehmungslustig	–	träge, einfallslos
pessimistisch	–	optimistisch
ausdauernd	–	ermüdbar
bescheiden	–	unbescheiden, großspurig, angeberisch

Übung E 6
S. 119

freundlich (unfreundlich, barsch, unhöflich), sympathisch (unsympathisch), entgegenkommend (unhöflich, barsch), rücksichtsvoll (rücksichtslos, stur), umgänglich (rücksichtslos, eigensinnig), kooperativ (egoistisch, stur), hilfsbereit (egoistisch, ichbezogen), gesprächig (langweilig, wortkarg), unterhaltsam (eigenbrötlerisch, gehemmt), mitteilsam (schweigsam, verschlossen), nachdenklich (übermütig), melancholisch (depressiv – oder: übermütig), zurückgezogen (dominierend, aufdringlich, angeberisch), ruhig (laut, unruhig), rücksichtsvoll (rücksichtslos), leise (laut), zurückhaltend (aufdringlich), lächelnd (ernst), lachend (griesgrämig), heiter (ernst, traurig, missmutig), gut gelaunt (schlecht gelaunt), fröhlich (traurig, ernst, trübsinnig), optimistisch (pessimistisch), begeistert (ablehnend, angewidert), begeisterungsfähig (uninteressiert), vergnügt (trübsinnig, miesepetrig), anspruchsvoll (gleichgültig), aktiv (passiv), professionell (unprofessionell), forsch (träge), flott (träge, langsam), keck (unentschlossen, langweilig), pfiffig (dämlich, beschränkt), aufmerksam (unaufmerksam,uninteressiert), konzentriert (unkonzentriert, fahrig), interessiert (uninteressiert, gelangweilt), intelligent (dumm), klug (dumm, dämlich, blöde), interessant (langweilig, uninteressant), großzügig (geizig, knausrig, kleinlich), aufgeschlossen (beschränkt), selbstsicher (schüchtern, kleinlaut), selbstbewusst (ängstlich, schüchtern), aufrichtig (unaufrichtig), ehrlich (unehrlich), mitleidig (rücksichtslos, erbarmungslos), gefühlsvoll (kalt, gleichgültig), anziehend (abstoßend), attraktiv (abstoßend, unattraktiv), gut aussehend (schlecht aussehend), hübsch (hässlich), schön (hässlich) *und viele, viele mehr, vgl. auch die Lösung zu Übung E 5!*

E

Übung E 7
S. 121

Peter R. ist einer der selbstbewusstesten Schüler unserer Schule. Seine Eltern arbeiten beide, deshalb ist er sehr selbstständig und führt ein freies Leben. Da er gerne Menschen um sich hat, trifft er sich oft draußen mit Freunden oder geht in die Jugendclubs. Auch in der Schule lässt er sich nicht vor jeden Karren spannen – er entscheidet selbst, was wichtig für ihn ist, und meint, dass es mehr wert ist, etwas im Kopf zu haben als in einem Schulheft.
Er hat tolles langes Haar, das er selber pflegt, und von der ständig wechselnden Mode lässt er sich überhaupt nicht beeinflussen: Er trägt das, was ihm gefällt, nicht das, was aus irgendwelchen Gründen gerade „in“ ist, und schon gar nicht solche Klamotten, die „man“ trägt, weil sie besonders teuer sind.
Sein langes Haar lässt er so, wie es wächst, und man merkt ihm an, dass seine Eltern ihm sehr viel Freiheit gewähren – dadurch ist er reifer und vernünftiger geworden als seine Altersgenossen. Deshalb zieht er auch den Kontakt mit Älteren vor – ernsthafte Gespräche mit ihnen bringen ihm mehr als das Gerede über Fernsehserien oder das letzte Spiel von Rot-Weiß ...

E

Übung E 8
S. 121

Eine sympathische Lehrerin:
Frau Zirngibl unterrichtet schon seit einem Jahr an unserer Schule. Sie ist eine sympathische Frau, deren Äußeres attraktiv ist: Das kann man schon an ihrer schicken Kleidung erkennen. Ihr schmales Gesicht wirkt manchmal sorgenvoll, aber meistens hinterlässt es einen heiteren Eindruck.
Ihr lockiges Haar fällt auf eine glatte Stirn, die an eine griechische Göttin erinnert. Besonders angenehm sind ihre sanften braunen Augen, die einen sofort an ein zutrauliches Reh denken lassen.
Ihre freundliche Art wird schon an ihrem munteren Gang deutlich: Man erkennt sie schon von weitem, wenn sie den Flur entlang schlendert. Auch die warme, beruhigende Stimme ist ganz typisch für sie.
Ihre etwas zu dünnen Arme und Beine geben ihr das Aussehen eines noch etwas unreifen jungen Mädchens, aber das entspricht keineswegs ihrem Wesen: Sie hat einen festen, zuverlässigen Charakter.
Ihr Unterricht ist abwechslungsreich; sie hat oft gute Einfälle, und mit den Schülern geht sie kameradschaftlich und verständnisvoll um. Wenn einer etwas nicht verstanden hat, dann erklärt sie es geduldig noch einmal, und für menschliche Schwächen (z. B. Verschlafen) hat sie viel Verständnis. Also, im Ganzen ist sie ein ungeheuer sympathischer Typ!

Und jetzt die unsympathische Lehrerin:
Frau Zirngibl unterrichtet schon seit einem Jahr an unserer Schule. Sie ist eine unangenehme Frau, deren Äußeres schon ziemlich abstoßend ist. Das kann man schon an ihrer schmuddeligen Kleidung erkennen. Ihr feistes Gesicht wirkt manchmal komisch, aber meistens hinterlässt es einen unappetitlichen Eindruck.
Ihr fettiges, strähniges Haar fällt auf eine ziemlich flache, etwas gewölbte Stirn, die an einen Schimpansen erinnert. Besonders unangenehm sind ihre hervorstehenden Augen, die einen sofort an eine Kuh denken lassen.
Ihre tranige Art wird schon an ihrem schleppenden Gang deutlich: Man erkennt sie schon von weitem, wenn sie den Flur entlangschlurft. Auch die schrille, näselnde Stimme ist ganz typisch für sie.
Ihre schwammigen Arme und Beine geben ihr das Aussehen einer gemütlichen Bäuerin, aber das entspricht keineswegs ihrem hinterhältigen Wesen – sie hat einen sehr unaufrichtigen Charakter.
Ihr Unterricht ist tödlich langweilig, sie hat oft überhaupt keine Lust, und mit den Schülern geht sie wie mit Leibeigenen um. Wenn einer etwas nicht verstanden hat, dann macht sie sich über ihn lustig, und für menschliche Schwächen (z. B. Verschlafen) hat sie überhaupt kein Verständnis. Also, im Ganzen ist sie ein widerlicher Typ!

Übung E 10
S. 133

E

Äußeres:	klein, unordentlich gekleidet; häufig ungewaschen
Familiäre Verhältnisse:	wenig Geld; große Familie: Eltern und vier Kinder; Vater Fernfahrer, Mutter kümmert sich um nichts, ist oft krank; schreit ihn nur an, empfängt dauernd Besuche; Schwester führt neben der Schule den Haushalt; schlechtes Essen, Wohnung unordentlich, Kleidung ärmlich; kleine Wohnung
Verhältnis zu Eltern und Geschwistern:	bewundert den Vater, mag die Mutter nicht; Schwester sorgt für ihn, Brüder kümmern sich wenig um ihn; nehmen ihn nicht sehr ernst, gehen aber zusammen nach Hause
Wirkung auf andere:	darf nicht mit anderen spielen; weiß aber nicht, warum
Wie ist er in der Schule?	sehr schlechter Schüler; macht keine Hausaufgaben; Hefte und Bücher voller Fettflecken; bleibt sitzen; geht trotzdem gern in die Schule
Was tut er gern?	sich mit Schwächeren prügeln; an den Fluss gehen; laut Radio hören bei schlechtem Wetter; lange fernsehen; ins Kino gehen; mit anderen Jungen in der „Quatschecke" reden; blutrünstige Krimis lesen; Kaugummikugeln aus dem Automaten holen
Was tut er nicht gern?	Hausaufgaben machen; sich waschen; im Haushalt helfen
Was möchte er sein?	zuerst so groß wie seine Brüder, dann Fernfahrer wie der Vater
Was möchte er haben?	eine eigene Uhr mit Stoppuhr; ein Klappmesser
Was möchte er können?	schwimmen; große Laster fahren; jeden Tag Schnitzel und Pommes essen
Was für Gefühle hat er?	ist meistens fröhlich; ist glücklich über kleine Dinge (keine Fünf in der Schule, zwei Kugeln im Kaugummiautomaten); kann romantisch sein (Adventskranz); wird leicht wütend; kann sadistisch sein (Freude, andere zu quälen)
Was ist sympathisch an ihm?	kommt eigentlich gut zurecht; hat keine unbescheidenen Wünsche; hat ein gutes Verhältnis zu seinem Vater; kann weich und gefühlvoll sein
Was ist erschreckend an ihm?	hat Spaß, Schwächere zu quälen; beklaut seine eigene Mutter; hat Spaß an Mord und Gewalt; kann sehr aggressiv sein
Welche Eigenschaften hat er also?	klein, unordentlich, schmuddelig, nicht sehr intelligent, aggressiv, sadistisch, unehrlich, anspruchslos, realistisch, lustig, selbstständig, manchmal gefühlvoll, gesellig, unternehmungslustig

Übung E 11
S. 134

Es gibt hier keine eindeutige Lösung – warum, haben wir schon im Text erklärt. Hier ist eine mögliche Lösung:

trifft zu	*weiß nicht*			*trifft zu*		
			weder – noch			
	sehr	*etwas*		*etwas*	*sehr*	
hart		X				*weich*
stark		X				*schwach*
empfindlich						*dickfellig*
kühl			X			*hitzig*
realistisch	X					*verträumt*
wild	X					*sanft*
aktiv	X					*passiv*
hilfsbereit			X			*egoistisch*
bescheiden	X					*unbescheiden*
friedlich					X	*aggressiv*
gesellig	X					*einsam*
sportlich			X			*unsportlich*
mitleidig					X	*mitleidlos*
erfolgreich					X	*erfolglos*
energisch		X				*träge*
zielstrebig			X			*planlos*
heiter		X				*bedrückt*
nachdenklich			X			*unbekümmert*
vergnügt		X				*missmutig*
munter	X					*müde*
mutig		X				*feige*
zurückhaltend				X		*angeberisch*
ehrlich				X		*verlogen*
freundlich				X		*feindlich*
gut			X			*böse*
witzig		X				*nüchtern*
schlau			X			*dumm*

Referat

Übung F 1
S. 149

1. Material sammeln
2. Texte bearbeiten
3. Material ordnen
4. Gliederung anfertigen
5. Referat ausformulieren
6. Referat vortragen

Übung F 2
S. 152

...zurücktragen, berichten...
...eine sorgfältig ausgearbeitete und Untersuchungsergebnisse zusammenfassende Abhandlung über ein bestimmtes Thema.

Übung F 3
S. 154

1. Einleitung: der Chemie-Unfall (als Ausgangspunkt, „Aufhänger")
2. Die Entwicklung der Rheinverschmutzung (Fakten, Statistiken usw.)
3. Folgen der Rheinverschmutzung (Tiere, Pflanzen)
4. Schluss: Möglichkeiten der Besserung, Ausblick

Übung F 4
S. 157

	Gewässergüte heute (Inform. Chem. Industrie, H. 7) Kläranlagen, Überwachung, Rhein und andere Flüsse	
	Verbesserung der Gewässergüte durch Abwasser-Reinigungs-anlagen: Fließgewässer seit 1975 in 7 Güteklassen; Güteklasse I nur selten (sommerkalte, schnell fließende Gewässer) Güteklasse II heute für viele Gewässer verwirklicht oder bald erreichbar → Folge geringerer Belastung Verbesserungen nötig in Klasse III–IV: Flüsse in dichtbesiedelten Industriegebieten oder mit geringem Wasserstand Besonders wichtig: der Rhein (wasserreichster Fluss Deutschlands): 60 % der Einwohner Westdeutschlands (alte Länder) im Einzugsbereich des Rheins! Dort auch Schwerpunkt der chem. Produktion Deutliche Verbesserung seit 1975: zum Teil schon Klasse II oder III (← neue Kläranlagen, hohe Wasserstände in den letzten Jahren) Bestand an Wassertieren normal Nebenflüsse z. T. verbessert (Neckar, Wupper), schlecht aber Saar und Main (Unterlauf) → aber viele Kläranlagen im Bau; chem. Industrie will Maßnahmen in den nächsten Jahren abgeschlossen haben Niederrhein verbessert durch Kläranlage an der Emschermündung Gesicherte Daten durch ständige Kontrollen: Rhein einer der am besten überwachten Flüsse der Erde	!! ?

Übung F 5
S. 159

Umweltkonferenz der Länderminister wegen Chemieunfällen ohne Ergebnis; keine Einigung CDU- und SPD-regierte Länder.
SPD: mehr giftige Stoffe verbieten, Haftungsrecht ändern, bei Umweltdelikten soll der Verdächtigte Unschuld beweisen.
Bundesminister Wallmann: Konferenz nötig, weitere Anstrengungen erforderlich, Meldepflicht bei Störfällen soll erweitert werden; 325 (statt bisher 145) chemische Stoffe meldepflichtig.
Matthiesen (NRW-SPD): ersetzbare Giftstoffe verbieten, Export verbotener Stoffe verbieten.

Übung F 6
S. 162

1. nicht ablesen, sondern frei vortragen
2. das Referat gut gliedern und den Zuhörern den Aufbau verdeutlichen
3. nicht immer im gleichen Tonfall sprechen: Tempo und Lautstärke variieren
4. Pausen machen, damit der Zuhörer folgen kann
5. Stimme nicht überanstrengen
6. Blickkontakt mit den Zuhörern aufnehmen, nicht ins Leere sprechen

Übung F 7
S. 163

Referat: Die Vergiftung des Rheins
(Verlaufsskizze für den Vortrag des Referats)

Gliederungspunkt	Inhalt	Medien
1. Einleitung	Thema umreißen, Gliederungspunkte angeben	Folie „Szene am Rhein“ (Karikatur)
2. Überleitung	Erläuterung der benutzten Quellen	
3. Hauptteil	1. Vergiftung des Rheins durch chemische Industrie 2. Auswirkungen auf die Umwelt 3. Maßnahmen gegen die Verschmutzung	Kopie mit statistischen Angaben Dias Folie: Schaubilder aus der Broschüre „Wasser“
4. Schluss	aktuelle Situation und Ausblick auf die Zukunft	Video: Ausschnitt aus einer Sendung über Greenpeace

F